대한민국 ❋ 주식투자
계량가치투자 포트폴리오

Portfolio Management
Under Quantitative Value Investment

대한민국 주식투자 계량가치투자 포트폴리오
1판 1쇄 발행 | 2014년 8월 14일

지 은 이 | 류종현
펴 낸 이 | 류종현
편 낸 곳 | ㈜한국주식가치평가원
편　　집 | ㈜한국주식가치평가원

대표전화 | 070-8225-3495
팩　　스 | 0504-981-3495
주　　소 | (135-821) 서울시 강남구 학동로 311
홈페이지 | www.kisve.co.kr
이 메 일 | customer@kisve.co.kr
출판등록 | 2012년 4월 16일 제2012-000143호

ⓒ2014 By KISVE.Co.Ltd. All right reserved.

ISBN 978-89-969718-7-0 13320
값은 뒤표지에 있습니다.

이 도서의 국립중앙도서관 출판시도서목록(CIP)은 서지정보유통지원시스템 홈페이지
(http://seoji.nl.go.kr)와 국가자료공동목록시스템(http://www.nl.go.kr/kolisnet)에서
이용하실 수 있습니다.
(CIP제어번호: CIP2014019270)

잘못 만들어진 책은 구입하신 서점에서 교환해 드립니다.
이 책에 실린 모든 내용, 디자인, 편집 구성의 저작권은
㈜한국주식가치평가원과 저자에게 있습니다.

대한민국 ✱ 주식투자
계량가치투자 포트폴리오

Portfolio Management
Under Quantitative Value Investment

류종현 저

한국주식가치평가원

서문

　주식투자자의 기대수익률은 높게 유지하면서도 상대적으로 리스크를 낮추기 위해서는 어떻게 해야 하는가. 한 종목에 투자할 경우 손실위험과 주가변동성이라는 복합적인 리스크는 극대화된다. 반면에 주식시장 인덱스와 다양한 리츠 펀드, 각종 국공채와 회사채, 현금과 달러 등 수많은 투자자산에 균등하게 투자할 경우, 모든 투자자산의 평균 수준으로 수익률이 저조해진다.

　즉, 주식투자자의 기대수익률을 극대화하면서도 상대적으로 리스크를 낮추기 위해서는 자산운용 을 잘 해야 한다. 주식자산의 비중, 주식 종목의 선정과 매매, 기타 자산의 비중 등 포트폴리오 관리를 잘 해야만, 리스크 대비 초과수익률이 지속적으로 가능하게 된다.

　그렇다면 투자 포트폴리오라는 큰 주제에 있어서, 과연 책 제목과 같은 '계량가치투자 포트폴리오'라는 주제가 투자자에게 있어서 반영구적으로 필요한 핵심 주제인가.

　그렇다. 과거에도 필요했고, 지금도 필요하고, 앞으로도 반영구적으로 필요한 핵심 주제이다. 문제는 그 필요성에 비해서 사람들이 어려워하며 또 그렇기 때문에 고민을 생략하고 투자하는 경우가 다반사라는 것이다.

계량가치투자 포트폴리오의 본질을 두 개념으로 나누면 가치투자와 포트폴리오이다. 가치투자를 포트폴리오화하면 자연스럽게 '계량적 요소'가 따라온다.

첫 번째 개념으로 가치투자란, 안전하면서도 높은 수익률을 위해서 기업의 재무제표와 사업내용을 이해하고, 가치평가를 하는 것일 뿐이다. 그런데 실제 가치투자보다 무언가 더욱 복잡한 학술적인 것, 투자와 경영을 전공으로 배우지 못한 개인은 할 수 없는 것(애널리스트와 펀드매니저 중 경제경영 비전공자들은 무수하게 많다.) 등으로 오해하면서, 대부분의 대중적 투자자들이 가치투자를 멀리하고 단순히 눈으로 차트만 보고 투자하다가 큰 손실을 입고 주식시장을 떠난다.

다음 개념으로 포트폴리오는, 사실상 종목 관리를 조금 더 확장한 것에 불과하고 아주 새롭거나 생소한 개념이 아님에도 불구하고, 용어를 잘 모르고 또 투자자 스스로 관심을 갖지 않기 때문에(대중투자자들과의 거리감, 심리적 진입장벽을 위해 일부러 전문용어와 학술이론을 남발하는 일부 속이 빈 금융부문의 책임이다.) 중단기적인 투자자산의 수익률도 들쑥날쑥 해지고 장기수익률은 그야말로 형편없어지는 것이다.

다시 한번 강조하면, 가치투자와 포트폴리오를 각각 꼭 알고, 계량가치투자 포트폴리오를(가치투자에 기반을 둔 자산관리) 개인 차원에서도 활용해야 한다.

단지 개별 종목 차원의 수익률을 넘어서서 자산 전체(포트폴리오)의 수익률을 극대화하고 리스크를 최소화하려면, 계량적인 가치투자지표들을 현명하게 활용해야 한다.

투자자산 혹은 포트폴리오 관리에 대한 무수히 많은 책들에 비해서 이 책의 강점은 무엇이고 독자의 기대성과는 무엇인가.

본서의 강점을 몇 가지만 꼽자면, 가치투자의 핵심 계량지표들을 포트폴리오에(종목 및 자산관리) 구체적으로 접목했다는 것, 주식시장의 등락과 우발적인 블랙스완에 흔들리지 않고 계량가치지표에 기반해서 현명한 역발상투자를 가능하게 하고, 주식자산 및 기타 자산에 대한 최적의 분산투자와 적정한 업종 및 종목분산 등에 대해서 심도있게 조언과 설명을 시도했다는 점 등을 들 수 있다.

또한 세상에 완벽한 만병통치의 공식과 이론이 어디 있겠느냐마는, 그럼에도 불구하고 필자가 이런 실전이론들과 개념들을 비교적 오랜 기간의 주식투자 경험과 만족스러운 성과로서 알고 있고, 또 지금까지 누적된 연구결과와 투자교육 경험 등을 통해서, 실질 수익률 개선을 위한 실용적 이론을 비교적 쉽게 설명할 수 있다는 점이 있다.

독자께서 본서를 통해 얻을 수 있는 기대성과는 각 부와 장에서 체계적인 순서로 강조한 핵심개념들을 익히게 되고, 나아가서 핵심개념들을 활용하여 계량가치투자 포트폴리오(적극적, 보수적, 평균적인 운용사례까지 제시)를 자신의 투자자산에 효과적으로 적용할 수 있다는 점이다. 그리고 자신만의 계량가치투자 포트폴리오를 통해서 기대수익률은 상당히 높이면서도 손실위험은 최소로 통제하면서 주가변동성을 역이용하여 안정되고 만족스러운 누적수익률을 오래도록 쌓아갈 수 있다는 점이다.

또한, 이 책은 누구보다도 개인투자자들에게 꼭 필요한 책이다.

주식투자에서 실수를 줄이고 성공은 쌓아나가면서 큰 자산을 누적적으로 키워나가기 위해서는(주식은 한 탕보다는 느리게, 급여나 저축보다는 빠르게 부자가 되는 길이다.) 한 종목에 몽땅 투자할 수 없다. 또한 여러 종목에 기왕 분산투자를 하려면 훌륭하게 해야 한다. 때때로 주식자산이 아닌 다른 자산이 훨씬 기대수익률이 높을 때가 있기 때문에, 항상 주식 종목들에만 자산을 100% 투자할 필요도 없다. 한편, 이는 중단기적인 현상일 뿐이며, 오히려 주가가 급락하여 매력적인 가격에 있을 때 주식에 본격적으로 투자하기 위해서 다른 자산에 미리 분산투자하는 것이다. 그러므로 기왕 분산투자하려면 체계적이고 실용적인 계량가치투자 포트폴리오의 핵심전략들과 개념들을 참조해야 한다.

수익률과 리스크를 모르는 사람은 자신의 투자의사결정에 대해서 아무것도 스스로 보장할 수가 없다. (주식투자는 도박이 아니다. 원칙과 전략을 모르고 반복적으로 손실을 입는 이들이 그렇게 느낄 뿐이다.)

주식투자는 워렌 버핏을 비롯하여 수많은 가치투자 대가들, 그리고 필자를 포함한 국내 가치투자 전문가들의 투자원칙과 성과를 빗대어 말하면, 기업에 대한 분석평가, 확률에 따른 분산투자, 합리적인 역발상 전략 등에 따라 인과관계적으로 당연한 수익률을 제공한다.

내재가치와 안전마진이 보장해주는 기대수익률을 이해하고 이를 극대화하기 위해 소정의 기준을 통과한 자산들에 투자하며, 손실위험이라는 근본적인 리스크를 이해하고 이를 최소화하기 위해 합리적인 분석툴, 적정한 계량지표들을 쓰면, 수익률은 레벨업되고 리스크는 일정 범위 내에서 통제할 수 있다. 조금이라도 주식투자에 관심이 있는 독자라면 이제라도 이런 원리와 전략, 방법론을 알아야 한다.

이 책은 위와 같은 목적달성을 위해서 가치투자와 포트폴리오는 물론, 주식투자를 처음 접하는 개인투자자들도 읽고 공부할 수 있도록 최대한 체계적으로 구성한 책이다. 그럼에도 불구하고 책을 읽고 만에 하나 어려운 내용이 있다면, 끝까지 한 번 읽어낸 후 다시 한 번 더 책을 읽기 바란다. 독자들께 확실하게 강조할 수 있는 것은, 한 번 읽고 이 책의 내용을 간접적으로(직접 교육의 형태는 아니지만) 배우고, 두 번 읽고 이 책에서 말하는 계량가치투자 포트폴리오의 개념이 어느 정도 자리가 잡히면, 결국 자신의 주식 종목관리 기술과 성과가 확실하게 업그레이드되리라는 것이다.

기관투자자들 역시 펀드매니저로서 자신의 투자전략, 운용부서와 본부의 투자전략을 재정비하고 개선하기 위해서 이 책이 상당한 도움이 될 것이다. 매년 들쑥날쑥한 펀드의 성과, 심지어는 중단기적인 주식시장의 등락에 따라서 펀드의 성격과 운용자가 변하는 펀드 등, 같은 전문가로서 기대 이하로 아쉽게 느껴지는 일이 많이 벌어지고 있다. 능력 있고 재능 있는 인력들이 합리적이고 지속적인 투자전략 아래 오래도록 훌륭한 성과를 낼 수 있기 위해 본서가 도움이 된다면 크게 보람이 있을 것이다.

이어서 본서의 구성을 간단히 정리한다.

1부에서는 주식시장의 역사, 리스크의 이해와 계량가치 포트폴리오의 필요성 등을 다루었다.

구체적으로 중장기 주식시장의 특징, 주가변동성과 단기편향성, 블랙스완 등의 개념을 통해 주식시장 자체를 폭넓게 설명하고자 했다. 가격변동성과 손실위험이라는 이중적인 리스크의 의미, 활용 목적의 베타 개념과 분산투자, 포트폴리오 수익률을 결정하는 변수 등을 설명함으로써, 리스크의 종합적인 개념과 포트폴리오의 필요성을 정리했다. 또한 계량가치투자를 통해서 일정 수준 이상의 수익률을 확보하고 위험은 관리, 통제할 수 있다는 것을(가치투자의 입문적 개념 체계 설명과 함께) 설명했다.

2부에서는 계량가치투자운용을 위한 핵심적인 요소들과 프로세스를 본격적으로 서술했다.

우선 미스터마켓과 롱테일 현상 등을 역이용할 수 있는 안전마진과 역발상 계량가치투자전략을 설명했고, 포트폴리오의 가장 주력이 되는 주식자산의 펀더멘털과 평균회귀 현상, 기타 국내주식 외 투자자산의 개요를 정리했다. 투자자산을 운용하는 전략전술과 리밸런싱 개념(비중조절)을 설명하고, 가치투자 스타일이나 다양한 주식 섹터별로 중단기적인 수익률 성과가 서로 다르게 순환할 수(순위가 엎치락뒤치락) 있음을 정리했다.

또한, 개별 종목(주식)들의 기대수익률과 손실위험 관리 등에 대해서도 설명했다.

3부에서는 계량가치투자 포트폴리오의 실전전략전술을 완성하기 위해서 종합적인 리스크 통제방법, 주식의 펀더멘털 항목과 기준 등을 설명했고, 역발상 계량가치투자법, 다양한 가치평가의 세부적인 툴 등을 정리했다.

구체적으로 손실위험을 최소화하고 가격변동성을 역이용하는 양적, 질적 대응전략을 정리하고, 주식자산의 기본적인 품질에 해당하는 핵심적인 펀더멘털 지표들과 내용을 설명했으며, 거시경제 순환에 따른 주식부문별 수익률 순환과(등락) 더불어 역발상 계량가치투자 전략을 정리했다.

또한 이익과 자산 두 가지 측면에서 안전마진을 깊이 이해하고, 핵심적인 내재가치의 증감요소를 설명했다. 자산에 기반한 보수적인 가치평가지표, 손익에 기반한 대표적인 가치평가지표, 성장에 기반한 적극적인 가치평가지표 등을 설명하면서, 더불어 경기변동형 기업과 연구개발형 성장기업의 이익을 약식으로 조정하는 방법을 정리했다.

마지막으로 4부에서는 투자자의 스타일별로 계량가치투자의 사례를 들어 이해를 도왔다.

구체적으로 주식자산의 비중, 기타 자산의 구성, 업종 및 종목분산 정도 등 계량가치투자 포트폴리오의 몇 가지 본질적 요소를(수익률과 리스크를 좌우하는) 정의하고 그 내용을 설명했다. 그리고 보수적 계량가치투자자의 전형, 적극적 계량가치투자자의 전형, 평균적 계량가치투자자의 전형 등으로 구분하여, 본질적 포트폴리오 요소들의 적정한 수치와 범위 등을(실제로 어떤 비율, 어떤 수치로 활용해야 할지 제시) 제안하고, 세 가지 스타일을 기본 모델로 하여 투자주체별로 자신에게 보다 적합한 계량가치투자 스타일을 구축할 것을 제안했다.

보다 앞서 출간된「대한민국 주식투자 재무제표·재무비율·투자공식」,「대한민국 주식투자 글로벌 가치투자거장 분석」,「대한민국 주식투자 산업·업종분석」,「대한민국 주식투자 저평가우량주」,「대한민국 주식투자 완벽가이드」,「대한민국 주식투자 다이어리」등 시리즈 서적들과 마찬가지로, 본서 역시 주식투자자라면 개인투자자이건 기관투자자이건 동서고금에 상관없이 자본주의가 존재하는 한 반드시 필요한 주식투자의 지식체계를 담고자 노력했다.

주식투자에 있어서 오래도록 필요한 기본체계와 응용체계, 그리고 정보체계 등은 실상 무한하지 않고 유한하다. 많이 읽고 공부하는 것이 나쁜 것은 아니지만, 다른 산업에서처럼 금융시장에서도 대부분의 지식이나 정보들은 시간이 지나면서 그 효용이 약해지고 사라진다. 필자는 이를 소모성 지식이라고 부르고, 워렌 버핏과 마찬가지로 수명이 짧고 단기 이슈가 되는 지식에는 관심이 없다.

주식투자와 가치투자에(가치투자는 주식투자에서 투기적 개념만 뺀 것으로 이해하자.) 있어서, 반영구적이고 통시대적인 주제들로써 꼭 이해할 필요가 있는 큰 주제들을 필자가 잡아보면, 대략 열 개를 조금 넘는 것으로 생각된다. 반드시 필요하며 오래도록 효용이 있는 십 여 가지의 주식투자 지혜, 지식체계가, 대한민국 주식투자 성공시리즈의 형태로 대한민국의 수많은 투자자이자 독자들에게 큰 도움이 되기를 기원한다.

본서 역시 주식투자를 하면서, 가치투자의 개별적인 방법론을 포트폴리오 전체에 적용하는 법을 모르고, 포트폴리오(사실 종목의 매수매도관리에서 한 걸음만 나아간 것)를 현명하게 관리하여 최종 수익률을 극대화하는 법을 모르는 수많은 투자자들이, 자신에게 가장 적합한 계량가치투자 포트폴리오를 쉽고 체계적으로 구축할 수 있었으면 하는 바람에서 저술했다.

본서를 읽고자 하는 모든 독자들의 주식 포트폴리오 수익률은 물론, 주식투자 지혜와 지식이 모두 크게 자라나기를 기대하고, 또 진심으로 응원한다.

마지막으로 부족한 자격에도 불구하고 ㈜한국주식가치평가원 대표이자 가치투자자협회 부회장, 한국M&A투자협회 집행이사로서 공사다망한 가운데 이 책을 집중적으로 저술하는 과정에서, 음으로 양으로 저술 외의 모든 업무에 매진해준 평가원의 임직원과 새벽에도 저술 작업을 함에 있어서 묵묵히 지원을 아끼지 않은 가족들에게 감사를 표한다.

KISVE(한국주식가치평가원) 대표 류종현

**1부 주식시장의 리스크,
계량투자와 가치투자**

1장 중장기 주식시장과 폭등 폭락의 역사
　　1. 중기 주식시장과 장기 주식시장 · 21
　　2. 상승세, 하락세, 보합세 · 29
　　3. 주가변동 위험과 단기편향 · 35
　　4. 폭등폭락의 주식역사, 블랙스완 · 43

2장 리스크의 전모와 포트폴리오의 필요성
　　1. 체계, 비체계적 변동성과 손실위험 · 59
　　2. 베타, 요소별 베타 차이 · 64
　　3. 베타 분산투자와 스트레스 테스트 · 73
　　4. 주가변동성과 우발성 관리 · 82
　　5. 포트폴리오 장단기 수익률 변수 · 92

3장 계량가치투자의 효용과 가치투자의 개념
　　1. 수익과 위험관리, 계량가치운용 필요성 · 103
　　2. 가치투자의 기본개념과 체계 · 115

———— 차 례 ————

 **2부 계량가치투자운용의
핵심 요소 및 프로세스**

1장 계량가치투자운용의 핵심 요소
   1. 베타의 한계와 안전마진 · 127
   2. 미스터 마켓과 롱테일(팻테일), 역발상 계량가치투자 · 145
   3. 자산배분, 주식의 펀더멘털과 평균회귀의 법칙 · 172
   4. 해외 주식, 채권 등 기타 자산 · 184
   5. 자산운용과 리밸런싱 · 196
   6. 가치투자 스타일 및 섹터별 성과순환 · 205

2장 계량가치투자운용 프로세스 및 개별 종목 투자
   1. 주식 중심의 분산투자와 리밸런싱 · 213
   2. 종목 차원의 기대수익률과 확실한 수익기회 · 230
   3. 종목별 가치계량 수익손실관리 · 234

3부 계량가치투자 포트폴리오 실전 성공전략전술

1장 종합적인 리스크 통제와 주식 펀더멘털
1. 손실위험과 가격변동성에 대한 양적, 질적 통제 · 245
2. 기업활동의 품질지표, 주식 펀더멘털 · 255

2장 주식 세그먼트별 성과순환과 역발상 계량가치투자
1. 다양한 주식 세그먼트와 세그먼트별 주가등락추이 · 267
2. 주식시장, 경기와 금리순환, 세그먼트별 역발상계량가치투자 · 279
3. 글로벌 주식시장 순환과 절대적, 상대적 계량가치투자 · 294

3장 계량가치투자운용을 위한 세부 가치평가 툴
1. 이익과 자산의 안전마진과 내재가치 증감요소 · 305
2. 보수적 가치평가법, 각종 자산기반 평가지표 · 315
3. 대표적 가치평가법, 손익 및 현금흐름 기반 평가지표 · 323
4. 적극적 가치평가법, 성장성 기반 평가지표 · 335
5. 경기변동주, 연구개발형 성장주의 계량적 이익조정기술 · 343

4부 스타일별 계량가치투자의 실전사례

1. 주식비중, 자산구성, 분산정도, 계량가치스타일 구분 · 354
2. 보수적, 적극적 계량가치투자 전형 · 363
3. 평균적 계량가치투자 전형과 개인화된 계량가치투자 · 371

5부 부록 가치투자체계 육성시스템

1. 재무손익, 기타 투자용어 정리 · 378
2. 주식투자 체계(격사+소) 및 성통가치투사 공무 · 386
3. 실전가치투자 특강수강증 · 409

/1부/

주식시장의 리스크, 계량투자와 가치투자

1장 중장기 주식시장과 폭등 폭락의 역사

1. 중기 주식시장과 장기 주식시장

주식시장은 끊임없이 중기적으로 등락하면서 장기적으로 상승한다. 물론 주식시장은 매일매일 상승하기도 하고 하락하기도 하면서 아마추어들이 보기에는 일견 도박판처럼 보이기도 하지만, 중기적으로 등락의 모습을 보임에도 불구하고 경제성장과 함께 장기적으로는 대부분 오를 수밖에 없는 것이다.

본서에서 아마추어 투자자가 의미하는 바는, 정확히 모든 개인투자자도 아니고 기관투자자도 아니다. 하지만 개인투자자이기도 하고 기관투자자이기도 하다. 무슨 소리인가 하면, 주식시장을 이해하고 체계적으로 가치투자를 하는 투자주체는 프로이며, 재무제표조차 읽지 못하고 가치평가에 대한 개념이 없는 투자주체는 아마추어라 할 수 있다. 그리고 프로는 항상 중기적, 장기적으로 큰 수익을 내고, 아마추어는 때때로 수익을 얻은 것처럼 보일 수도 있지만 최종적으로 항상 손실을 낼 수밖에 없다.

주식시장의 중기적 등락과 장기적 상승내용으로 돌아가서, 한국에서는 중기 주식시장을 4년 정도, 장기 주식시장은 10년 이상으로 볼 수 있다.

한국의 중기적인 주식시장 사이클은 경기순환, 재고순환 기간을 대략 감안하면 3~5년, 평균적으로 약 4년 정도로 현재까지 추정이 되며, 장기 주식시장은 기업의 설비투자와 관련하여 나타나는 주글라파동으로 10년 정도로 볼 수 있는 것이다.

주식시장은 정확한 주기와 정확한 수치변동 범위 내에 있는 과학적 세계관에 근거하지 않는 공간으로, 경쟁과 사멸, 일시적 후퇴와 점진적 발전을 겪는 일종의 진화(발전)하는 자연계와 닮아 있다.

그럼에도 불구하고 대략적인 주기에 걸쳐 등락하고, 장기적으로 상승한다는 것은 거의 이변이 없는 원리원칙에 가깝다. 그것은 주식시장이 허공에 지어진 사상누각이 아니라 명확한 가치를 갖고 있는 기업실체의 소유권이기 때문이다. 한 국가의 기업군이 성장하면 주식시장이 성장하는 것은 당연한 이치이며, 유럽과 미국을 시작으로 지난 수백 년간 세계적으로 주식시장은 그 크기를 더해왔다.

표면적으로는 투기밖에 모르는 아마추어들이나 투기로 아마추어들의 재산을 노리는 작전세력들이 일견 주식시장을 흐리고, 때로는 주식시장이 특별한 방향성이 없는 듯 보여도, 실제적으로는 주가가 기업의 소유권, 즉 기업의 가치(내재가치)에 대한 소유권이기 때문에 장기적으로 기업가치의 상승과 더불어 주가도 반드시 상승한다.

4년이나 10년 등의 시기가 정확히 맞는 것은 아니나, 최근의 한국 주식시장 사례로 보아도 IMF 등으로 1997~1998년에 걸쳐 주가가 급락 후 장기적으로 더욱 상승했으며, 2007년~2008년 리먼 브러더스 사태로 주식시장은 급락했고 중기적으로 전고점을 회복하는 과정에 있다. 또한 사이사이에 순환적인 등락 혹은 추세적인 등락이 있지만 2000년 초, 2004년 초, 2007년 말, 2011년 상반기에 걸쳐 대략적으로 단기꼭지를 보이는 경향이 있었다.

필자는 본서에서 3~5년, 평균 4년 정도의 경기 및 주가등락을 '순환', 혹은 '중기 순환', '중기 주식시장', '중기 시장' 등으로 표현할 것이고, 경기 및 주가등락 순환주기를 두 번 이상 겪는 8년에서 주글라파동에 해당하는 10년 정도를 기준으로 그 이상을(8~10년 이상) '장기 시장', '장기 주식시장' 등으로 부를 것이다.

이는 주식시장에서 지속적으로 원금을 보존하고 수익률을 극대화하는 실전 가치투자 방법론을 잘 모르는 아마추어 투자자일 경우 주식들을 고가에 매수하여 손실을 볼 수도 있는 중기 주식시장(좋은 기업을 싸게 사는 가치투자자들은 중기시장에서도 항상 수익을 낼 수밖에 없다.)과, 아마추어 투자자라도 단지 적절한 분산투자와 주식보유만으로 반드시 수익이 날 수밖에 없는 장기 주식시장의 개념과도 일치한다.

  물론 장기 주식시장이라고 해도, 실제로 아마추어일수록 쉬운 분산투자와 장기보유마저 심리적으로 지루하여 견디지 못하고, 중간에 작은 이익을 보고 매도하거나, 큰 손실을 보고 매도하는 오류를 범한다.

<small>(주식시장에서 남이 좋다고 추천하는 기업이 아니라, 생활이나 직업 주변에서 제품이나 서비스로 잘 알려진 기업을 매수하여 10년을 그대로 두면 무슨 일이 생기는지 한 번 시험해보라. 장담컨대 인플레이션, 예금, 펀드수익률에 비할 바가 아니다.)</small>

  정리하자면 주식시장은 단기적으로는 거의 규칙이 없이 움직이며, 중기적으로는 순환하게 되고 장기적으로는 상승하게 된다.

  즉, 주식자산은 기업의 소유권을 나누어 놓고 그 일부의 소유권을 자유롭게 거래하게 만들어놓은 형태로써<small>(부동산도 이렇게 거래가 쉬운 형태라면 고평가, 저평가 상태가 장기적으로 고착화될 우려가 없이 중기적인 등락을 거칠 텐데, 아쉬울 따름이다.)</small> 경기등락과 기업의 실적에 따라서 주가는 중기적으로 순환하면서도 장기적으로 빠르게 상승하게 된다.

  무위험자산을 초과하는 수익률을 기대하고 설립한 기업의 특성상<small>(초과수익 증가율이 근로자 임금상승률보다 높아야 하는 것이 자본의 속성)</small>, 기업의 가치는 장기적으로 어떤 예금, 채권, 상품<small>(금, 구리, 원유 등)</small>보다 빠르게 증가하며, 장기적인 주가상승률 역시 마찬가지이다.

그런데 왜 중기적인 주식시장과 장기적인 주식시장 모두에서 공부하지 않은 대부분의 투자자(사실 돈을 내던지는 눈먼 투기자에 가깝지만)들은 항상 돈을 잃기만 하는가.

어떤 분야든지 공부를 하지 않고 덤벼들었을 때 돈을 잃는 것은 매우 당연하지만, 주식시장의 경우는 특히 그 정도가 심하다. 아마추어일수록 우량기업에 대한 분산투자보다는 좋다고 추천받은(절대로 추천받지 말라.) 몇몇 종목들에 대한 집중투자를 선호하고, 반드시 수익을 낼 수밖에 없는 장기투자 대신에 중기시장보다도 짧은 단기에(몇 개월이나 일 년 이내에) 시장에서 수익을 내려고 하기 때문에 주식시장에 지고 돈을 잃을 수밖에 없는 것이다.

사실 주식시장의 중기적인 등락과 장기적인 상승은 자연현상만큼이나 당연하다. 1인당 GDP가 올라가고, 기업의 제품과 서비스가 향상되고, 기업 간 경쟁을 통해 기업의 경영기법(매출은 늘리고 비용을 절감하는)이 진화해 가는데 어떻게 성장하지 않을 수 있겠는가. 또한, 상승장에서는 장기적인 성장률보다 더욱 빠른 속도로 주가가 상승하는데 어떻게 이내 주가가 하락하지 않을 수 있으며, 하락장세 이후 주가가 실제 가치보다 더욱 하락했는데 어떻게 주가가 회복하고 상승하지 않을 수 있겠는가.

전 세계의 주식투자자들이 모두 돈을 벌 수 있을 정도로(어떤 업종에서도 모든 기업이 돈을 벌지는 못하며, 어떤 나라도 누구나 잘 살지는 못한다. '모두'라는 것은 일종의 신기루일 뿐이다.) 눈에 쉽게 보이는 주식시장,

즉 장기적으로 성장하는 속도만큼 매끄럽게 상승하는 주식시장이 될 수는 없을까?

대답하자면 없다.
왜냐하면 중기적으로 주식시장이 등락하는 것은 다른 이유 때문이 아니라 바로 인간 자체가 원인이기 때문이다. 인간의 욕망과 두려움이라는 선사시대 이래의 본능을(냉정한 이성과 계산을 앞서는) 극복할 수 없는 한, 주식시장의 등락은 영원히 반복될 것이다. 욕망으로 인해 적정한 속도보다 빠르게 주가가 올라간 후 한 순간에 급락하게 되고, 두려움으로 모두 시장에서 빠져나오면 시장은 아무도 모르게 본격적으로 상승하게 된다.
주식시장은 인간의 욕망과 두려움, 그리고 입문, 초보투자자들의 무지(반드시 공부하고 익혀야 할 주식자산의 분석평가능력 부재)가 겹치면서 중기적으로 등락할 수밖에 없는 것이다.

우라가니 구니오는 심지어 주식시장의 사계절이라고까지 했지만, 주식시장은 누구나 따라하면 돈을 벌 수 있을 정도로 그렇게까지 명확한 주기성을 지니고 있지는 않다. 주식시장의 사계절이라는 아이디어 자체는 매우 좋고 또 다른 주식시장 해석, 평가법들과 더불어 참조할 만은 하지만, 증권분야에서 오래 일했던 그가 일본 주식시장에 대한 자신의 귀납론적 경험으로 대략 그럴 수 있다고 설명한 정도로 이해하면 좋을 것이다.
(실제로는 봄여름가을겨울 중 하나 이상의 계절을 생략하여 바로 넘어가는 경우도 매우 많다. 미래를 예측하지 말라. 주식시장의 사계절과 관련해서는 '대한민국 주

식투자 산업·업종분석'에 정리한 바 있다.)

한편, 아마추어 주식투기자들의 접근법 자체가 시장이 고평가되면 주식을 일부 매도하고 시장이 급락하면 주식매수를 확대하기 시작하는 등 주식시장에 능숙하게 대응하는 방법론을 따르는 것이 아니라, (대응할 자신이 없기 때문에) 시장을 예측하려 하거나 시장예측 뉴스, 리포트와 조언에 귀를 기울이는 것이 문제인 것이다.

그런데 주식시장에(개별 종목, 내재가치, 포트폴리오로 들어가기 훨씬 전 단계에서부터) 대해서 한 가지 알아야 할 아주 기초적인 사실이 있다. 이것은 사실이므로, 절대적으로 믿어도 된다.

단기적인 주식시장은 절대로 누구도 예측할 수 없다는 태생적인 한계가 있으며, 그럼에도 불구하고 예측할 수 없는 주식시장의 변화에 적절히 대응하면 무조건 중장기적으로 큰 수익률이 가능하다는 것이다.

본서의 목적 역시 주식자산을 중심으로 하고 기타 자산을 적절히 배분한 후, 시장의 변동과 시장의 상승에 무관하게 주식시장을 철저히 이용함으로써(주식시장은 베테랑에게 항상 최고의 매수, 보유, 매도의 기회를 준다.), 지속적이면서도 점점 가속화되는 누적수익률을 올릴 수 있는 운용에 대해서 설명, 조언하는 것이다.

그러므로 우선 잘 기억하자. 주식시장은 중기적으로 등락하며 장기적으로 상승하는데, 단기적으로 주가를 예측하려고 하면 투자에 실패하며, 항상 주가수준을 평가하면서 시장의 등락에 대응하는 방식으로는 오히려 투자에 성공할 수밖에 없다는 것을.

다음 페이지에서 구체적으로 주식시장의 상승세, 하락세, 보합세 등을 살펴보자.

2. 상승세, 하락세, 보합세

주식시장에는 중기적인 순환과 장기적인 상승이 있다고 했는데, 중기적인 순환 속에서 어느 정도 지속적이라고 생각할 수 있는 추세가 존재한다.

즉, 중기적인 관점 혹은 그보다 짧은 관점에서 주식시장은 상승세, 하락세, 보합세 등의 추세를 보인다. 지금부터 상승세, 하락세, 보합세 순으로 하나씩 살펴보자.

상승세를 띠고 있는 주식시장을 보통 상승장, 강세장 등으로 표현한다.

시장순환마다 모양새를 달리 할 수는 있으나, 대체로 상승세의 초기 국면에서는 기업의 실적은(매출액, 영업이익, 순이익 등) 크게 회복되지 않는데 주가배수가(PER, PBR 등) 상승하게 된다. 상승세가 본격화되는 국면에서는 기업의 실적이 비교적 빠르게 회복하면서 주가배수가 천천히 상승하게 되며 결과적으로 종합주가지수는 지속적으로 상승하게 된다.

상승세의 막바지는 주가가 가장 급격하게 상승하는(가장 많은 입문, 초보자들이 적극적으로 매수하는) 국면으로, 기업의 실적개선이 둔화될 조짐이 보임에도 불구하고 주가배수가 급격히 상승하여, 냉정한 가치투자자들이 볼 때는 명확히 고평가된 상황이다. 가장 어리숙한 묻지마투자자들이 대거 들어왔으니 더 이상 주식시장에 들어올 사람들은 없고, 빠져나갈 사람들은 이미 어느 정도 빠져나가는 중이기(대신 묻지마투자자들이 입성) 때문이다.

　이때 대중적인 주식투자자들의 관점에서 바라보면, 상승세 초기에는 실적이 좋지 않은데 왜 주가가 오르는지 알지 못하며(사실 주가는 너무 싸고 실적은 바닥이기 때문에 당연한 일이지만), 실적이 상승하면서 주가배수까지 오르면 미심쩍어하면서 주식시장에 보수적으로나마 관심을 보인다.
　실적보다 주가배수 자체가 빠르게 상승하는 상승세 후기에는(실물경기보다 기대감에 의한 상승세 자체가 거품의 시작임에도) 실적 대비 주가를 보지도 않고, 오르는 주식시장을 매우 안정적인 수익처로 느끼고 웬만한 리스크는 리스크로도 여기지 않게 된다. 초심자도 수익률 게임에서 행복을 맛보면서 위험에 대한 감각이 매우 무뎌지는 것이다.

　하락세를 띠고 있는 주식시장을 보통 하락장, 약세장 등으로 표현한다.
　시장순환마다 모양새를 달리 할 수는 있으나, 대체로 하락세의 초기 국면에서는 기업의 실적은(매출액, 영업이익, 순이익 등) 크게 훼손되지 않았는데(물론 실적상승의 둔화조짐은 읽을 수 있다.) 주가배수가 몇 번에 걸쳐 급락하게 된다. 기업의 실적이 본격적으로 하락하면서 주가배수마저 천천히 하락하게 되면 하락세가 본격화되었고, 이미 종합주가지수는 상당히 하락해 있음을 알게 된다.

하락세의 막바지는 주식시장의 사망선고, 즉 기업실적도 매우 좋지 않고(그러나 실적하락 속도가 이미 둔화되고 있음.) 각종 주가배수 역시 매우 낮아지면서, 수많은 아마추어 투자자들이 극심한 손실을 입고 주식시장에서 빠져나온 후 주식시장을 매우 위험한 곳으로 여기는 국면이다. (그러나 이때 실적과 주가배수는 바닥이며, 더 이상 나빠질 것이 없는 최고의 투자기회)

정부의 각종 경기부양 정책에 따라서(금리인하, 재정확장 등) 기업경영여건은 개선되고, 기업 내부적으로도 비용은 줄일 대로 줄였으며 손상된 자산은 이미 손상처리를 하는 등 향후 실적하락이 둔화 혹은 반전될 조짐이 보임에도 불구하고, 주가배수는 매우 하락한 상태로 냉정한 가치투자자들이 볼 때는 명확히 저평가된 상황이다. 이때는 가장 어리숙한 묻지마투자자들이 대거 빠져나갔으니 더 이상 주식시장에서 탈출할 사람들은 없고, 주식시장과 개별 기업들의 내재가치를 파악하고 있는 가치투자자들은 이미 투자를 슬슬 확대한다.

이때 대중적인 주식투자자들의 관점에서 바라보면, 하락세 초기에는 실적이 매우 좋은데 왜 주가가 하락하는지 알지 못하여 주가가 크게 하락할 때마다 추가매수를 하고(사실 주가는 너무 비싸고 실적은 둔화, 감소할 일밖에 없으니 당연한 하락이지만), 실적이 하락하면서 주가배수까지 하락하는 국면에 이르면 그제야 겁을 먹고 매도를 하기 시작한다.

심지어 적자가 나기도 하고, 상장폐지 기업과 부도기업이 증가하며, 실업률이 높이 치솟으면서 주가배수 역시 계속 하락하는 하락세 후기에는(평균을 훨씬 하회하고 있는 현재 실물경기가 향후 회복할 가능성을 알려주고, 공포에 의한 투매 자체가 시장이 바닥에 가까왔음을 알려줌에도) 업종과 기업 별로 역사적인 이익률 바닥과 역사적인 주가배수 바닥을 참고하지도 않고, 하락하는 주식시장을 매우 위험한 투기장으로 느끼면서 일부 업종이나 기업의 실적바닥 신호가 보여도 주식시장을 멀리 하게 된다. 초심자들은 지속적으로 확대되는 손실에서 자신감 상실과 공포를 맛보면서 기회(기대수익률)에 대한 감각이 매우 무뎌지는 것이다.

한편, 하락세를 하나의 큰 개념으로 정의하면 그 안에서 두 가지 형태의 시장하락이 존재하는데, 바로 수익률 조정(손실 확대)과 기간 조정(투자기간 손실)이 모두 확장된 형태의 시장하락으로 볼 수 있다.

즉, 넓은 의미에서 보합세도 보다 장기적인 하락세, 혹은 약세장에 포함될 수 있다. 왜냐하면 한 나라의 경제가 장기적으로 성장하면서 상장사들의 실적과 가치 역시 꾸준히 증가하는 것이 정상인데, 종합주가지수가 상승하지 않고 몇 년째 박스권에서 머무르고 있는 상황을 가정하면 기업들의 가치성장 대비해서 실질적으로 주가가 하락하는(PER, PBR 등 주가배수 하락) 것이기 때문이다.

다시 정리하면, 주식시장은 중기적으로 등락을 겪으면서 장기적으로 상승한다. 하지만, 주식시장의 중기적인 순환 속에서 상승세와 하락세, 보합세가 차지하는 기간이 각각 짧게는 몇 분기에서 길면 2~3년에 걸치기도 한다.

그러므로 지난 주식시장의 종합주가지수를 결과론적으로 살펴보면 장기적으로 주가가 상승하는 장기우상향 그래프를(한국 상장사 전체의 장기 기업가치상승률, 종합주가지수 상승률은 대략 10% 전후이다.) 보면서 아마추어 투자자들의 경우에도 충분한 투자의욕이 날 것이다. 예금이자율이나 채권수익률보다 장기적으로 주식자산의 복리수익률이 월등히 높기 때문이다.

그러나 하락세와 보합세 기간을 실제로 겪는 중인(투자를 하다 보면 안 겪을 수 없다.) 아마추어 투자자들은, 지금이 수익률이 좋지 않은 구간이고 향후 수익률이 반전, 개선될 것이라는 확신이 없기 때문에(작용반작용, 중력과 같이 장기적으로 당연한 것임에도) 당연히 주식투자가 매우 위험하게 느껴진다. 아마추어 투자자들이 주식투자를 매우 위험하게 느끼는 구간이 바로 투자해야 할 타이밍이고 기대수익률이 가장 높은 구간이라는 것은, 매우 아이러니하면서도 씁쓸한 사실이다.

하지만 씁쓸함에도 불구하고 주식의 역사적으로는 물론, 본질적인 측면에서도 '누구나 사고자 할 때가 끝물이고, 누구나 팔고자 할 때가 절호의 투자기회'인 것은 매우 명백한 사실이다.

예를 들어 설명하면, 지난 몇 년간 취업률이 가장 좋은 학과를 목표로 고등학생들이 대거 진학한다거나(오히려 졸업시에는 학과 관련 일자리에 비해 졸업생들이 많아진다.), 작년에 가장 가격이 좋았던 농작물을 위주로 농부들이 올해 작물을 재배하려고 한다거나

(올해에는 과다생산으로 가격하락이 뻔하다.) 하는 행위에서 보듯이, 짧은 시야로 지난 결과를 보고 미래에 그대로 투영하여 자신감과 확신을 얻는 행위의 결과는 참으로 어리석은 것이다.

주식시장의 90%, 아마도 95% 이상을 차지하는 아마추어 주식투자자들의 패인은 바로 여기에 있는 것이다. 물론 가장 근본적인 원인으로는 기업의 본질적인 실적을 정량적으로 파악하고, 사업구조를 정성적으로 분석하며, 적정가치를 합리적으로 평가한 후, 현명하게 자산을 운용하는 능력이 없기 때문이다. (실상, 기업분석 및 가치평가는 공부하고 배우면 별로 어려운 일이 아님에도 불구하고, 지레짐작만으로 겁을 먹거나 일단 공부 자체를 거부하기 때문이다.)

본론으로 돌아가서, 아마추어 투자자들에게는 상승세와 하락세, 보합세 모두 몇 분기에서부터 몇 년에 이르기까지 상당한 인내심을 요구하는 기간에 해당한다. 그러므로 이러한 시장 추세적인 기간 동안에도 손실을 최소한으로 방어하면서도 향후 기대수익률을 극대화할 수 있기 위해서는(지속적으로 수익을 내기 위해서는) 당연히 주식시장의 국면마다 현명하게 대응할 수 있어야 한다.

여기에서 바로 계량적 포트폴리오(쉽게 표현하면 주식비중 조절과 종목매매)의 핵심전략을 알고 활용할 필요가 있는 것이며, 높은 확실성과 승률의 극대화를 위해서 가치투자에 기반한 계량가치투자 포트폴리오를 본서에서 설명할 필요성이 생기는 것이다.

3. 주가변동 위험과 단기편향

주가가 중기적으로 등락한다거나 장기적으로 상승한다는 것은 모두 주가의 변동을 내포한다. 종합주가지수와 개별 종목 차원에서(종목의 주가변동성이 더욱 드라마틱하다.) 모두 주가변동성이 존재한다. 주가의 변동을 미리 알아차리는 방법은 과연 있는 것일까. 또한 어떤 인과관계를 거쳐서 어느 방향으로 주가변동이 일어날지 알 수 있을까.

우선 주가의 변동성은 위험이기도 하면서 기회이기도 하다. 개별 종목의 경우 내재가치와 주가 사이의 투자매력도를 파악할 수 있는 투자자들에게 기회가 되며, 종합주가지수의 경우에도 주식시장의 적절한 밸류에이션 수준과 비교해서 현재의 종합주가지수가 고평가인지 저평가인지 판단할 수 있는 이들에게는 기회가 된다.

그러나 우선 주가변동을 위험으로 보는 관점에서 주가의 변동성을 설명한 후, 기회로 보는 관점을 정리하겠다. 왜냐하면, 급격하게 혹은 불규칙적으로 변동하는 주식시장 자체에 현명하게 대응을 잘 하지 못하는 대부분의 투자자들에게는 주가변동성은 명백히 위험한 현상이기(활용하기보다는 당하게 마련이므로) 때문이다.

우선 주가가 변동하려면 매수하려는 측과 매도하려는 측 사이에서 힘이 불균형을 이루어야 한다. 매도측이 우위일 때 주가는 하락하고 매수측이 우위일 때 주가는 상승한다. 그런데 매수측의 밀어 올리는 힘과 매도측의 끌어내리는 힘은 항상 이성적인 논리에 의해 힘을 겨루는 것도 아니고 완전히 랜덤으로 힘을 겨루는 것도 아니다.

　실적과 주가가 동시에 상승하는 본격적인 상승장을 제외하고는(이 때는 시장을 해석하기가 쉬워서 대중도 옳다.) 주식시장의 꼭지에서 매수하거나 바닥에서 내던지는 등 대체로 어리석은 투자의사결정을 내리는 대중적인 투자자들의(개인투자자와 기관투자자 모두) 욕망과 두려움이 매수매도의 힘을 결정하는 것이다.

　주식시장의 평균적인 대중적 투자자들은 이성보다 감정(욕망과 두려움)이 앞서기 때문에, 정상적인 시장상황을(실적과 주가가 모두 천천히 오르는 상황) 제외하면 항상 욕망에 사로잡히거나 두려움에 사로잡히며, 이는 주가변동성을 확대하게 된다.
　상승하는 주가의 변동성은 기업을 분석 평가할 수 있는 투자자에게는 명백한 매도기회이면서 그렇지 않은 아마추어 투자자들에게도 어느 정도는 수익을 낼 기회이기도 하므로, 하락하는 주가의 변동성을 좀 더 살펴보자.

　하락하는 주가변동성은 주식시장의 평균적인 참가자들이 불확실성을 매우 싫어하기 때문에 발생하는 것이다. 여러 가지 불확실성 중에는 얼마나 기업의 실적이 더 떨어질지, 얼마나 주가가 더 떨어질지 모르는 전형적인 하락세의 불확실성이 대표적이다.

하지만 9.11 사태 등 갑자기 발생한 테러에 대한 과도한 불확실성(그 영향이 어디까지 확산될지 모르는), 1차와 2차 세계대전은 물론 현대의 국지전쟁 발발에 대한 과도한 우려와 불확실성, 심지어는 거대 포트폴리오 집단의 프로그램 매매에(시장 불확실성 제거를 위한 시스템 손절매) 이르기까지, 발생 예측이 불가능한 사건사고들도 투자자들의 불확실성을(주관적인) 키워 왔다.

기업 실적에 대한 우려이건, 시장하락에 대한 우려이건, 갑자기 발생한 블랙스완(검은백조의 최초발견으로 비유할 수 있는, 존재하는 것을 몰랐지만 갑자기 발생하여 큰 충격을 주는 사건)이건 간에, 급격한 주가 변동성의 중요한 원인은 불확실성인 것이다.

그것은 예금자산에 비해서 불확실하고, 채권에(기업청산시 채권자가 선순위, 주주는 후순위) 비해서도 불확실한 주주의 위치를 감안하면, 기업의 내용과 가치를 비교적 명백히 읽을 수 있는 투자자들에 비해서 그렇지 못한 아마추어 투자자들이 불확실성을 상당히 크게 느끼리라는 것을 짐작할 수 있다.

마치 한두 분기의 실적이 부진할 경우 그 기업의 미래가 모두 무너질 것 같은 두려움과 주가가 추가적으로 하락하여 보다 손실을 확대할 것 같은 두려움에, 우량기업의 일시적인 실적부진에 대해 헐값에 주식을 매도해버리는(2011년도 8월은 필자가 몇 년 만에 삼성전자를 매수하게 된 기회였다.) 일은 정말 비일비재하다.

하락 방향의 주가변동성은 우려와 공포 등의 불확실성에 의해서 극대화되지만, 아쉽게도 투자자들이 비합리적으로 불확실성을 크게 느끼는 상황(주식 투매와 주가변동성 확대)의 원인을 미리 파악할 수도 감지할 수도 없다. 그것은 하락뿐 아니라 상승 방향의 주가변동성도 마찬가지이다. 어떨 때 대부분의 투자자들이 비합리적으로 크게 욕망을 가지는지 알 도리가 없다.

(그것이 가능하다면 예측투자가 가장 합리적일 것인데, 지금까지 필자를 포함해서 직접, 간접적으로 아는 국내외 전문투자자들과 투자기관들은 분석평가 결과에 따른 대응투자를 가장 합리적으로 보고 있다. 예측은 불가능하며, 투자가 아니라 도박이기 때문이다.)

즉, 주가변동성의 방향과 그 크기를 예측하는 것은 불가능하며, 그렇기 때문에 주가변동성에 대해 '모 아니면 도' 식으로 예측을 하려 하기보다, 현명하게 대응하는 방법이 훨씬 효과적이고 장기적으로 초과수익률도 제공한다.

한편, 앞에서 주가변동을 위험으로 보는 관점에서 주가의 변동성을 설명했으므로, 주가변동을 기회로 보는 관점에서 정리하겠다.

주가변동성이 매우 적다면 어떻게 될까. 매우 현명한 가치투자자들이라고 해도 주가변동성 자체가 매우 제한적이라면, 장기적으로는 기업의 가치상승률만큼으로 수익률이 제한될 것이다. (기업가치상승률과 실적상승률은 다르다. 평균 순익 1000억 원, 호황시 순익 1500억 원, 불황시 순익 500억 원을 버는 기업이, 불황에서 호황으로 가면서 순익이 세 배로 늘어도 기업가치는 전혀 변동이 없다. 왜냐하면 이내 다시 줄어들면서 평균 순익은 여전히 1000억 원일 것이기 때문이다.)

그러나 기업의 실적에 대한 과도한 우려나 갑작스런 대외 악재의 불확실성으로 인해 주가가 폭락하거나, 기업의 실적에 대한 과도한 기대감이나 일시적인 대외 호재에 대한 과도한 환영으로 인해 주가가 급등할 경우, 현명한 가치투자자들은 좋은 기업을 싸게 살 기회를 얻을 수 있고, 심지어 그저 그런 기업을 매우 비싸게 팔 기회를(애초에는 적당하게 팔려고 했지만) 얻을 수도 있다.

그러므로 주식시장이 매우 불확실해 보이는(실제로 그렇지만은 않으며, 그래 보이는 것이지만) 국면에서 과감한 매수를 통해 초과수익률을 얻을 수 있고, 주식시장이 매우 꿈같은 단기 고수익 재테크로 보이는 국면에서(꿈같은 곳은 진정 꿈에만 있는 것이다.) 냉정한 매도를 통해 초과수익률을 얻을 수 있는 것이다.

물론 앞서 설명했듯이 이런 변동성을 기회로 활용하는 능력은 개별 종목의 경우 내재가치와 주가 사이의 매수매도 매력도를 파악할 수 있는 투자자들에게 기회가 되며, 종합주가지수의 경우에도 주식시장의 적절한 밸류에이션 수준과 비교해서 현재의 종합주가지수가 고평가인지 저평가인지 판단할 수 있는 이들에게는 기회가 된다.

하지만 주식시장 전체와 개별 종목이라는 극단적인 반대의 예뿐 아니라, 일정 비율 이상 주식을 들고 가면서, 체계적으로 종목수를 관리하고 매수와 매도를 하는 포트폴리오의 수준에서, 주가변동성을 가장 효율적으로 활용할 수 있다. (이에 대한 설명과 방법론은 본서의 전체에 걸쳐서 진행될 것이다.)

주가변동성이 대부분의 아마추어 투자자들에게 위험이라는 것은 알았다. 또한 특히 불확실성으로 인해(하락세의 경우 더더욱) 주가변동성이 더욱 촉발된다는 것도 알았고, 주가를 변동시키는 원인 요소를 미리 예측할 수 없다는 것도 알았다.

그런데 주가변동성을 촉발시키는 요소가 불확실성 말고도 대표적인 것으로 한 가지 더 있는데(물론 더 많은 요소들을 찾을 수 있지만, 중요도가 낮아서 생략한다), 이것도 알고 넘어갈 필요가 있다.
대부분의 아마추어 투자자들은 자신의 투자원칙과 투자심리가 서로 경계 없이 섞이면서 원칙을 지키지 못하게 된다. 반면에, 일부 프로투자자들은(다시 말하지만 필요한 지식을 공부한 개인, 기관투자자 모두) 애초에 합리적이고 체계적인 투자원칙을 세우고, 투자원칙에서 투자심리를 배제하는 것을 훈련함으로써 원칙에 충실하게 된다. (결과적으로 누적적으로 큰 수익을 실현한다.)

주가변동성을 촉발시키는 두 번째 대표적인 요소는 투자심리와 관련된 것인데, 바로 단기편향성이다.

어떤 업종이나 기업의 최근 실적이 매우 호조를 보이고 있다고 했을 때, 사실은 해당 업종이나 기업의 역사적인 업황사이클, 영업사이클을 감안하면 실적의 꼭지일 수가 있고, 향후 실적둔화가 당연히 이어지게 된다. 그럼에도 불구하고 투자자는 단기편향적인 투자심리(명백한 오류이다.) 효과로 인해 최근의 호실적이 지속적으로 이어질 듯한 착각에 빠진다. 최소한 이전의 영업사이클보다는 더 길고 더 화려한 호황이 있을 것을 기대하는(지나고 나면 도대체 왜 그랬을까 하겠지만) 것이다. 이는 실적이 추세적으로 하락하거나 급락하고 있을 때도 마찬가지이다. 일정 기간이 지나면 기업실적의 개선으로 이어지게 마련인데, 최근 몇 분기만의 추세만으로 보다 먼 미래를 가정하는(무의식적 단기편향으로) 오류를 범함으로써, 해당 기업의 향후 실적과 가치를 매우 비관적으로 보게 된다.

이는 기업실적만의 문제가 아니다. IMF 시절 금리가 천정부지로 올라갔을 때, 당시 대한민국의 장기 경제성장률을 감안하면 높은 금리는 일시적인 것임을 판단할 수 있어야 한다. 당시 천정부지의 금리로 주식시장과 개별종목을 평가하면 그다지 저평가로 보이지 않았겠지만(높은 금리는 주식의 할인율을 높여서 적정주가를 내린다), 정상적인 범위로 금리가 돌아올 것을 감안하면 대한민국의 종합주가지수와 우량기업들의 주가는 너무나 쌌던 것이다. 존 템플턴 이하 외국 기관투자자들이 헐값에 국내 주식을 담아갈 수 있게 됨으로써, 국내의 아마추어투자자들은(소수 가치투자자들은 이때 매수하고 큰 수익을 냈다.) 가장 싼 구간에 매수하기는커녕 투매행위를 통해 막대한 손실을 확정했던 것이다.

주가가 하늘 높은 줄 모르고 상승하리라는 낙관주의는 최근 수년간 상승장을 맛본 상승장 후반에 피어오르고(주식시장 등락사이클도 제대로 보지 못하는 단기편향성), 주가가 바닥을 모르고 지하실까지 내려갈 것이라는 비관주의는 최근 1~2년간 하락장을 맛본 하락장 후반에 널리 퍼진다.

  한국인만 냄비근성을 가진 것이 아니다. 본래 나라를 막론하고 '지금 당장', '얼마나 많은 사람들이' 어떻게 판단하고 행동하는지를 보고 따라하는 대중들은 냄비근성을 가지고 있다. 주식시장의 역사적인 사이클 등락을 기억할 겨를도 없이, 단기평향성 때문에 주식시장의 상승반전을 보지 못하고 바닥 국면에서 공포에 찬 투매를 통해 크게 손실을 보는 아마추어 투자자들, 주식시장의 하락반전을 예상하지 못하고 더 높은 수익에 대한 욕망으로 천장 국면에서 부채까지 지고 투자하여 크게 손실을 입는 아마추어 투자자들은, 주식시장의 장기적인 역사를 최소한 어느 정도는 알고 스스로 단기편향성에서 벗어나서 좀 더 냉정하게 판단할 필요가 있다.

  이에 다음 페이지에서 주식시장의 역사를 우선 간단히 설명한다. (주식시장의 등락은 다양한 활용관점에서 본서에서 몇 번 더 다룰 예정이다.)

4. 폭등폭락의 주식역사, 블랙스완

주식의 역사는 적당하고 조신하게 상승해온 매끄러운 곡선이 아니다. 주식시장은 얌전하던 주식시장이 점차 쾌활해지면서 이내 폭등하고, 그에 바로 이어서 폭락과 더불어 의기소침해지는 순환을 따른다. (물론 이런 폭등락을 거치면서 상승한다.)

주식시장이 매끄럽게 천천히 상승하지 못하고 폭등하게 되고, 폭등의 결과 필연적으로 폭락하는 것은, 인간이 욕망과 공포를 가진 존재라는 것을 의미한다. 즉, 피할 수 없는 현상이며, 앞으로도 인간이 욕망과 공포라는 감정을 가진 한 영원히 반복될 것이다.

실전적인 체계를 배워 익힌 가치투자자들의(개인 및 기관) 장기 연평균수익률은 15%~40% 사이에서 가능하다. 하지만, 개별 종목들에 투자하지 않고 주식시장 인덱스에 투자하며, 주식시장의 밸류에이션 정도에 따라 주식비중을 조절하지 못하고 한 번 매수하여 영구보유하는 성실한 아마추어 투자자를 가정하면, 한국 주식시장의 장기수익률이 연복리 10%에(상장사 전체 가치상승률) 가까우므로, 연복리 10% 수익률에 만족해야 할 것이다. 혹은 충분히 장기투자하지 않거나 매수시점이 적절하지 않았을 경우를 가정하면, 아마추어 투자자들은 10%보다 더 낮은 수치에 만족해야 한다. (그래도 예금이자율의 세 배 전후에 달한다.)

문제는 아마추어 투자자들이 그 이상의 수익률을 원한다는 것이다. 투자분석, 평가기술이 없는 아마추어 투자자들이 주식시장 인덱스에 투자해서 얻을 수 있는 장기 수익률이 10%인데 그보다 높은 수익률을 몇 년간 시장 전체에서 원했고, 또한 군중심리와 집단적인 매수를 통해(언제나 주가폭등은 군중행동으로 나타난다.) 그 이상의 시장수익률을 누렸다면 이후에 어떤 일이 발생할까? 그 이후 일정 기간 동안 해당 수익률을 반납할 수밖에 없지 않겠는가? 정상 범위를 벗어난 가격대로 끌어올렸으니 당연히 반납하는 기간이 후행할 것이다. (부동산이건 주식이건, 이것은 세금과 죽음만큼 피할 수 없는 진리이다.)

하지만 아마추어 주식투자자들이 비난받아야 하는 것은 아니다. 그들은 주가가 매우 비싸다는 것을 모르고 매수했기 때문에, 그리고 주가가 매우 싸다는 것을 모르고 매도했기 때문에 피해를 본 것이다. 즉, 자신들도 모르게 스스로 늪으로 걸어 들어간 것이지 일부러 자신과 다른 사람들을 끌고 늪으로 들어간 것이 아니기 때문이다. 사실 거품과 폭락은 투자자에게만 있는 것이 아니라, 소비자와 경영가, 정부 등 다양한 주체가 함께 키우고 함께 터뜨리는 것이다. 즉, 원인 제공자는 투자자와 소비자, 경영가, 정부 등 다양한 주체이기 때문에 그 누구에게 책임이 오로지 귀속되지는 않는다.

소비자는 자신의 평균적인 소비성향을 꾸준히 유지하지 않고 경기가 좋으면 소비와 부채를 늘리고 경기가 나빠지면 소비와 부채를 줄인다. 경기가 순환하면서, 소비자의 수입도(월급생

활자이건 자영업자이건) 중기적으로 증감하며 고용과 해고, 창업과 폐업 주기도 순환한다. 항상 지속가능한 국가의 경제성장률, 지속가능한 소득상승률만큼만 소비자가 소비를 늘려간다면 애초에 소비와 부채 확대로 인한 경기의 거품, 수요 견인 인플레이션(은 물론 그에 이은 불황) 등은 생기지 않는다. 소비와 부채가 매끄러운 성장곡선을 이어가는 것이 아니라 크게 증가했다가 크게 감소하는 모습을 보이기 때문에(이것도 최근의 수입과 살림살이에 대한 어리석은 단기편향성 때문), 소비증감에 의한 기업의 실적이나 소비증감에 기반한 사업전략 자체가 변동성을 띨 수밖에 없는 것이다.

기업도 마찬가지이다. 국가 전체의 잠재성장률, 해당 업종의 장기 이익성장률 등을 감안해서 각종 영업자산에 투자하고, 인력을 고용하고 생산을 늘려간다면 문제는 생기지 않을 것이다. 사업성과가 좋으면 생산을 더욱 가속적으로 늘려서 이익을 극대화하려고 하기 때문에(경기하락이 순환주기상 도래할 예정이라도), 하필이면 호황기에 투자를 확대하고 고용을 확대하며, 비싼 값을 치르면서 자회사를 인수한다. 불황기에는 반대로 손실의 막바지에서 자산을 매각하고 인력을 해고하는, 현명함과는 반대의 의사결정을 하는 것이 평범한 기업들이다.

정부에 대해서는 길게 말할 필요도 없다. 굳이 정부의 부족한 여러 가지 정책들을 꼽을 필요도 없이, 정부는 표심이 가장 중요하기 때문에(이 점이 일부 프로가 모인 정부를 이상하게도 아마추어로 만

든다.) 태생적으로 아마추어일 수밖에 없으며, 언제나 사후적으로 대응하기 때문이다. 거품이 점점 커진다는 것을 알면서도 그것을 미리 줄여주는(파티의 규모를 확 줄이는) 행동을 결코 할 수 없고(표심 때문에), 터지고 나서야 경제의 회생을 위해서 이런저런 늑장대응을 하는 것이 정부이기 때문이다. (정부 요원들의 능력이 부족하다는 게 아니고 정부라는 집합조직의 본질적 성격을 이야기한 것이다.)

  부동산 가격이 하락하지 않기 위해 인위적인 정책을 세우거나 부동산 가격이 상승하지 않기 위해 인위적인 정책을 세우는 것은, 주가를 인위적으로 부양하거나 인위적으로 끌어내리는 것과 마찬가지로 향후 반드시 경제적 골칫거리를 불러일으키게 되는 일이다. 한 가지 다행인 것은 본래 다른 나라의 정부들도 모두 아마추어이기 때문에(물론 개중에 누가 낫고 못하고 하는 수준 차는 있다.) 그러려니 할 수 있다는 것이다. 오히려 현명한 투자자라면 잘못된 정책이든 잘된 정책이든 그것 자체를 활용, 역이용하는 것으로 대안, 해결책을 삼을 수밖에 없다.

  어쨌든 풍선은 인간의 본성에 따라서 부풀어 오를 수밖에 없다. 또한, 어떻게든 풍선을 터뜨려야만 더 큰 피해를 막을 수 있다. 실상 모든 폭락은 더 큰 피해가 발생할 수 있었던 것을 막았던 사건들로서 꼭 필요한 과정이라고 할 수 있다. 산이 높으면 골이 깊다는 말이 있듯이, 풍선이 더 크고 얇고 위태위태하게 부풀어 오를수록 대중들의 더 많은 빚과 더 높은 실업률과 더 깊은 경기침체가 기다리고 있을 뿐이다. 그렇기 때문에 풍선이 애초에 부풀어 오르지 않으면 몰라도 이미 부풀어 올랐다면, 터져야만 훗날 더 큰 희생이 생기지 않는 것이다.

(여기서 부동산의 경우 조금이라도 거품을 이어가게 하려는 구세대와 거품이 보다 일찍 빠져야 좋은 시작을 할 수 있는 세대 간의 대립과 이기주의가 문제가 될 수 있다.)

몇 가지 대표적인 주식 폭등과 폭락의 역사를 대략 시간 순으로 살펴보자.

우선 정확히 주식은 아니지만 17세기 초 네덜란드의 튤립 투기로 시작할까 한다. 한 송이 꽃에 불과한 튤립이 어떻게 열광적인 투기열풍과 시장급락을 불러왔는지 이해하는 것은, 명확한 실체(상장기업)에 근거한 주식의 가격이 어떻게 가치와 비교할 수 없을 정도로 가격이 천정부지로 솟았다가도 가치와 비교할 수 없을 정도로 헐값까지 하락하는지 이해하는데 큰 도움이 된다.

터키에서 유럽으로 흘러들어온 품종인 튤립을 네덜란드 시민들은 좋아하고 즐겨 길렀다. 처음에는 시민들이 평범하고 예쁜 화초로만 다루었던 튤립이 점차 여러 가지 색깔로 거듭나고, 점점 희귀하고 아름다운 튤립을 소유하고 있다는 것 자체가 남들보다 앞선 사회적 지위가 되기 시작했다. 귀족들과 부르주아 계층이 주도했던 튤립 가격 상승세는 점점 (그들을 닮고 싶은) 일반인들의 열광을 불러일으키면서 급기야는 아름다운 튤립도 아닌 튤립뿌리의 가격이 천정부지로 치솟기 시작했다. 점차 광기로 물들었던 튤립투기는 1637년 커질 대로 커지고 얇아질 대로 얇아진 풍선이 터지면서 끝이 났다.

그 결과는 튤립 투기자들의(특히 뒤로 갈수록 열광했던 어수룩한 이들의) 빚과 파산뿐이었으며, 네덜란드는 한 차례 신기루가 시민들의 자산을 앗아갔음을 알게 되었다.

정상적인 거래는 효용과 가치로 이루어진다. 하지만 점차 효용과 가치를 벗어나서 오르는 가격 자체가 가격 상승을 불러일으키는 국면에 이르게 되면, 바로 거품의 시작이다. 더 큰 바보가 더 비싸게 사줄 것을 기대하고 조금 덜 바보 역할을(그래도 바보는 바보다.) 기꺼이 하는 것이다. 심지어 이 국면에서 욕망과 기대감에 가득찬 사람들은 자신은 물론 남들도 바보로 보이지 않는다.

1720년에 발생했던 영국의 '사우스 시(해운사)' 버블을 살펴보자.

그 당시 부채가 많았던 영국 정부에 사우스 시 컴퍼니는 한 가지 제안을 했는데, 중남미와의 독점적 거래를 영국 정부가 보장한다면 국가 부채를 떠안겠다는 내용이었다. 대신에 영국 정부에게 돈을 빌려준 채권자들은 사우스 시 컴퍼니의 주식을 받게 되어, 배당금 수익과 주가차익을 누릴 수 있었다.

의회의 승인을 받은 후 사우스 시 컴퍼니는 주식을 추가발행하면서 중남미의 장밋빛 투자기회를 과장하였고, 점차 배운 이들과 배우지 못한 이들 모두 기존의 재산을 팔아치우면서까지 사우스 시 컴퍼니의 주식을 광적으로 매수했다. 배당금 약속, 가파르게 오르는 주가, 심지어는 주식을 살 수 있는 권리까지 고액에 거래되는 등 거품은 극에 달했다. 주가가 폭등하는 이 과정에서 주도적인 투기세력이 매도하고 시장에서 빠져나감으로써 수많은 투자자들이 단 몇 개월 만에 큰 피해를 보게 되었다.

정신을 차리지 않으면 얇다는 것을 알 수 없는 얼음 호수 위에서, 혼자 있을 때는 그나마 이성적이었던 사람들이 수많은 사람들 속에서 즐겁게 놀다 보면 이상하리만큼 위험에 무감각해진다. '설마, 이렇게 많은 사람들이 있는데'라고 생각하면서 안전을 느끼게 된다. 하지만, 안전은 사람들이 많고 적음과 전혀 상관없으며, 수많은 사람들이 안전하다고 느끼는 것과도 전혀 무관하다. 안전 여부는 얼음두께가 사람들의 무게를 고려할 때 충분히 두꺼운지 검토함으로써 확실해지는 것이다. 하물며 스케이트도 이러한데, 고생 없이 쉽게 큰 돈을 벌고자 하는 욕망들이 섞여 있으니, 지금은 투기의 국면이고 위험하다고 말하는 소수 원칙주의자들의 말이 귀에 들어오겠는가.

1910년대의 자동차 주식을 중심으로 한 '당시의' 기술주 투기도 한번 살펴보자. 현대를 살아가는 젊은이들의 관점에서는 선뜻 이해가지 않겠지만, 그 당시에는 자동차와 라디오 등이 시대를 선도하는 신기술이었던 것이다.

1910년, 전세계에서 최초로 미국 대륙에서 자동차가 상업화되면서 자동차 회사들이 500개 전후까지 설립되었다. 이때는 자동차 제조업자들의 규모도 작았고 부품을 조립하는 수준에 그쳤기 때문에 진입장벽이 매우 낮았고, 경쟁은 심화되기 시작했다. 하지만 대중적인 주식투자자들은 성장산업에 속한 신기술 기업들에게 러브콜을 보냈고 주가는 가파르게 올라가기 시작했다.

성장기업에 관심이 꽂힌 어리석은 투기자들에게는 시장의 크기(파이)와 시장참여자(n)의 수 따위가 보이지 않았던 것이다. 자동차 시장의 고성장세가 영원할 수 없고 일정 기간이 지나면 성장률이 둔화될 거라는 것도 생각하지 못했고, 자동차 시장이 성장할지라도 시장참여자가 너무 많아지면 소수의 기업을 제외하고 다른 모든 기업들은 수익을 내지 못할 것이라는 생각도 하지 못했다.

(참고로, 파이는 커지면서 n은 고정된 상황이 개별 종목의 실적과 가치상승에 가장 좋다.)

1919년 말에서 1922년 사이에 자동차 주식을 중심으로 한 '기술주'들이 크게 폭락했다. 이후 단기적으로 미국의 실업률은 12%로 치솟았으며 디플레이션이 나타나기도 했다.

자동차를 중심으로 한 기술주 폭등과 폭락 이후의 미국 주식시장의 역사는 너무도 유명해서 자세히 말할 필요도 없다. 인터넷 검색으로도 알 수 있고, 영화로도 다루어진 적이 있는 1920년대의 미국 주식시장의 폭등은 너무나 큰 거품이었고 또 그에 이은 10년 대공황이라는 너무나 큰 고통을 야기했다.

간단히 말해서 1920년대의 미국은 높은 경제적 생산성과 함께(1920년 이후 단기적인 실업증가와 디플레이션을 극복하고), 주식시장이 미국 역사상 최고 호황기를 구가했던 시기였다.

1920년대에는 적극적인 신용(credit)확장과 더불어 산업생산과 소비가 끊임없이 증가했으며 거품은 계속 커지고 풍선은 계속 얇아지면서 부풀어 올랐다. 회사가 수익을 내건 수익을 내지 못하건 주가는 계속 상승했으며, 대중은 오르는 주식에만 관심을 보이기 때문에 점점 미국 전체를 주식에 대한 열광으로 치달았다.

1929년 10월에 시작된 엄청난 주가 대폭락은 소비침체와 실업률 상승, 기업부도 등 10년의 대공황을 낳았다.

다소 최근의 폭등과 폭락을 보자면(이 사이에 많은 폭등과 폭락이 있었지만), 1999년 인터넷 주식을 중심으로 한 기술주 거품과 폭락, 2007년에서 2008년에 걸친 서브프라임 모기지 사태와 리먼 브러더스 파산에서 이어진 글로벌 금융위기 등이 있다.

1999년에는 그야말로 인터넷 붐이 불면서, 향후 인터넷 트래픽에 대해 밑도 끝도 없는 영원한 성장을 기대하고 실제로 수익을 내지도 못하는 수많은 닷컴 기업들의(사명에 'e'를 추가하면 주가가 급등했을 정도였다.) 주가는 엄청난 고공행진을 이어가고 있었다. 기업의 이익이나 영업 현금흐름, 장부가 대비 상대적인 가치를 평가하는 PER, PCR, PBR 등이 모두 무용지물이 될 정도로(당연히 시장이 왜곡된 것이었다.) 이익을 내지 못하는 기업들마저도 사이트 클릭률, 접속자 수 등으로 천정부지의 밸류에이션이 억지 정당화되던 시기였다.

버블이 붕괴되기 직전까지 신산업(주로 인터넷)에 기반한 신생 기업들은 엄청나게 늘어났으며 투자자들은 적극적으로 이러한 기업들을 매수했다.

하지만 버블이 붕괴되면서 대부분의 기술주들은 주가가 폭락했고, 단지 주가의 폭락만이 아니라 극소수의 기업을 제외하고는 사업 자체에 성공하지도 못했다.

물론 기술주 버블이 꺼지고 주가는 폭락했지만 이후 시간을 두고 당연히 주식시장은 회복, 상승 국면을 다시금 맞이하게 된다. (기업의 실질가치 증가율만큼 적당한 속도로 올라야 계속 오를텐데 급격히 오르니 내려가게 마련이고, 많이 내려갔으니 회복하게 마련이다.)

2008년의 글로벌 금융위기는 부동산에서 비롯되었다. 핵심적인 것만 정리하면, 그린스펀이 2003년 이후 미국의 기준금리를 1% 정도까지 낮춤으로써 주택가격이 상승하기 시작했는데, 소득을 입증하지 않고도(저소득층에게) 높은 레버리지 비율로 비우량 주택담보대출(서브프라이 모기지)을 하게끔 금융기관들이 주도했던 것이 초기의 원인이 되었다.

특히 2000년대 중반부터 주택으로 단기적인 매매차익을(바보가 더 큰 바보에게 더 비싼 가격에 매도하는) 얻고자 하는 열망으로 대중들이 주택투기판에 뛰어들게 되었고, 한 발 더 나아가서 월스트리트에서는 서브프라임 모기지대출을 유동화하기 위해서 매매가 가능한 파생상품 채권으로 만들어 전 세계에 판매했다.

이후 주택가격이 너무 폭등하고(주택가격의 폭등은 항상 튤립보다도 문제인데, 튤립은 안 사면 그만이지만 주택에서는 실제로 살아야 하기 때문에, 폭등이나 폭락을 좌시할 수만은 없는 것이다.) 경기과열 우려로 기준금리가 올라가면서 주택시장이 정상화되는(하락하는) 과정에서 붕괴되었다. 이후 미국 유수의 투자은행들이 파산하면서 그 여파는 세계적으로 퍼져나갔고 글로벌 금융위기로 접어들게 되었다.

세계에서 가장 큰 주식시장, 가장 다양하고 교과서적인 사건들이 많이 발생한 세계의 금융중심지 미국의 사례를 몇 가지 들어보았지만, 주식시장 폭등과 폭락의 사례들은 미국 시장에서도 위 사례들보다 훨씬 그 수가 많고, 한국을 포함한 수많은 세계 각국의 사례까지 포함하면 어지러울 지경이다. 하지만 위에서 열거한 사례들 및 그와 유사한 수많은 사례들의 경우, 주식시장의 폭등과 주식시장의 폭락에는 모두 공통적인 원인이 있다.

바로 공통적인 원인으로 '시장이 고평가되었다' 혹은 '시장이 과열되었다'는 것이다.

고평가 혹은 과열을 좀 재미없게 설명하면, 효용과 가치를 고려하여 투자하는 것이 아니라 기대감과 열광으로 투자하는 것이며, 투자매력도가 높은 것을 찾아서 투자한 것이 아니라 남들이 투자하는 것, 가격이 올라가는 것을 따라 투자하는 것이다.

지금까지 열거한 투자시장의 폭등과 폭락은 지극히 정상적인 위기들이라고 할 수 있다. 즉, 터질 수밖에 없는 풍선이었고 내릴 수밖에 없는 시장이었던 상황에서, 자연스럽게(하지만 항상 급작스럽고 고통스럽게) 폭락한 것이다.

그러므로 위 사례들은 또 다른 형태의 시장폭락인 블랙스완과는 전혀 다르다. 순수한 계량지표 운용전문가는 동의하지 않겠지만, 가치투자에 근거하면서 계량지표를 활용하는 투자전문가는 모두 동의할 것이다. 지금까지 열거한 것들은, 지금까지 없었고 도저히 있으리라고 기대하지 못했던 '검은 백조'가 갑자기 나타나는 것과는 다르다. 언제가 될지 그 시기를 예측할 수 없어서 그렇지 결국 나타날 수밖에 없는 상황이 나타난, 어쨌든 자연스러운 시장폭락인 것이다.

언제 거품이 터질지 알 방법이 있냐고 누가 필자에게 묻는다면, 이렇게 답하고 싶다.

'거품이 있다는 것, 즉 작은 바보가 더 큰 바보에게 투자상품을 되팔고 있다는 것은 언제든지 알 수 있다. 주식이 되었건 주택이 되었건 가치평가의 결과로 거품의 정도를 파악할 수는 있다. 하지만, 거품의 정도를 파악한 전문투자자 자신도 거품의 일부를 누리고자 투자금액 (상당 부분을 매도할지언정) 전체를 매도하지는 않는다. 즉, 파티를 끝내야 하는 시점이라는 것을 아는 냉정한 투자자도 아주 약간은 파티에 발을 담글 수 있는 것이다. 한편 아마추어 투자자 혹은 대중적 투자자들은(개인투자자와 기관투자자를 가리지 않고) 파티를 끝내야 하는 시점인지 아닌지 판단 자체를 하지 못한다. 결론적으로 아이러니컬하지만, 파티를 끝내야 할 시점을 전적으로 모르는 군중들이 파티를 황급히 끝내면서 서로 밀치고 탈출할 때 진정으로 파티가 끝나는 것이며, 그 시기는 사실 예측하기 어렵다.'

한편, 앞서 잠깐 언급했던 블랙스완에 대해서 살펴보자.

블랙스완은 모든 고니가 흰 고니(백조)인 것으로 알고 있던 상황에서 17세기에 한 학자가 호주의 검은 백조(흑조)를 발견하게 되었는데, 이후 '불가능하다고 생각했던, 혹은 발생하지 않으리라고 생각했던 상황이 일어나는 것'을 의미하게 되었다.

이후 월가의 나심 니콜라스 탈레브가 검은백조(The black swan)라는 저서를 내면서 본격적으로 금융시장에서도 사용하게 되었다. 그는 블랙스완의 특징에 대해서, 기대하는 영역의 바깥에 존재하면서, 큰 충격을 일으키고, 일어나고 난 후에야 설명이 가능하다고 이야기하고 있다. 여기까지가 일반적인 블랙스완에 대한 개요이다.

그러나 진정한 블랙스완의 개념을 설명하기 전에 우선 한 가지만 생각해보자. 적정한 가치가 800억 원에서 1000억 원 사이에 이르는 어떤 기업의 현재 시가총액이 1500억 원이다. 또한 시가총액은 주가가 계속 상승함에 따라서 1600억 원, 1700억 원으로 상승하고 있다.

이 경우 이 기업의 시가총액 혹은 주가는 위험해지고 있다. (당연하지 않은가, 제 가격을 넘어서고 있으니 결국 돌아오게 될 것이다.) 그리고 이 기업의 시가총액 관련 위험은 주가가 약간 하락한다고 잠깐 없어지거나 주가가 약간 상승한다고 다시 생기는 것이 아니라, 이미 시가총액이 1000억 원을 훨씬 넘어서서 1500억 원을 거치고 1700억 원까지 상승하는 기간 전체에 걸쳐서 매 시간, 매 분, 매 초 위험한 상황이다.

그런데 이런 기업이 어느 순간 거품이 터지면서 주가가 급락하는 경우와 마찬가지로, 이미 주식시장 전체가 매우 고평가되어 있는 상황에서 갑자기 주가가 급락하면서 하락장으로 돌아서는 경우를 블랙스완이라고 할 수 있을까.

이를 결코 블랙스완이라고 할 수 없다. 우리가 경험한 위험과 우리가 아직 경험하지 못했지만 내재되어 있는(일촉즉발의) 위험은 사실 종이 한 장 차이이다. 하락해야만 비로소 균형을 이루는 상황, 하락해야만 자연스럽고 위험이 적어지는 상황에서는 하락하지 않은 상황 자체가 계속 위험상태인 것이다.

시장에서는 예언자가 더 인기있는 모양이지만 필자는 사실 크게 동의하기 어렵다. 주식시장이 평균범위를 훌쩍 벗어나서 비싸지면 하락장을 예견하는 닥터둠이 되어 일이 년 정도만 기다리면 결국 진정한 예언자가 될 수는 있을 것이다. 또한 하락장을 맞춘 것으로 명성이 가장 크고 화려하게 빛날 때, 상승을 예견하면 틀림없이 몇 년 내로 또 투자구루가 될 것이다. 말하는 것은 쉽다. 하지만 필자를 포함한 수많은 가치투자자들처럼 폭락한 시장의 끝에서 공격적인 매수를 하는 것은 쉽지 않다.

나심 니콜라스 탈레브보다는(하락장을 미리 예언하는 것은 필자도 가능한 일이다. 하락장의 진정한 대가가 되려면 공매도까지 성공해야 한다.) 서브프라임 모기지론으로 인한 주택가격 버블이 진행 중일 때 '주택가격이 비싸다'고 생각했던 존 템플턴이나(존 템플턴은 공매도에도 성공한 적이 있다.) 2008년 글로벌 금융위기 이후 적절하고 현명한 대응을 통해 다시금 훌륭한 투자성과를 보여준 워렌 버핏에 더욱 신뢰성이 간다.

본서에서 필자가 순수한 블랙스완으로 인식하는(2부에서 다루는 롱테일 현상에서 블랙스완 재언급 예정) 상황은, 주식시장이든 주택시장이든 금이나 상품시장이든 간에, 투자상품 자체가 고평가이기 때문에 하락하는 상황이 아니라(이는 지극히 자연스러움), 갑작스럽게 다른 이유 때문에 투자상품의 가격이 급락하는 경우로 제한한다.

예를 들면, 전쟁 혹은 전쟁 우려나 미국 대통령의 사망, 9.11 테러 사태와 같이 예상하지 못한 사건사고가 발생할 경우, 카오스적이고 비선형적으로 나타나는 주식시장의 상황을 블랙스완이라고 할 수 있다. 물론, 블랙스완이라고까지 부르려면 상당히 큰 폭의 하락과 충격이 있어야 할 것이다.

대체로 시장급락의 주된 원인에 해당하는 시장과열을 감안하면, 시장이 과열되고 있는 것을 감지한 이후 시장과열이 심해지는 정도에 따라서 시장을 서서히 빠져나오면 될 것이다. 다만, 정말 원인을 예측할 수 없고 갑작스럽게 다가오는 시장급락에 해당하는 블랙스완의 경우에는, 예측하는 대신에 현명하게 대응하는 편이 더욱 효과적으로 판단된다.

보다 자세한 사항은 운용프로세스, 운용전략, 운용기술 등에서 다루도록 하고, 우선 이어서 주식의 리스크와 포트폴리오에 대해서 알아보자.

2장 리스크의 전모와 포트폴리오의 필요성

1. 체계, 비체계적 변동성과 손실위험

주식투자를 하다가 보면 리스크라는 단어를 심심찮게 보게 될 것이다. 주로 경영학계에서는 변동성을 리스크로 정의한다. 하지만 가치투자 진영에서는 변동성을 리스크로 보지 않고, 손실 위험만을 리스크로 인식한다.

과연 변동성과 손실 위험 중 어떤 것이 진정한 리스크이며, 변동성과 손실 위험의 정확하고 효용있는(실전투자에서) 의미는 어떤 것일까.

우선 투자자가 주식의 가치를 측정할 능력이 되지 않을 경우 주가의 변동성 자체가 위험이다. 하지만 가치를 측정하지 않고 투자하는 것은 모 아니면 도 방식의 투기에 가까우므로, 그런 방식으로 투자하는 투자주체에게는 애초에 모든 것이 위험일 뿐이다. 즉, 주가변동성이 일정 기간 동안 '0'에 가까울지라도 해당 기간 동안 계속 위험한 시간의 연속이었는지(고평가였는지) 해당 기간 동안 계속 기대수익률이 높았는지(저평가였는지)를 알지 못한다면, 주가가 전혀 변동하지 않는다고 해도 현재 상태는 매우 불확실하고 불안한 것이다.

　반면에 가치를 측정할 능력이 있을 경우 변동성은 기회이지 결코 위험이 아니다. 주가가 더욱 싸지면 더 사면되고, 주가가 더욱 비싸지면 안사거나 팔면 되기 때문이다. 가치를 대략적으로라도 측정할 능력이 있는 투자자에게는 손실 위험만이 오직 진정한 위험이다. 이때 손실이란, 기업의 내재가치 대비 주가가 낮다고 생각해서 투자했는데 알고 보니 기업의 내재가치가 주가보다 낮을(오히려 비싸게 매수한) 경우이거나, 기업의 내재가치 대비 주가가 낮다고 생각해서 투자했음에도 불구하고 투자자금을 회수할 수밖에 없는 시점(예를 들면 6개월 후 급히 돈이 필요해졌을 때)에 주가가 오히려 하락한 경우에 해당할 것이다.

　하지만 애초에 주식이라는 자산은 1년 만기의 예금은 물론이고, 기업자산을 구성하는 다른 요소인 부채보다도(영구부채는 존재하지 않는다.) 만기가 긴 자산이다. 주식은 기업의 자본총계를 수많은 갈래로 쪼갠 기업의 부분적 소유권이기 때문이다. 만기가 매우 긴 자본총계의 부분적 권리인 주식을 서로 쉽고 빠르게 거래할 수 있기 때문에 투자회수기간이 짧은 자산으로 보일(착각) 뿐이지, 주식 자체의 만기는 기업존속 기간과 동일한 것이다. 그러므로 주식자산의 투자회수기간을 8년 이상(주식시장과 경기등락 사이클 2회 가량)으로 잡거나, 정말 짧게 잡아도 4년 이상으로 잡게 되면 그런 걱정은 사라진다. (대개의 종목들은 2~3년 내로 내재가치에 접근하기 마련이다.)

결국, 주식의 가치를 대략적으로나마 평가할 수 있는 투자주체의 경우 기업의 내재가치가 주가보다 하락하는 상황에만 진정한 손실위험이 발생하며, 주가 자체가 변동하는 주가변동성은 초과수익을 올릴 수 있는 기회가 될지언정 진정한 리스크는 아닌 것이다. 이에 본서에서는 주가변동성을 리스크로 표현하기보다는 '변동성'으로 표현하며, 기업의 내재가치가 주가보다 하락하는 상황을 '손실위험'이라고 표현하겠다.

주가가 하락하는 것 자체가 위험은 아니다. 만 원짜리 가치의 주식을 오천 원에 샀다면, 오천 원이었던 주가가 삼천 원이 되어도 결코 위험해진 것이 아니다. 만 원짜리 가치가 확실할수록 그 주식을 더 매수할 이유가 생긴 것이다. 왜냐하면, 결국 그 주식은 만 원 전후까지 상승할 것이기 때문이다. 그러므로 주가의 변동성은 오히려 기회가 된다.

다시 정리하자면, 만 원짜리 가치인지 천 원짜리 가치인지 도저히 분간할 수 없는 투자주체의 관점에서는 위험할 수 있으나, 이는 투기이지 투자가 아니다. 또한, 만 원짜리 가치의 주식인지 알고 현명하게 오천 원에 매수했으면서도, 주가가 삼천 원까지 추가하락했을 때 추가매수는커녕 급히 필요한 돈 때문에 삼천 원으로 주식을 매도해야만 하는 투자주체의 관점에서도 위험할 수 있다. 하지만, 주식투자는 애초에 짧은 투자회수기간을 노리고 할 수 있는 것이 아니므로 이 역시 투기이지 투자가 아니다. (짧은 시간 내에 주가가 오르리라고 기대하는 것 자체가 주가변동

의 방향성에 베팅한 투기, 도박행위이므로)

그러므로 현명한 투자운용(한 개 종목 투자가 아닌 분산투자)이란, 기업들을 분석하고 그 가치를 평가하여 가치 대비 낮은 주가에 매수함으로써 손실 위험을 줄이고, 종목 별로 주가가 상승하면 그에 맞게 서서히 비중을 줄여서 대응하고, 주가가 하락하면 그에 맞게 서서히 비중을 늘려서 대응하는 것이다.

구체적으로 손실 위험을 줄이는 법에 대해서는, 추후 기업분석을 위한 간단한 기업검토 항목(좋은 기업), 가치평가를 위한 몇 가지 계량적 가치지표를(싸게 매수) 통해 다시 설명하도록 하고, 여기서는 변동성에 대해서 조금만 더 설명하도록 한다.

주가변동성은 두 가지로 나뉘는데 체계적 변동성과 비체계적 변동성(마코위츠는 이를 리스크로 설명하지만 필자에게는 변동성이 리스크가 아니다.)으로 나뉜다.

체계적 변동성이란 주식시장 자체가 등락하면서 변동하는 것을 말하며, 주로 인플레이션, 금리, 유가, 환율 등의 영향을 받는다. 체계적 변동성은 기본적으로 분산이 불가능한 변동성으로 설명한다. 그러나 주식 외에 변동성이 없거나 적은 특성을 가진 기타 자산, 혹은 주식과 다른 변동성을 지닌(주식이 오르거나 내릴 때 주식과 다른 방향성을 보이는) 기타 자산의 비중을 일정 부분 가져가거나 조절할 경우, 체계적 변동성도 분산이 가능하다.

반면에, 비체계적 변동성이란 주식시장과는 별도로 CEO의 교체, 실적 하락, 경쟁구조 강화, 신사업 추진 등 특정 기업 고유의 원인으로 발생하는 주가의 변동성을 말한다. 비체계적 변동성은 이미 알려진 바대로 사업내용이나 실적의 순환, 주가의 등락 정도 등에서 차이가 있는 여러 기업들에 나누어 투자하면 분산이 가능한 주가변동성이다.

주가의 변동성은 하나의 기회이다. 그런데 주식시장의 주가변동성을 활용하는 방법론과 개별 종목의 주가변동성을 활용하는 방법론이 조금 다르다.
우선 주식시장의 주가변동성은 주식시장 전체가 하락하거나 상승하는 것을 말하는 것으로, 개별 종목들의 수준에서 피할 수 없는 시장 전체의 움직임을 이야기하는 것이다. 그러므로 주식시장 전체가 크게 상승할 때는 다른 자산으로 서서히 전환해야(주식 매각, 타 자산 매수) 하며, 주식시장 전체가 크게 하락할 때는 주식자산을 서서히 확대해야(타 자산 매각, 주식 매수) 한다.
한편, 개별기업의 주가변동성은 개별 종목의 주가가 하락하거나 상승하는 것을 말하며, 한 종목의 주가가 오르거나 내리는 원인과 그 정도는 다른 종목과 전혀 다른 것이다. 그러므로 애초에 내재가치보다 싸게 매수한 종목들을 다수 보유한 후, 그 중 일부 종목의 주가가 내려가면 추가매수로 대응해야 하며, 일부 종목의 주가가 상승하면 부분매도로 대응하여, 서로 비중조절을 해야 할 것이다.

이제 본문의 분위기상 베타 혹은 베타계수에 대해서 조금 깊이 설명할 준비가 된 것 같다.

2. 베타, 요소별 베타 차이

베타란 무엇인가. 베타의 일반적인 정의는 아래와 같다.

'자본자산(CAPM) 가격모델에서 주식시장 전체의 평균주가변동성과 개별 종목의 주가변동성의 관계를 1차 방정식으로 표현했는데, 이때 우상향하는 1차 방정식 직선 기울기를 베타 혹은 베타 계수라고 한다. 주식시장 전체의 주가가 평균적으로 1만큼 변할 때 특정 종목의 주가변동이 더 크다면 베타가 1 이상이며, 반대로 특정 종목의 주가변동성이 더 적다면 베타가 1 이하이다.'

대한민국 상장사 전체의 장기적인 가치성장률(가치성장률은 장기적으로 주가상승률과 같다.)은 약 10% 전후이다. 상장사들 중 지극히 평균적인 두 개의 기업을 생각해보자. 이 두 기업, 이를테면 A기업과 B기업은 모두 중장기 평균 ROE가 10%이며 배당을 하지 않고 전액 재투자하기에 장기 주가상승률도 10%이다.

그런데 일정 기간(1년~5년 사이)을 고려해보면, 주식시장 전체가 단기적으로 위아래 40%의 주가변동성을 보이면서 장기적으로 연평균 10% 정도로 주가가 상승할 때, A기업은 위아래로 20%의 변동성을 보이면서 연평균 10% 정도로 주가가 상승하고, B기업은 위아래로 80%의 변동성을 보이면서 연평균 10% 정도로 주가가 상승한다고 하자. (베타를 이해하기 위한 가정으로서, 후술하겠지만 같은 장기성장률을 보이는 경기변동형, 경기방어형 기업에 있을 법한 사실적인 수치이다.)

결국 매수 후 보유 전략을 취하는 초장기투자자의 경우 주식시장 전체에 투자했을 때와, A기업 및 B기업에 투자했을 때의 최종수익률이 같겠지만, 일반적인 중장기투자자의 경우로만 가정해도 최초 매수시점이 언제냐에 따라서 A기업과 B기업에 대한 투자수익률이 상당히 차이 나게 된다. 수익률 변동성이 가장 차이가 나는 기업은 B기업으로 주식시장보다 두 배의 가격변동성(주가변동성)을 보이기 때문에 매수매도시점이 특히 중요한 것이다. 이에 반해 A기업의 경우 주식시장에 비해 반밖에 안 되는 주가변동성을 보이기 때문에 중장기투자자의 경우에는 상대적으로 매수매도시점에 덜 중요하게 된다.

이때 기준이 되는 주식시장의 베타계수는 1.0이며, A기업의 베타계수는 주식시장의 반인 0.5정도이고, B기업의 베타계수는 주식시장의 두 배인 2.0정도이다.

한편, 주식투자자의 입장은 크게 세 가지가 있을 수 있다.

우선 변동성을 극도로 꺼려하는 주식투자자의 경우는 장기수익률이 별로 차이가 나지 않는다면 가능하면 베타가 작은 기업을 원할 것이고, 변동성을 활용해서 초과수익률을 올리려고 하는 주식투자자의 경우는 베타가 큰 기업을 원할 것이다. 그리고 크고 작은 변동성의 차이를 활용, 이용해서 초과수익률을 올리려고 하는 현명한 주식투자자의 경우는 베타가 큰 기업과 베타가 작은 기업을 동시에 가져갈 것이다.

이 중에서 가장 현명하면서도 실제로 누적적으로 큰 수익률을 올릴 수 있는 투자자는 베타가 큰 기업과 베타가 작은 기업을 동시에 가져가는 투자자이다.

왜냐하면 첫 번째 유형의 저베타에만 투자하는 주식투자자는 주식이라는 자산의 두 가지 특성, 장기 가치상승률은 다른 어떤 자산보다도 높은 편이지만 가격변동성 역시 크다는 두 가지 특성을 잘 활용하지 못하여, 만족스러운 수익을 내지 못하기 때문이다.

두 번째 유형의 고베타에만 투자하는 주식투자자의 경우에도 만족스러운 수익을 내지 못한다. 왜냐하면 주식투자자는 저가에 매수하여 고가에 매도하려고 하겠지만, 사실상 저가라고 생각했을 때 더욱 주가가 하락하거나 고가라고 생각했을 때 더욱 주가가 상승하는 등 예상 외로(주가의 단기방향성은 예측할 수 없다.) 주가가 변동할 때 적절한 대응책이 전혀 없기 때문이다.

마지막으로 고베타 주식과 저베타 주식에 나누어 투자하는 주식투자자가 현명한 이유는 아래와 같다. 전체적으로 장기주가상승률이 비슷한 주식들이라도 다양한 베타로 나누어 투자하게 되면 시장 전체가 크게 하락하고, 또 시장 전체가 추가적으로 하락할 때마다 주가가 가장 많이 떨어진 고베타 주식을 점진적으로 추가매수하고, 주가가 가장 적게 떨어진 저베타 주식을 점진적으로 부분매도하여, 적절한 대응(향후 기대수익률을 높이는)을 할 수 있기 때문이다.

그러면 어떤 종목들이 베타계수가 높고 어떤 종목들이 베타계수가 낮을까. 우리나라의 경우 전기전자, 화학 등의 업종이 베타계수가 높고, 제약, 음식료 등이 베타계수가 낮다. 하지만 이렇게 업종 별로 베타가 높고 낮음을 맹신하는 것보다는(베타도 순환할 수 있다.) 베타를 높고 낮게 하는 원인요소를 아는 것이 더 중요하다. 뭐든지 지금 어떤 종목이 좋은지에 대한 말초적인 정보보다는, 어떤 조건을 통과했기에 그 종목이 좋은지 근본적으로 이해하는 것이 훨씬 효용이 크다.

베타는 성장률, 시가총액의 차이, 배당수익률, 경기변동성 등에 따라서 차이가 난다. 사실은 일반적일 성장주의 경우 소형주에서 중형주로 성장하는 기간 동안에 지속적인 투자의 필요성으로 배당을 거의 하지 않는 등 위 요건들은 대체로 일맥상통하는 면이 있으나, 일단은 따로 간단히 이해하는 편이 나을 듯하여 따로따로 설명하고자 한다.

우선 성장률이 높을수록 베타계수가 크다. 그것은 매우 당연한 현상인데, 성장률이 뛰어난 기업일수록 실적이 좋을 때 엄청난 기대감을 불러일으키고(주가가 크게 상승하며), 업황의 후퇴 혹은 성장통으로 인한 실적둔화시 큰 실망감을 일으키기(주가는 급락) 때문이다. 성장률이 낮을수록 기대감도 적고 실망감도 적으므로 일반적으로 성장률이 높을수록 베타가 크고 성장률이 낮을수록 베타는 작다. (물론 성장주의 장기 가치상승률은 여러 가지 주식 스타일 중에서 가장 높다.)

다음으로 시가총액을 기준으로 말하면 평균적으로 소형주일수록 베타계수가 크고 대형주일수록 베타계수가 작다. 특히 대형주이면서 사업부가 다각화되어 있을수록 베타가 상당히 작아지고, 소형주이면서 사업부가 단일화되어 있을수록 베타는 매우 커진다. 이 역시 상식으로 이해할 수 있는 부분이다. (가치투자자는 순수한 계량주의자와는 달리, 상식으로 해결되지 않는 것까지 계량적으로 끌어안지는 않는다.)

 소형주는 사업부가 단순하다. 그리고 평균적으로 성장률이 높다. 사업부가 단순하기 때문에 해당 업종 업황의 영향을 직격탄으로 맞게 된다. 즉, 비올 때를 대비한 사업만 영위하면 햇살이 창창할 때 이익을 내지 못하고, 햇살이 창창할 때를 대비한 사업만 영위하면 비가 올 때 이익을 내지 못하기 때문에 기복이 심하다. 그렇기 때문에 평균적으로 소형주는 베타계수가 높은 편이다.

 반면에 대형주는 평균적으로 성장률이 낮다. 대형주가 성장률이 지속적으로 높다면 머지않아 해당 업계 전체는 물론 한 국가경제 전체를 집어삼킬 정도의 공룡이 될 것이며, 그것은 대개 비현실적이다. 몸이 큰 흰긴수염고래는 새우보다 움직임이 둔할 수밖에 없다. 방향전환도 쉽게 되지 않고 반사신경도 느릴 것이다.

 또한 대형주는 사업부가 여러 개로 분산되어 있거나(비가 오거나, 햇살이 비치거나, 어정쩡한 흐린 날에 각각 장사가 잘 되는) 다양한 시장에 분산하여 판매하고 있거나, 최소한 자회사를 통해 여러 사업부, 다양한 시장으로 분산하고 있는 경우가 많다. 그러므로 특정 제품과 서비스에 100% 의지하지 않는 평균적인 대형주의 경우 베타계수가 소형주보다 낮은 편이다.

배당수익률을 기준으로 이야기하면, 배당수익률이 높으면 베타계수가 낮고(주가변동성이 낮고), 배당수익률이 낮으면 베타계수가 높다. 이 또한 매우 조금만 생각해보면 그럴 수밖에 없다.
배당수익률이 높은 기업이 베타계수가 낮은 원인은 크게 두 가지로 볼 수 있는데, 배당수익률이 높은 기업들의 특성과 배당금의 자산특성이 그 원인이다.
첫째, 배당수익률이 높은 기업들은 주식이 매우 고평가되지 않았고 배당성향이 높은 종목들이다. 이 중에서 하나라도 해당되지 않으면 사실 배당수익률이 높기 어렵다. 주식이 대체로 고평가되어 있는 성장주 등(그 외에도 다양한 고평가 기업들)을 가정하면, 당기순이익이나 영업현금흐름 등 실질 수익가치에 비해서 주가가 고평가되어 있는데, 어떻게 당기순이익의 일부를 배분하는 배당금의 수익률이 높을 수 있겠는가. (애초에 당기순이익보다 너무 비싸게 매수해야 하는데 말이다.)
또한 배당성향이 높지 않으면 절대로 배당수익률이 높을 수 없는데, 당기순이익 중 몇 퍼센트 정도로 배당을 하는 경향이 있는지 설명하는 배당성향(배당금÷당기순이익, %)이 낮을 경우, 당기순이익에 비해서 배당금 수준이 낮기 때문에 배당수익률이 높기 어렵다.
결국 배당수익률이 높은 기업들은 주식이 고평가되지도 않았고 배당성향도 높은 종목들로, 이런 기업들은 높은 성장률을 보이는 소형주(그래서 베타계수가 큰)와는 거리가 멀기 때문에, 중언

부언과도 같지만 당연히 베타계수가 작은 것이다.

　두 번째로 배당금의 자산특성 때문에 배당수익률이 높은 기업의 경우 베타계수가 낮아진다.
　주식자산이 예금자산과 근본적으로 닮은 점이 있다면, 자본총계와 원금을, 당기순이익과 이자를 비교할 수 있다는 것이다. 사실상 금 덩어리나 원유 한 드럼과는 전혀 다른 자산인 주식은, 주식투자자가 자본총계에 투자하는 대가로 당기순이익을 차지하게 되는 구조로, 예금자가 예금 원금을 맡기는 대신에 이자를 차지하게 되는 구조와 유사하다. 반면, 주식자산이 예금자산과 근본적으로 다른 점이 있다면, 꾸준한 이자지급액에 비해서 당기순이익은 변동성이 크기 때문에 투자자들이 불확실성에 시달린다는 것이다. (물론 장기증가율이 이자보다 압도적으로 높기도 하다.)
　그런데 주식투자를 하는 과정에서 무위험수익률인 예금과 같은 투자성과를 부분적으로 얻는 경우가 있는데, 그것이 바로 배당금인 것이다. 배당금은 그 자체가 현금으로써, 기업이 벌어들인 당기순이익 중 일부를 더 큰 성장을 위해 기업 내부로 유보하면 자본총계(더 큰 수익성과 더 큰 변동성)에 더해지지만, 당기순이익 중 일부를 배당으로 지급하면 투자자에게는 현금의 형태로(마치 예금이자처럼) 성과의 일부가 주어진다.
　평균적으로 배당수익률이 높은 종목일수록 무위험자산인 배당금(현금, 베타가 제로)의 성과비율이 커지므로 당연히 베타가 낮아진다.

마지막으로 성장률과는 무관하게 경기변동 시에 기업실적이 얼마나 등락하는가에 따라서 베타가 차이나기도 한다. 기업의 실적이 등락하면서 단기적으로 주가가 변동하는 것은 상식이며, 그러므로 다른 기업보다 실적등락이 심할 경우 당연히 베타가 크고, 실적등락이 적을 경우 당연히 베타가 작다.

경기변동형 기업은 대체로 두 가지 원인으로 실적변동이 심하다. 첫째, 경기호황과 불황에 따라서 시장수요의 증감이 심하여 매출실적 자체가(경기비변동형, 경기방어형 기업에 비해서) 변동성이 크다. 사람들은 경제형편이 어려워졌다고 해서 기본식비를 줄이지는 않지만, 자동차 구입시기를 미루거나 자동차의 크기와 가격대를 낮추기 때문이다. 둘째, 고정비의 비중이 큰 장치산업의 경우에는 매출액이 크게 줄어도 비용을 별로 줄일 수가 없기 때문에 손실이 막대하며, 매출이 크게 늘어나도 비용이 별로 증가하지는 않기 때문에 이득이 막대하다. 즉, 실적이 좋을 때와 나쁠 때의 이익 차이가 매우 심하다. (실적변동성이 화끈하다.) 그래서 전형적인 경기변동형 장치산업은 베타가 크다.

성장률이 높고 시가총액이 작을수록, 배당수익률이 낮고 경기변동성이 클수록 베타계수가 커진다는 것을 위에서 설명했다.

그러므로 명목성장률이(인플레이션 효과를 조정하지 않은) 상승반전 및 상승하는 기간 동안은 베타가 큰 종목들의 주가상승률이(베타가 작은 종목들보다) 뛰어나고, 명목성장률이 둔화, 하락반전 및 하락하는 기간 동안은 베타가 작은 종목들의 주가방어 능력이

(크게 하락하는 고베타 종목보다) **뛰어나다.**

　이상의 내용을 이해하면, 주식시장의 변동성을 초과수익률의 기회로 활용하기 위해서, 베타가 다양한 종목들을 분산할 필요성이 생기게 된다.

3. 베타 분산투자와 스트레스 테스트

분산투자는 반드시 필요하다. 또한 수에 대한 분산투자와 베타에 대한 분산투자가 동시에 필요하다.

한 종목에 투자한 주식투자자는 그 종목에 관련된 루머나 단기적인 실적악화는 물론이고, 그 외 종목의 영향력 밖에 있는 사건들, 이를테면 훨씬 더 큰 그룹사 계열 대기업이 해당 업종에 대대적으로 진출하는 사건, 정부정책이 해당 업종에 불리하게 움직이는 사건, 거시경제 전체가 불황으로 치닫는 사건 등에 의해서 보유종목의 주가가 내려갈 경우 무엇을 할 수 있겠는가. 그러므로 한 종목이 아니라 여러 종목에 대해서 분산투자해야 하며, 주식만이 아니라 다른 특성의 매력적인 자산에도 (이 부분은 2부에서 주로 다룬다.) 분산투자해야 한다.

다수의 종목들을 보유했다고 해서 반드시 포트폴리오 전체의 주가변동성이 낮아질까. 혹은 다수의 종목들을 보유했다고 해서 반드시 주가변동성을 활용해서 초과수익을 얻을 수 있을까.

그렇지 않다. 다수의 종목들을 보유했음에도 불구하고 유사한 베타, 유사한 업종, 유사한 시가총액 사이즈의 기업들에 투자했다면, 주식시장이 등락하고 업황이 순환하고 경기등락이 진행될 때 포트폴리오 전체의 주가변동성도 크게 낮아지지 않고, 주가변동성을 이용해서 초과수익률을 올릴 수도 없으며,

심지어는 실질적인 손실위험(기업가치의 하락이나 극단적인 경우에는 부도)도 별로 막을 수 없다.

즉, 주가변동성을 현명하게 이용해서 초과수익률을 올리기 위해서는 베타를 분산하고 종목수를 적정하게 분산해야 한다.
 일정 수준 이상의 성장률을 보이는 좋은 기업들에 대해서만 투자할지라도 다양한 베타, 이를테면 소형주와 중대형주, 경기변동형 기업과 경기방어형 기업 등 다양한 베타를 가진 종목군에 나누어 투자할 경우, 주식시장이 등락할 때마다 초과수익을 올릴 수 있는 기회가 생긴다.

또한 한 종목이 아니고 한 업종이 아니며, 다양한 업종에 걸쳐서 여러 종목을 매수하게 되면, 그 중 어느 한 종목이(애초에 기업내용과 가치가 좋은 종목으로 매수했더라도) 갑작스럽고 피할 수 없으며 근본적으로 기업가치를 훼손하는 악재를 만났을 경우에도, 포트폴리오 전체의 수익률에 미치는 손실위험은 상당한 수준으로 낮아진다. (대개 종목당 손실위험을 몇 퍼센트 이하로 제한한다고 표현한다.)

특히 주가변동성을 초과수익기회로 활용하는 것과 손실위험을 효과적으로 줄이기 위해서만이 아니라, 인간 본성 자체로 인한 커다란 손실을 막기 위해서도 분산투자는 필요하다.
 대부분의 아마추어투자자들은 투자자이기 이전에 사람이기 때문에(개인투자자 및 기관투자자 중 프로 가치투자자들은, 투자할 때만큼은 사람이기 이전에 투자자라는 것을 잊지 않는다.) 주가가 하락하면 겁을 먹게 되고, 주가가 상승하면 기뻐하게 된다.

분산투자를 하지 않을 경우, 겁을 먹고 우려하는 공포의 감정이 추가적으로 투자하거나 계속 보유해야할 하락하는 주식에 대해서(기대수익률이 더 커졌는데도) 손실을 보고 매도하게 만들거나, 예외적으로 본질적인 기업가치가 하락하여 매도해야 할 경우에도 (겨우 한 종목에 투자했으므로) 손실이 두려워 팔지 못하고 손실을 키우게 된다.

또한 흥분하며 욕심을 부리는 감정이 부분적으로 혹은 전액 매도해야 할 상승하는 주식에 대해서(기대수익률이 마이너스인데도) 추가로 투자하게 만들어 결국 주가급락에 크게 당하거나, 예외적으로 본질적인 기업가치가 추가로 상승하여 보유해야 할 상황에도 (겨우 한 종목에 투자했으므로) 이익을 지키려는 짧은 시야로 보유하지 못하고 작은 수익만을 낸 체 매도하게 된다.

이상 왜 베타와 종목 수 두 가지 측면에서 분산투자가 필요한지를 설명했다.

한편, 과도한 분산투자도 피해야 한다.

필립 피셔, 피터 린치 등 기업분석을 중심으로 한 뛰어난 가치투자자들은 보다 집중적인 형태의 분산투자 전략을 구사했으며, 워렌 버핏과 찰리 멍거는 과도한 분산투자가 무지의 결과라고 언급하기까지 했다.

필자 역시 뱅가드 펀드를 창시한 인덱스펀드의 대가 존 보글의 명예를 깎아내릴 생각은 없다.

다만 조금이라도 무지하지 않은 투자자들, 즉 직장과 가정생활, 사회생활과 문화생활을 통해서 조금이라도 기업의 제품과 서비스를 접할 수 있고, 컴퓨터로 사업보고서를 다운받아 읽을 수 있으며, '대한민국 주식투자 성공시리즈' 등 여러 권의 좋은 책들을 읽거나 필요한 배움을 수료한 투자자들은 인덱스펀드 따위를 해야 할 이유가 없다. 인덱스 펀드는 어떤 종목이 좋은지도 모르겠고, 그 종목들의 적정한 가치의 범위가 감도 잡히지 않으며, 주식시장이 장기적으로 상승하는 만큼만 자신의 기대수익률을 잡고자 하는(사실 이런 투자자들은 매수시점의 문제와 기간별 수수료로 인해서 시장수익률보다도 소폭 성과가 낮다.) '주식을 전혀 모르는' 투자자들에게 적합하다.

즉, 과도한 분산투자는 보유한 포트폴리오의 수익률이 주식시장의 수익률에 점점 가깝게 접근하는 측면이 있기 때문에, 굳이 적극적인 투자를(인덱스펀드에 비해서) 해야 하는 노력에 비해서 기대수익률이 낮다는 단점이 있다.

주식에 투자하려면, 개별 종목 별로 사업의 내용과 재무손익 성과, 가치평가의 범위 등을 파악해야 한다. 그런데 너무 많은 종목들에 분산투자하면 자신이 투자한 종목들을 잘 이해하지 못하고, 애매모호하게 대략 알고 있는 기업에(잘 모르는 기업과 종이 한 장 차이) 투자하는 것과 큰 차이가 없게 된다. 이는 잘 아는 소수종목에 투자하는 것보다 정말로 위험한 상황이며, 기대수익률 하락을 얘기하기 전에 잘 모르는 수많은 기업에 투자하는 행위 자체가 수많은 도박을 동시에 진행하는 것과 별다를 바가 없는 것이다.

또한 심리적으로도 너무 많은 종목에 분산투자하게 되면, 한 종목의 주가상승률이 전체 포트폴리오에 미치는 영향이 미미해지기 때문에, 좋은 종목(중장기 기대상승률이 높은)을 싸게 매수해야겠다는 의지와 기준이 모두 약해지고 다소 주식시장과 절충하게 된다. 즉, 기준에 약간 못 미치는 주식이라도 일단 포트폴리오에 담게 되기 때문에, 포트폴리오를 구성하는 기업들의 품질을 높게 유지하기 어렵고, 기업들의 매수가격을 낮게 유지하기도 어렵다.

그렇다면 적정한 수준의 분산투자는 어떤 형태인가.

우선 적정한 분산투자는 한 가지 성향의 베타만으로 구성해서는 안 된다. 고베타 종목들이 있다면, 저베타 종목들도 함께 구축해야 하는 것이다. 예를 들면 대형 종목과 중소형주, 중간 정도의 성장률을 보이면서 비교적 높은 수준의 배당수익률을 보이는 종목과 높은 성장률이 기대되는 종목, 경기변동형과 경기비변동형에 해당하는 다양한 업종에 속하는 종목 등을 들 수 있다.

주식시장이 대형주를 선호할 때 대형주 부문에서 큰 수익을 낼 수 있고, 다음 중소형주 랠리를 대비해서 대형주 부문 매매차익으로 저평가된 중소형주를 추가매입을 할 수 있다. 또한 배당시즌이 다가옴으로써 배당수익률이 높은 종목들의 주가가 단기에 급등하게 되면, 배당을 받는 대신에 주식을 일부 매도하여 배당시즌에서 소외되어 주가가 하락한 일부 성장주에 추가투자를 할 수 있다.

보유 포트폴리오 중에서 중기적으로 특정 부문(섹터)의 수익률이 크게 좋아지고 특정 부문의 수익률이 매우 낮아지는 현상은 투자자에게 큰 수익의 기회이며, 그러므로 여러 개의 섹터를 나누어 분산투자하는 것이 수익률 향상에 많은 도움이 된다.

한편, 분산투자를 할 경우 인간의 근본적인 심리 측면에서도 초과수익률을 올리기가 쉬워지는데, 한 종목의 주가하락이나 주가상승이 전체 포트폴리오 수익률에 미치는 영향력이 과도하지 않기 때문에, 보다 냉정하게 사태를 파악할 수 있게 된다.

한 종목으로 적은 수익이라도 확정해야 할 이유가 없기에 펀더멘털이 좋아져서 기대수익률이 더 높아진 기업은 지속 보유할 수 있고, 펀더멘털에 비해서 주가가 더욱 하락한 기업은 추가매수할 수 있으며, 펀더멘털이 근본적으로 악화하여 실질적인 손실위험(회복가능한 주가변동이 아니라)이 발생한 기업은 과감하게 매도할 수 있게 된다.

베타에 대해서 알아보았으니 분산투자에 적정한 종목의 개수를 살펴보자.

사실 적정한 종목의 수에 대해서는 객관적인 기준을 세우기 어렵다. 투자자마다 성향이 다르고 투자금액마다 투자범위가 다르기 때문이다. 그럼에도 불구하고 대부분의 가치투자 대가들의 의견들과 필자 자신의 의견을 충분히 종합하여, 10개 전후, 15개 전후, 20개 전후 등 삼 단계로 나누어 설명하고자 한다.

8개에서 12개 정도에 걸쳐서, 10개 전후의 종목에 분산투자하는 것은 상당히 집중된 형태의 분산투자이다. 하나하나의 기업에 대해서 보다 더 깊이 있게 분석하고, 자주 업황과 시장상황(주식시장 말고 해당 업종의 시장), 기업의 실적과 뉴스 등을 살펴보는 투자자의 경우에 가능한 분산투자 개수이다.

13개에서 17개에 걸쳐서, 15개 전후의 종목에 분산투자하는 것은 보통의 가치투자대가들이 권하는 중간 정도로 집중된 분산투자이다.

그리고 18개에서 23개 정도에 걸쳐서, 20개 전후의 종목에 분산투자하는 것은 실제 가치투자대가들의 제안 종목 수와 경영학계에서 설명하는 적절한 분산투자 종목수를 모두 감안한 수치이다. 다만, 20개 정도의 종목에 분산투자하더라도, 기본적으로 기업의 사업내용, 분기별 재무상태와 손익의 실적, 적정한 가치평가 범위와 현재 주가와의 차이(괴리율, 기대수익률) 등은 정리하고 있어야 한다.

10개에서 20개에 걸친 분산투자는 기업내용을 보지 않고 기계적으로 투자하는 순수한 계량적 포트폴리오와는 거리가 있다. 기업내용과 가치지표가 계량적인 운용전략에 더해질 때 포트폴리오의 수익률은 더욱 확실히 올라가고, 포트폴리오 내용의 충실함과 안전성도 확실히 올라간다. 그러므로 계량가치투자 포트폴리오를 구성해서 초과수익률을 내기 위해서는, 기본적으로 기업내용과 재무손익, 가치지표는 참조해야 하는 것이다.

다만, 소수의 종목들에 대한 더욱 깊은 분석력과 더욱 재빠른 대응력으로 주가변동성을 모두 감내하면서도 장기수익률은 극대화하는, 매우 집중적인 성장주와 스노우볼 종목 투자 형태를(전문적인 실전가치투자자의 영역) 일단 제외한다면(이 부분은 '대한민국 주식투자 완벽가이드'와 평가원 교육을 참조), 계량가치투자 성공운용전략을 정리하고자 하는 본서의 목적상 가장 적합한 종목의 개수는 15개 전후, 20개 전후로 볼 수 있다.

보다 더 안정적으로 분산을 원하고 주식시장 등락시 초과수익기회의 경우를 더욱 확대하고자 할 경우 20개 전후의 종목에 분산투자하고, 개별 기업들의 품질과 성장성에 기반한 초과수익률 비중을 더 늘리고 싶다면(물론 시장등락시 초과수익도 있겠지만) 15개 전후의 종목에 분산투자하면 될 것이다.

한편, 국내 주식 외에도 다양한 국가의 주식, 다양한 형태의 자산에 대해서도 분산투자를 할 경우 추가적인 초과수익이 기대되며, 이는 2부에서 따로 집중적으로 다룰 것이므로 이번 장에서는 우선 국내 주식에 대해서 정리한다.

정리하면, 다양한 베타와 적정한 종목 수로 구성된 포트폴리오는 시장등락시 발생하는 주가변동성을 초과수익률의 기회로 사용할 수 있고, 예외적으로 근본적인 펀더멘털이 주가보다 낮은 수준으로 급락하는 종목이 생길 경우에도 손실위험이 전체 포트폴리오에 미치는 영향을 극소화할 수 있다.

이는 포트폴리오 전체의 수익률을 단기, 중기적으로 안정적으로 유지해주면서도, 장기적으로는 시장수익률을 압도하는 연평균수익률을 올릴 수 있는(15%~40% 사이, 종목 수가 과도하게 많을수록 아랫단으로 수렴) 프레임이자 실전 전략이라고 할 수 있다.

다만, 이런 포트폴리오를 구축하여 오래도록 관리하는(포트폴리오 매니징) 과정에서 주기적으로 주요 시나리오를 상정해보는 형태로 스트레스 테스트를(다양한 사건 발생을 가정하여 주로 금융기관의 재무손익적 건전성, 안전성 등을 테스트하는 것) 할 필요가 있다.

즉, 국내 금리가 하락하거나 상승한다면, 경기가 불황으로 가거나 혹은 과열되어 인플레이션이 유발된다면, 달러나 엔화 대비 환율이 오르거나 내린다면, 수출을 주로 의존하고 있는 미국, 중국 등의 경기가 악화된다면 등의 다양한 가정을 하여, 포트폴리오 내 어떤 섹터의 실적과 주가가 상승하거나 하락할지, 혹은 포트폴리오 전체적으로 수익률이 하락하거나 상승할지를 미리 판단하는 것을 말한다.

이는 일종의 시나리오 플래닝 작업으로써, 이런 과정을 거쳐 미리 생각해둔 포트폴리오의 부분 및 전체의 수익률 변화, 대응책 등을 실제 사건이 발생할 시에 확인하고 바로 효과적으로 활용, 대응할 수 있게 된다.

4. 주가변동성과 우발성 관리

앞서 주가의 변동성과 단기편향에 대해서 살펴보았는데, 주가변동성에 대응하고 우발성을 관리하는 방법론에 대해서 말하고자 한다.

우선 주가변동성에 대해서 개별 종목과 포트폴리오를 비교하고, 시간 개념을 넣어서 살펴보자.

개별 종목들을 선정하여 매수하고 그런 다수의 개별 종목들로 이루어진 포트폴리오를(종목들의 비중과 매매관리) 운용하다 보면, 가장 큰 목적을 잊지 말아야 한다. 그것은 포트폴리오 전체의 중장기 수익률을 극대화하는 것이다.

그러한 목표를 위해서 개별 종목들의 손실위험이 발생하지 않도록 일정 수준 품질 이상의 기업들을 선정하여 내재가치보다 싸게 매수하고, 매수 후 종목들의 주가변동성에 대비하고 또 대응해야 하는 것이다.

실제로 주식투자를 하다 보면 주식시장이 크게 등락할 때마다 보유 포트폴리오 역시 수익률이 등락한다. 다만, 베타와 업종과 종목들을 잘 분산하여 투자할수록 수익률 등락 폭이 적어질 수 있다. 하지만 진정 만족할만한 것은 포트폴리오의 수익률 등락에 비해서, 포트폴리오 내의 개별 종목들이 서로 다른 방향 혹은 서로 다른 정도로 주가가 등락했다는 것이다.

전체 포트폴리오의 수익률 극대화를 위해서는, 일정 수준 이상의 품질(망하지 않고, 기업가치가 훼손되지 않을)을 갖춘 기업들이 내재가치보다 훨씬 낮게 주가가 내려가거나 훨씬 높게 주가가 올라가는 등 변동성이 커야 하는 것이다. 대부분의 아마추어들이 주가하락에 정신을 잃고 혼란 속에 빠져서, 무슨 기업이 좋고 나쁜지 향후 실적이나 주가가 회복한다면 어느 기업의 기대수익률이 높을지 전혀 분간하지 못할 때, 보유 포트폴리오 중에서 내재가치 대비 추가적으로 주가가 하락한 종목들의 비중은 늘리고, 내재가치 대비 추가적으로 주가가 상승하거나 혹은 비교적 덜 하락한 종목들의 비중은 줄임으로써, 향후 포트폴리오의 기대수익률을 극대화할 수 있는 것이다.

요컨대, 망하지 않고 꾸준히 수익을 창출할 기업들을 정가보다 싸게 샀으면, 그러한 기업들의 집합체인 포트폴리오 전체의 수익률을 극대화하기 위해서 개별 종목들의 차별적인 주가변동을 효과적으로 활용해야 한다는 것이다.

다음으로 시간 개념의 주가변동성을 간단히 설명하자면, 주식투자란 단기적으로 성과를 내고자 할수록 투기가 되어버리고 승률이 떨어지는 게임이(도박, 베팅) 된다. 중장기로 투자의 지평을 넓히면 점점 성과가 확실해지는 투자(계산된 범위 내의 행위와 결과)로 바뀌는데, 벤저민 그레이엄에 따르면 대체로 6개월에서 2년 정도면 주가는 내재가치에 접근한다고 했다.

한편, 필자의 경험과 실전투자이론에 따르면, 대부분의 경우에 늦어도 대략 1.5년에서 2.5년 사이에서 내재가치에 접근했다. 예외적인 경우는 매우 구조적인 버블이나(해당 종목에 대해 시장

참가자들과 이해관계자들이 '눈 가리고 아웅' 할 수밖에 없는) 소외된 상황으로써 3년 전후의 기간까지도 지속되는 경우가 있었지만, 그런 경우는 극소수였다. 필립 피셔 역시 대부분이 3년 정도 이내에 투자성과를 보여주었다고 말했다.

제레미 시겔 등 주식의 역사에 대해 해박한 교수 및 전문가들은 3~4년이면 단기적인 주가변동성이 매우 약해지며, 10년 정도의 기간에 걸쳐서 투자하면 단기적인 주가변동성을 극복한다고 말했다. (즉, 기업의 가치상승률만큼 주가가 오른다는 이야기다.)

3~5년이면 짧은 경기등락 사이클이며, 주식시장의 중기적인 천장과 바닥을 겪게 된다. 이 과정에서 웬만한 잡음(단기적 주가변동성)은 제거된다. 하물며 경기등락이 2회전, 혹은 10년 경제순환을 겪을 정도가 되는 8~10년이면 단기적 주가변동의 효과는 사라진다.

즉, 투자자산의 이익회수기간을 8~10년, 짧아도 4~5년 정도로 잡는 중장기 투자자라면, 좋은 종목을 가치보다 싸게 매수했는데 다른 투자자산들에 비해서(부동산, 금, 채권, 예금 등) 상대적으로 작은 수익률을 내거나, 상대적인 손실을 입는 경우는 없다고 할 수 있다. (좋은 종목을 고르지 못하거나, 비싸게 매수할 경우는 제외)

여기까지를 정리하면, 주가변동성은 잘 대응하지 못하면 손실을 주고 잘 대응할 경우 초과수익을 준다.

좋은 개별 종목들을 싼 가격에 매수하고, 포트폴리오 전체 수익률 극대화를 위해서 개별 종목들의 차별적인 주가등락에 효과적인 매수매도로 잘 대응하고, 최소 4~5년 이상의 기간을 (연평균 및 누적수익률 극대화를 위해서 가능하면 8년 이상) 목표로 투자할 경우, 주식을 주축으로 구성된 포트폴리오는(다른 투자대상들에 비해서) 투자자에게 최대의 수익률을 선물하게 된다.

앞서서 블랙스완의 개념을 잠깐 다루었는데, 포트폴리오의 주가변동성을 일으키는 결과에 있어서 블랙스완은 우발성으로 표현할 수 있다.
우선 우발성을 좀 더 세분화한 후 우발성을 관리하는 방법을 알아보자.

필자는 우발성을 넓은 범위의 우발성과 좁은 범위의 우발성으로 구분하고자 한다. 왜냐하면 주식시장이 고평가될 때마다 갑작스럽지만 반복적으로 급락하는(계기와 촉매가 무엇이 되었든 근본 원인은 고평가이다.) 우발성은 엄격한 의미에서 우발성으로 볼 수 없기 때문이다. 우리나라 주식시장에서 2000년 전후의 코스닥 급등, 글로벌 금융위기 전 2007년 주가 급등 등을 살펴보면, 기업들이 내고 있는 장기적인 순이익의 수준이나 순이익성장률 등을 감안하여 상당히 고평가된 상황이었다. 리먼 브러더스가 아니라 그 무엇이 되었든 간에 고평가되었던 주식시장이 정상화되는 구실을 찾을 수밖에 없는 상황이었다.
물론, 앞서서 주식시장의 역사와 폭등폭락에서도 말했지만, 작은 거품이 꺼지고 작은 어려움을 맞게 되는가, 큰 거품이 꺼지고 큰 어려움을 맞게 되는가, 사상 최고의 거품을 키우고 상당한 기간 동안 겨우 회복할 수 있는 사상 최고의 어려움을 맞게 되는가를 예측할 수는 없다. 확실히 알 수 있는 것은 벤저민 그레이엄이 말했듯이, 확실하게 무거워 보이는 사람을 보고 몸무게가 무거운 것을 알 수 있고, 확실하게 마른 사람을 보고 몸무게가 가벼운 것을 알 수 있는 것처럼, 철저하게 상식선에서 투자의사결정을 하는 것이다.

  다시 본론으로 돌아가서, 위와 같이 주식시장이 고평가될 때마다 갑작스럽지만 필연적으로 발생할 수밖에 없는 주가폭락의 우발성은 넓은 범위에서만 우발성으로 간주하고, 엄격한 의미에서는 우발성이 아니라고 생각한다.

  반면, 진정한 우발성은 역시 진정한 블랙스완과 일맥상통하는 엄격한 개념에 해당한다. 주요국 사이의 갑작스런 국지전 위기, 미국 중국 등 주요국 대통령(혹 총리)의 신상문제, 갑작스런 거대 자연재해 등 다양한 우발적 사건들은 도저히 예상할 수 없는 일이며, 주가수준이 고평가가 아니었음에도 이런 사건으로 인한 주가급락은 진정한 우발성이라고 할 수 있을 것이다.

  그렇다면 이런 우발성을 어떻게 관리(manage)할 것인가. 우발적이고 주가폭락을 유발하는 사건사고가 발생하는 것은 발생 전과 발생 후로 나누어 생각할 수 있다.
  넓은 범위의 우발성은 발생 전에 충분히 대비할 수 있다.
  필자의 경우도 주식시장의 지수를 예측하는 능력 따위는 없다. 그럼에도 불구하고 주식시장과 개별 종목의 밸류에이션만큼은 상당히 정확히 짚어내는 편인데, 본서와 관련해서 두 가지 사례만 소개한다. (이 두 가지 사례는 예전부터 교육 중에도 자주 언급했던 공개사례이고, 시장 전체와 대형주에 대한 것이니만큼 언급하기에 무리가 없을 것이다.)

우선, 2007년도에 리먼 브러더스 사태로 주가가 급락하기 몇 달 전부터 대한민국 코스피 전체의 PBR이 1.5를 넘어서자 본격적으로 매도를 시작해서 지수 1900정도에 이르러서는 주식비중을 매우 낮추었다. 물론, 미국의 리먼 사태가 좀 늦게 터지거나, 전혀 다른 사태가 좀 늦게 터졌을 경우, 상대적으로 초과수익률을 놓치기는 했겠지만, 절대적으로 고평가된 시장이라고 판단한 프로 가치투자자들은 필자처럼 주식비중을 줄일 수밖에 없었을 것이다.

또한 개별 종목의 한 사례로, 2011년 8월경 국내 종합주가지수가 급락하면서 삼성전자가 65만원에서 75만원 사이에서 거래되고 있었다. 우발적인 주가변동성은 비싸서 사지 못하던 필자에게 우량기업 삼성전자를 대거 매수할 기회를 준 것이다. 반면에 2012년 말 전후에 삼성전자의 PBR이 2.0 가까이 상승했을 때 필자는 고평가된 삼성전자를 매도할 수밖에 없었다.

위 주식시장 전체와 개별 종목의 사례를 보면, 타이밍을 잘 맞추지 못하는 필자조차도 (매수 초기에는 꼭 주가가 떨어지는 불운을 달고 다닌다.) 비싼 주식시장, 비싼 종목을 매도함으로써 넓은 범위의 우발성에 대비할 수 있었다. 즉, 고평가된 주식시장이나 개별 종목들에 대한 갑작스런 하락은 충분히 대비할 수 있다. 비싸기 때문에 미리 상당부분을 정리하면 되는 것이다. (미국 IT버블 때 월가와 언론이 워렌 버핏의 무능함을 질타했듯이, 아무리 고평가라도 실제로 하락하기 전까지는 대중들로부터 외면받을 것을 각오해야 한다.)

반면에 위와는 다른 성격의 우발성, 주식시장이나 개별 종목이 고평가되지 않았음에도 발생하는 국지적 전쟁, 거대한 자연재해나 기후변동으로 인한 곡물가 변동, 고위 임원의 횡령이나 주력 제품을 생산하는 공장의 화재 등 진정한 우발성의 경우에는 미리 대비할 수 없다. 주식시장이나 개별 종목의 투자비중을 낮출 합리적 근거가 전혀 없기 때문에, 시장의 고평가 상황에서 발생하는 넓은 범위의 우발성과는 달리, 사전에 관리할 수가 없는 것이다. 이것은 그저 인정하고 지나갈 수밖에 없다. (9.11 테러가 바로 이런 것이다.)

다음으로, 우발성이 발생한 후에 어떻게 대응하여 우발성을 관리(manage)할 것인지 간단히 정리한다.

주가 자체가 고평가되었을 때 예상치 못한 시간에 일어난 예상치 못한 사건을 계기로(하지만 고평가된 만큼 언젠가 일어날 것이 확실하게 예상되는) 주가가 급락하는, 넓은 범위의 우발성의 경우 대응이 비교적 쉽다. 왜냐하면 주식시장 자체가 고평가일 경우 미리미리 주식비중을 축소하고, 개별 종목들이 고평가일 경우 미리미리 고평가된 종목들의 투자비중을 축소함으로써(선제대응이 필수), 이후 주가가 급락했을 때 천천히 시간을 두고, 내재가치 대비 충분히 싼 종목들을 중심으로 매수를 확대하면 되기 때문이다.

문제는 주식시장이(개별 종목도 마찬가지) 고평가되지 않았으며 심지어는 저평가되었음에도 불구하고, 갑작스럽게 투자심리를 냉각시킬 큰 사건사고가 발생하여 추가적으로 주가가 하락하는 엄격한 의미의 우발성이다.

엄격한 의미의 진정한 우발적 사건이 발생했을 경우, 미리 예측할 수도 미리 준비할 수도 없기 때문에, 어쩔 수 없이 최대한 효과적인 대응을 하는 수밖에 없다.

가장 효과적인 대응은, 추가적으로 주식시장이 하락하여 보유 포트폴리오와 포트폴리오 내의 개별종목들의 주가가 급락하면, 시간을 두고 내재가치보다 더더욱 싸게 하락한 종목들을 중심으로 매수를 확대할 수밖에 없다. 대개 엄격한 의미의 우발성은 발생 자체도 우연적이고 급작스러운 만큼, 파급기간 역시 비교적 짧다.

예를 들면 9.11 테러사태, 북한의 연평도 포격 등 테러나 전쟁위기감을 증폭시키는 사건이나, 일본의 해안선을 습격한 지진과 쓰나미 등을 대비할 수 없는 대신에 냉정한 투자자의 관점에서 대응해야만 하는 것이다.

위와 같이 우발성을 미리 대비하거나 발생 후에 대응하기 위해서는 보다 근본적인 투자태도가 선행되어야 하는데, 바로 자신의 능력 범위 내에서 투자하는 것이다.

스스로의 능력 범위에서 투자한다는 것은, 스스로 무엇을 하고 있고 지금은 어떤 상황인지를 어느 정도는 명확하게 알고 있어야 한다는 의미이다.

항상 주식시장이 고평가인지 저평가인지 파악하고 있어야 하며, 포트폴리오가 포함하고 있는 업종들의 수요시장 특성, 경쟁구도, 업황을 주도하는 요소 등을 개략 알고 있어야 하며, 투자하고 있는 개별종목들의 제품과 서비스를 잘 이해하고 있어야 한다. 또한 무엇보다도 내재가치보다 확실히(밸류에이션 능력이 부족할수록 확실히 싸게) 싸게 매수하여 개별 종목 차원에서 우선 안전마진을 확보해야만, 포트폴리오 전체의 안전마진이 커지고 손실위험이 최소화될 것이다.

주식시장이 비싼지 싼지도 모르고 주식비중을 100%까지 확대하거나, 제품 및 서비스에 대해 감이 안 오는 기업들과 모르는 업종에 투자하거나, 기업의 가치를 대략이나마 평가하지 않고 차트상으로 주가가 오르는 종목 위주로 매수한다면, 주가변동성과 우발성을 거치면서 결국 투자실패와 파산이 있을 뿐, 결코 투자에 성공할 수 없을 것이다.

요컨대, 우발성은 피할 수 없다.

주식시장이 이미 고평가된 상황에서 넓은 범위의 우발성은 보수적인 투자전문가라면 미리미리 주식의 비중을 줄여감으로써 확실하게 미리 대비할 수 있다. 하지만 엄격한 범위에서 우발성으로 볼 수 있는 사건들은 도저히 예상할 수 없는 일이며, 주가수준이 고평가가 아니었음에도 이런 우발성으로 인한 주가급락은 오히려 역발상의 투자기회로 삼아야 한다.

보통의 인간들, 즉 아마추어 투자자들(개인 및 기관투자자의 다수)의 경우 오르는 주식을 싸게 사기 위해서 잠깐 폭락하기를 바라면서도 정작 제대로 크게 하락하는 주식은 매수를 주저한다. 그러므로 대다수의 아마추어 투자자들이, 주식의 매우 어두운 전망에(과연 누가 정확히 전망할 수 있단 말인가.) 비하면 낮은 종합주가지수에도 불구하고 주식이 전혀 싼 것이 아니며, 훨씬 더 내려갈지 모른다는 공포심에 매수하지 않고 투매할 때가 바로 최대의 수익을 낼 수 있는 바닥구간이다.

역발상 투자에 대해서는 2부 1장에서 보다 자세히 다룰 것이며, 일단 우발성에 대해서는 역발상 투자로 대응할 수 있다는 것만 기억하자.

5. 포트폴리오 장단기 수익률 변수

 이번 장에서는 주가의 변동성과 손실 위험, 예측이 불가한 엄격한 의미의 우발성, 베타 등을 활용한 분산투자 등을 살펴보고 있다.
 그런데 여기서 포트폴리오의 수익률을 기간별로 좌우하는 요소가 무엇인지 알아볼 필요가 있다. 포트폴리오의 수익률을 결정하는 요소들을 이해해야, 앞서서 설명한 포트폴리오 운용(베타와 종목 분산투자, 우발성 관리 등) 방법을 더 실제의 주식시장에서 더 잘 적용하게 될 것이기 때문이다.
 공부를 하면서 투자하는 투자자의 경우(이들은 이내 아마추어를 벗어나서 프로가 될 것이다.) 매일의 주가등락에 어떻게 대처해야 하는지, 혹은 어느 정도나 종합주가지수가 하락해야 포트폴리오를 재정비해야 하는지 등 실제 주식운용을 하면서 발생하는 의문들이 많이 있을 것이기도 하다.

 포트폴리오의 수익률을 외부에서 좌우하는 요소들은 기간별로 다르다. 초단기와 단기, 중기, 그리고 장기로 나누어서 설명하겠다.

 우선 매시간, 매일, 매주 정도의 시간범위에서 포트폴리오의 수익률을 좌우하는 것은 호재와 악재에 해당하는 뉴스, 공시, 기타 정보들이며, 매수와 매도 간의 힘겨루기인 주식의 수급, 거래량, 심지어는 차트의 모양에까지 이른다. 아마도 월급일이냐 아니냐의 차이, 오전 9시 이후 개장시간대와 오후 2시 30분 이후의 차이, 월요일과 금요일의 차이 등도 있을 것이다.

즉, 초단기적으로 포트폴리오의 수익률을 좌우하는 것은 중요한 원인도 아니며, 합리적으로 예측할 수도 없고, 그 추세를 따라서 투자하기 보다는, 오히려 이상할 정도로 강한 추세일 경우 그 추세가 약해진 틈을 타서 반대로(역발상) 투자하는 것이 좋을 정도로 지속성도 없다.

하지만 무엇보다도 그 정도가 크지 않은(굳이 표현하자면 시장 전체로는 10% 이내, 개별 종목 단위로는 20% 이내) 주가변동이라면 시간, 일, 주간 단위의 주가 등락에는 대응하지 않는 편이 좋다. 물론, 이런 매우 단기적인 기간 동안에 발생하는 노이즈(중요성도 없고, 쓸데없는 수익률 변동)에 전혀 대응하지 않는다면 증권사의 거래수수료는 줄어들 것이다. 하지만 짧은 기간 동안에 적게 발생하는 수익률 변동을 이용해서 무얼 하려고 든다면, 중장기적으로 반드시 필패하고 파산하게 될 것이다. 가랑비에 옷 젖듯이 손실이 커지고 잦고 무의미한 의사결정에 지치게 될 것이다. 개인적으로, 또 한국주식가치평가원 대표이사로서 말하지만, 기술적분석으로 지속적으로 수익률을 누적시켜 나가면서 큰 돈을 번 투자자(사실 이들은 투기자들이다.)를 본 적이 없다.

소를 잡아야 하는데(사업분석, 재무분석, 가치평가) 닭 잡는 칼(직관적이고 쉽지만 불확실한 차트, 거래량, 수급)을 쥐고 있으니, 도대체 잘 될 리가 있겠는가. 보다 확실한 것, 보다 강력한 분야를(가치투자)

찾지 않고, 보다 쉬운 것, 보다 당장 시작할 수 있는 분야를 선택하면 결국 그 분야에서는 자칭 전문가부터 입문자에 이르기까지 모두 눈 가리고 아웅하는 셈이다. 당장 눈만 있으면 유치원생도(유치원생에게 재무제표와 가치투자는 아무래도 복잡하다.) 볼 수 있는 차트만으로 쉽게 돈을 벌 수 있다는 말은, 며칠만 복용하면 부작용없이 살이 빠진다는 다이어트 과대광고, 바르기만 하면 머리카락이 우후죽순으로 난다는 발모 과대광고와 같다.

단기적으로 포트폴리오의 수익률을 좌우하는 원인은 무엇일까.

여기서 단기란 대략 6개월에서 2년 이내의 기간을 말한다. 투자회수기간이 반영구적인 자본총계, 즉 주식에 투자하는 투자자라면 의도적으로 2~3개월 만에 목표수익률을 얻는다는 것은 불가능함을 알아야 한다. 물론, 몇 주 만에 두 배로 오르는 주식도 있다. 그런데 그런 경우들은 운이다.

2년 이내에 내재가치까지 주가가 회복하여 100% 수익률이 날 것을 기대했는데, 운이 좋아서 호재가 연이어 터지거나, 테마주로 편입되거나 하는 등 몇 주 만에 급등할 때가 있다. 이럴 때는 그저 주식을 파는 것이 상책이다. 펀더멘털과 전혀 다른 이유로 단기적으로 상승한 경우는 다시 본래의 주가로 돌아오게 마련이기 때문에, 이 경우는 고수익을 초단기적으로 얻고 (투자에 성공한 것이 아니라 운이 좋아서 얻은 것), 그리고 주가가 떨어지면 다시 매수해서 2년 이내에 또 한 번 고수익을(즉, 두 번이나 반복해서) 낼 수 있는 것이다.

단기 수익률로 돌아가서 6개월에서 2년 사이의 기간 동안에 포트폴리오 수익률을 좌우하는 것은 기업의 실적과 재무상태에 대한 단기적인 평균회귀 현상이다. 기업의 모습은 원인(근본 펀더멘털, 장기 경쟁력과 성장률)과 결과(단기적인 실적과 재무상태)로 나뉘는데, 6개월에서 2년에 걸친 기간 동안에는 변동성이 큰 기업의 결과치에 대한 반응 변화(놀람에서 안심으로)로 인해 수익률 하락과 상승이 발생한다. 일찍이 벤저민 그레이엄도 6개월에서 2년 정도이면 대략 주가가 내재가치로 회복한다고 말했고, 경험론적으로 그가 운용한 포트폴리오에서 대체로 회복했다. 필자 역시 1.5년에서 2.5년 정도면 구조적 변경이 없는 한(근본 펀더멘털의 변화는 잘 생기지 않는다.) 주가가 내재가치까지 접근한다고 교육, 저술하며, 실제 운용한 포트폴리오의 대부분 종목들이(펀더멘털 자체가 변화한 극소수 종목은 예외) 그래 왔다.

그러므로 기업 실적과 무관하게 주가가 이상하게 급등하거나 급락할 경우, 혹은 몇 분기에 걸친 일시적인 실적 악화나 실적 급등에 주가가 너무 반응할 경우, 적정한 수준으로 다시 돌아온다는 의미이다. 기업의 사업내용과 재무제표, 재무비율 정도를 읽고 해석할 줄만 안다면, 단기적인 포트폴리오 수익률 관리에 문제가 없을 것이다. 특정 종목의 주가가 내재가치로 접근해 오면(상승하면) 상당한 비율, 혹은 전액을 매도하면 되고, 저평가로 매수한 주가보다 더욱 하락한 경우 추가매수하면 된다.

장기적인 포트폴리오 수익률을 좌우하는 요소 역시 펀더멘털과 매매가격에 있지만, 중기적인 포트폴리오 수익률을 좌우하는 요소는 전혀 별개이다.

중기적으로 포트폴리오의 수익률을 좌우하는 요소들은 바로 GDP증가율, 민간소비증가율, 기준금리의 변동, 인플레이션과 디플레이션 등이기 때문이다. 여기서 중기는 3년에서 5년 사이에 걸친 짧은 경기등락 사이클 전체를 말하는 것이다.

이른바 거시경제 환경에 해당하는 이런 지표들의 변화(장기적으로는 추세, 중기적으로는 순환)로 인해 포트폴리오의 수익률이 변하게 되는 것이다.

한편, 거시경제 환경변화에 대해서 아주 간단히 설명하자면, 한두 개의 주글라 파동 단위로는(10~20년 장기) 장기 경제성장률과 장기 적정 기준 금리가 바뀌고(쉽게 말해 성장률 지표로 보아 성장국가가 성숙국가로 변화) 재고순환주기 등 짧은 범위의 경기등락(4년 전후) 단위로는 경제성장률과 적정 기준 금리 등은 등락하면서도 평균으로 회귀한다.

우리나라의 경우 대략 10년 단위로 보면 한 단위가 지날 때마다 성장률이 점진적으로 하락하고(대신에 절대적 부는 증가하고), 4년 단위로 거시지표는 순환하는 것이 일반적이라고 생각하면 된다.

물론, 10년 단위로 항상 성장률이 하락만 하지는 않을 것이고, 여러 가지 일시적인 요인으로 특정 기간(주글라 파동 길이)에는 반등하기도 할 것이지만, 이것은 언제까지나 전체적인 흐름에 따른 것이기보다는 일시적인 현상이다.

또한 평균적으로 4년 단위로 거시지표의 수치가 순환하지만, 이전 4년과 최근 4년, 미래 4년 등은 서로 그 수치 범위가 다를 수 있다. 이것은 보다 더 장기적인 원인, 예를 들면 인구구조의 근본적인 변화 등에 따라서 특정 재고순환주기의 모습이 이전 재고순환주기의 모습과는 다른 것이다. 다만, 그럼에도 불구하고 재고순환주기 안에서는 경기가 등락하는 것이 사실이며, 이것이 크게 다르지는 않다.

본론으로 돌아와서 4년 전후의 기간 동안 포트폴리오 수익률을 극대화하려면, GDP증가율과 민간소비증가율이 가장 낮고, 디플레이션 우려로 인해 기준금리가 가장 낮을 때 투자를 확대해서, 각종 지표들이 천장으로 향하고 있을 때 투자비중을 줄여가야 한다. 위와 같은 수치들이 높고 낮음을 어떻게 알 수 있을까.

대체로 이전 주기(3~5년 전)의 경기등락에서 경기고점의 수치와 경기저점의 수치를 참조할 수 있고, 보다 장기적인 추세를 감안하여(우리나라의 경우는, 개도국에서 중진국까지 변화해왔으므로 다소 보수적으로) 이번 주기의 경기등락 고점의 수치와 저점의 수치를 대략 추정할 수 있다.

이와 같은 경기사이클은 사실 종합주가지수의 중기적인 등락사이클과 거의 일치하는데, 초단기는 무시해야 하고, 단기는 기업의 내재가치(실적과 재무)에 초점을 맞추면 되지만, 중기(3년~5년)적으로는 거시경제의 대세는 따르고 전환점이 되기 전에 역발상 투자를 할 것이 요구된다.

거시경제의 대세를 따르라는 말은 모든 거시지표가 바닥에서 천장으로 올라가고 있을 때는(단기적으로 후퇴가 있더라도) 미리 한껏 매수한 주식자산으로 주식시장에 몸을 맡기라는 뜻이고, 모든 거시지표가 천장에서 바닥으로 내려가고 있을 때는(단기적으로 회복이 있더라도) 주식자산을 이미 상당히 매도한 만큼 주식시장에서 멀리 떨어져 있으라는 뜻이다.

또한 전환점이 되기 전에 역발상 투자운용을 하라는 것은, 각종 거시지표들이 어느 정도 바닥에 근접해 있으면 본격적인 매수를 시작하라는 것이고, 각종 거시지표들이 어느 정도 천장에까지 올랐으면 본격적인 매도를 시작하라는 것이다.

다만, 그 정도는 투자자마다 다르다. 일반적으로 가치투자 전문가들은 거시지표의 천장 수치와 바닥 수치 사이를 4~6등분하여, 바닥이나 천장 자체에서 매수매도하기보다는(필자는 소수점까지 정확한 바닥과 천장지표를 미리 예측, 예언할 줄 모른다. 독자께서 아신다면 이 책을 읽지 않아도 좋다.) 지표가 가장 최저 구간으로 들어서기 시작하면 아직 바닥이 아니더라도 슬슬 매입을 시작하고, 지표가 가장 최고 구간으로 들어서기 시작하면 아직 천장이 아니더라도 슬슬 매도를 시작한다.

장기적인 포트폴리오 수익률을 좌우하는 요소는 단기적인 요소와 관련이 있다고 앞서 말했다. 여기서 장기란, 경기등락

사이클(재고순환주기)과 주식시장 등락사이클의 두 배 이상의 모든 기간을 말하며, 최소 8년에서 수십 년에 걸친 기간을 말한다.

장기적인 포트폴리오 수익률을 좌우하는 요소는 투자자의 투자회수기간 길이 혹은 포트폴리오의 매매 회전율 정도에 따라서 다른데, 일반적인 계량가치운용자와 예외적인 장기집중 가치투자자의 경우가 다르다.

(참고로 필자의 투자포지션은 상당 부분 예외적인 장기집중 가치투자자이며, 계량가치투자운용을 어느 정도 비율로 함께 하고 있다. 본서에서는, 집중가치투자보다는 배우기 쉽고 따라하기 쉬우며, 수익률을 내기가 어렵지 않은 계량가치투자운용을 독자들이자 투자자들을 위해 정리하고 있다.)

예외적인 장기집중 가치투자자의 포트폴리오 장기수익률을 결정하는 가장 중요한 요소는 보유기업의 근본 펀더멘털(장기 경쟁력과 성장률)과 최초 매수가격, 최종 매도가격이다. 몇 종목 안 되는 기업들을 보유하고 오래 보유하기 때문이다. (최초 안목이 매우 중요한, 아주 어려운 투자방법이다.)

기업이 향후 10년간 연평균 20% 정도로 성장하며, 최초 매수시 적정 밸류에이션보다(정확한 표현은 아니지만, 아주 쉽게 표현하면 적정 PER 등 대비) 반 정도에 매수하여, 적정 밸류에이션보다(상동, 적정 PER 등 대비) 최소 30% 정도 비싸게 매도하면 약 16배로 실제로 상승한다. (20% 성장률에 해당하는 1.2의 10승은 6.19배, PER 10이 적당한 기업을 PER 5에 매수하여 PER 13에 팔면 2.6배로, 6.19배와 2.6배를 곱하면 16배를 살짝 초과한다.)

실제로 투자를 오래 하다 보면 보유 종목들에서 저평가 구간 뿐 아니라 고평가 구간도 자주 만나게 되므로, 30%가 아니라 50% 이상 내재가치보다 비싼 가격으로 매도한 경우도 종종 있었다.

예외적인 장기집중 가치투자는 필립 피셔와 워렌 버핏 스타일 등 기업가적 투자스타일과 유사한 전문적 투자방법론으로, 개인 및 기관투자자 등 아마추어 투자자들이 지속적인 수익률을 낼 수 있는 계량가치투자운용을 통해서 프로 투자자로 발전하는 것을 도와주는 본서의 목적과는 거리가 있기에 중심 주제로는 설명하지 않는다. (이 부분은 어쩔 수 없이 평가원의 홈페이지에서 실전가치투자 종합완성, 주식가치평가사 과정 교육내용과 목차를 소개하는 것으로 갈음할 수밖에 없다.)

아마추어 투자자들이(개인과 기관투자자) 지속적인 수익률을 낼 수 있는 프로투자자로 발전하게 해주는 계량가치투자운용 방식을 사용할 경우, 투자자들은 포트폴리오 수익률을 끌어올려주는 두 가지 내지는 세 가지 요인의 힘을 빌 수 있다.

계량가치투자운용에 있어서 양적인 측면을 우선하고 질적인 측면을 볼 것인가, 질적인 측면을 우선하고 양적인 측면을 볼 것인가에 따라서 다른데, 공통적인 두 가지 요인을 먼저 언급하고 나머지 요인을 언급한다.

계량가치운용을 할 경우, 포트폴리오의 장기적인(8년 이상의) 수익률을 결정하는 것은, 단기 수익률 요인과 중기 수익률 요인의 결합이다.

즉, 기업의 실적과 재무상태에 대한 단기적인 평균회귀 현상을 이해하고, 본질적인 이익능력에 비해서 일시적으로 실적이 부진하여 주가가 상당히 하락했을 경우 실적의 전환점이 오기 전에 매수를 시작하고, 본질적인 이익능력에 비해서 일시적으로 실적 서프라이즈를 보여서 주가가 과도하게 상승했을 경우 실적둔화가 시작되기 전에 매도를 시작할 수 있다. 이 외에도 여러 가지 일시적인 호재와 악재, 기업가치와 무관한 여러 가지 이슈(테마 등)를 역이용하여 세일 중인 기업은 매수하고, 프리미엄이 붙은 기업은 매도하는 방식으로 수익률을 낼 수 있다. 이것이 첫 번째 요인이다.

또한 중기적으로 경기등락을 이용하여 주식비중을 조절하는데, 앞서 설명한 바와 같이 GDP증가율과 민간소비증가율, 기준금리 등 거시지표의 천장 수치와 바닥 수치 사이를 4~6등분 하여, 지표가 가장 최저 구간으로 들어서기 시작하면 바닥이 되기 전부터 매입을 시작하고, 지표가 가장 최고 구간으로 들어서기 시작하면 천장이 되기 전부터 매도를 시작한다. 이것이 두 번째 요인이다.

우리나라의 경우는, 이전 주기의 경기등락(3년~5년) 기준의 고점수치와 저점수치에 비해서 다음 주기의 고점수치와 저점수치를 다소 보수적으로 추정할 수 있다.

10년 이상의 포트폴리오 운용기간이라고 해도, 중기적으로 경기등락을 몇 번 겪게 되고, 단기적으로 개별기업들의 내재가치보다 주가는 상승하거나 하락하게 된다. 그러므로 중기적인 사이클에 따라서는 주식자산의 비중을 현명하게 조절하고 단기적인 개별종목 주가상승추세나 하락추세에 대해서는 추세 막바지에 현명한 역발상 투자로 대응함으로써, 잘 쌓아나간 단기 및 중기 수익률이 장기 포트폴리오의 수익률을 대부분 좌우하게 된다. (2부에서 3부에 걸쳐서 구체적인 운용 개념과 전략, 전술을 본격적으로 로 다룰 것이다.)

  장기 포트폴리오의 수익률을 결정하는 위 두 가지 요인만으로도 아주 만족스러운 수익률을 누적적으로 올릴 수 있다.
  여기에 한 가지 요인을 추가하고자 한다면, 근본 펀더멘털, 즉 장기 경쟁력과 성장률이 좋은 기업들을 어느 정도 포트폴리오에 포함하는 것이다. 예외적으로 뛰어난(실적의 장기성장률과 장기 주가상승률) 기업에 대해서는 최초 매수를 엄격하게 하고(싸게) 보다 오래 보유함으로써, 포트폴리오의 일부는 시장변동과 무관하게 장기적으로 가치와 주가가 상승하게 된다.
  그러나 상당한 프로투자자가 아닐 경우에는 소수 종목의 주가가 상당 폭 등락할 경우(가치가 뛰어난 수익성장주도 주가등락폭이 적지 않다.) 심리적 영향을 받을 수 있다. 그러므로 기본적으로는 포트폴리오 전체의 주식비중과 종목별 비중을 주기적으로 조절하는 가운데, 장기투자를 위한 소수 종목들은 포트폴리오 내에서 적은 비중을 가져가면 될 것이다.

3장 계량가치투자의 효용과 가치투자의 개념

1. 수익과 위험관리, 계량가치운용 필요성

지금까지 1부에서는 주식시장에 대한 이해, 주기적인 폭등과 폭락, 그리고 블랙스완, 주가변동성과 손실위험, 분산투자의 효용과 포트폴리오 수익률 변수 등을 알아보았다.

결국 개별 종목들의 주가변동성을 활용하여 누적수익률을 극대화하려면 다양한 관점의 분산투자, 즉 포트폴리오를 현명하게 운용할 필요가 있다. 구체적으로 말해서, 포트폴리오 내의 손실위험을 최소화하고 주가변동성을 활용하는 등 포트폴리오의 수익과 위험을 관리, 개선할 필요가 있으며, 그런 투자 관리 과정을 효과적으로 수행하기 위해서 역사적, 실전적, 이론적으로 검증된 가치투자 원칙과 전략들을 일정 수준 계량화한 운용방식(이하 '계량가치운용' 혹은 '계량가치투자')을 따라야 한다. 개별 종목들에 대한 투자로 지속적인 누적수익률을 낼 수 있는 유일한 원칙과 전략인 가치투자 방식을 포트폴리오의 성격에 포함시켜야만, 포트폴리오 역시 장기적으로 누적적인 수익률을 올리면서 가치가 증가하게 될 것이다.

우선 수익과 위험관리 측면을 알아보자.

한 포트폴리오 내에서 수익전략과 위험관리 전략은 유기적으로 조화를 이루어야 한다. 예를 들면, 주로 수익성장주를 통해 누적수익률을 올리려고 하는 포트폴리오의 경우, 수익성이 높고 성장성이 높은 기업일수록 시장의 기대감이 상당히 높게 형성되어 있고 대체로 주가가 높은 편이지만, 가끔 주식시장 전체, 소속 업종 및 해당 기업의 중단기적인 주가급락이나 우발적인 사건으로 인한 주가폭락을 겪는다는 것을 이해해야 한다. 그럼에도 불구하고 장기적인 추세를 살펴보면 이런 수익성장주들의 복리투자수익률(복리가치증가율)이 가장 만족스럽다는 본질적인 강점이 있다.

수익성장주에 주로 투자하고자 하는 포트폴리오의 주 수익원은, 이익성장으로 인한 시장 평가지표(PER 등)의 상승과 실제 이익의 복리증가율이다. 그러므로 해당 포트폴리오의 주 위험관리 방법은 시장의 평가치가 애초에 상당히 낮을 때에 매수하는 것이다.

실제 이익의 복리증가율이 기업을 분석하여 추정했던 예상치보다 낮아지는 것 역시 위험이라고 할 수 있다. 그럴 때는, 기업의 펀더멘털을 다시 검토하여 혹시 근본적인 펀더멘털(장기 경쟁력과 성장률, 시장점유율 등)이 훼손되었을 경우 새로운 펀더멘털을 감안하여 미래실적 추정치와 가치평가를 새로이 하거나, 근본적인 펀더멘털에 변함이 없는데 단기 이익 실적과 주가가 하락한 경우 현재의 상황이 일시적인 것이므로 추가투자함으로써 위험관리를 할 수 있다.

또한 같은 수익성장성을 가졌다고 할지라도 업종 별로 업황을 달리 겪을 수 있으므로, 수익성장주를 낮은 가격에 매수할 수 있기 위해서는, 보유종목들 및 관심종목들을 보다 다양한 업종에 걸쳐서 유지함으로써, 단일 성장업종에 투자했을 때 발생하는 위험(주가폭락시 추가투자할 자금이 없고, 주가폭등시 갈아탈 종목들이 없다.)을 효과적으로 막을 수 있다.

다만, 수익성장주에 투자하는 포트폴리오 운용전략은 장기적으로 포트폴리오의 내재가치가 상승하므로, 오래 운용하면 할수록 여러 가지 형태의 위험은 사라진다. (시간이 지날수록 가치가 증가하여 빛을 발하는 우량기업들의 경우, 시간이 리스크를 상쇄해준다.)

혹은 경기등락의 크기와 빈도를 이용하여, 기업실적의 등락에 따라서 주가차익매매를 주 수익률 달성 전략으로 삼은 포트폴리오를 생각해 보자. 경기등락의 크기와 빈도를 이용하여 수익을 내기 위해서는 첫째, 경기가 불황일 때에도 망하거나 근본적인 기업의 펀더멘털(경쟁력과 시장점유율 등)이 손상되지 않는 업계 일정 순위 이내의(예를 들면 1~3등, 4등부터는 업종에 따라서 펀더멘털 훼손 리스크를 감수해야 할 수도 있다.) 기업에 투자해야 한다. 두 번째로, 경기등락의 크기와 실적변동(그에 따라 주가변동성도)도 상당하고, 그 주기가 너무 길지 않아야(예를 들면, 조선업종보다는 전기전자 업종이 유리함) 한다.

경기등락과 기업실적의 변동을 이용한 수익률을 반복적으로 얻고자 하는 포트폴리오의 위험관리는 두 가지 형태를 따라야 한다.

첫째, 업황의 주기나 순서가 일치하지 않는 다양한 업종에 분산투자해야 한다. 예를 들면, 건설 업종과 각종 내구재 업종, 원자재 업종 등은 모두 부침이 심한 경기변동형 업종들이다. 그런데 경기가 바닥권에서 침체되어 있을 때 이를 살리기 위해서 정부가 금리를 낮추고 재정지출을 확대하면 대개 건설업종의 수요부터 살아난다. 일정 수준 이상의 시간이 흘러 민간 소비가 회복되기 시작하면 내구재(가전, 자동차 등)의 수요가 증가하여 관련기업들의 실적이 개선되고, 마지막으로 경기가 과열되고 수많은 제조 및 서비스 기업들의 주가도 고평가되면, 수요가 견인한 인플레이션 효과와 전문투기세력들의(각종 운용기금, 펀드, 헤지펀드 등) 가세로 원자재와 일부 금속가격이 급등하게 된다.

결국 거품은 터지고 주가는 하락하며, 시간차를 두고 경기도 둔화 및 침체되겠지만, 주가상승시기와 하락시기가 다른 경기변동형 업종들에 분산투자함으로써 시간과(한 업종의 실적개선만을 기다리며 세월을 보낼 필요가 없다.) 기회라는(한 업종이 고평가될 즈음, 다른 저평가된 업종을 발굴할 수 있다.) 형태로 위험관리를 할 수 있는 것이다.

다만, 우라가니 구니오가 자신의 저서에서 밝힌 바와 같이 주식시장은 정확히 4계절의 순서대로 움직이는 것도 아니고, 특히 업종간의 실적순환이 정확하고 반복적인 순서를 따르지도 않으므로, 직전 경기등락 사이클 순서대로 업황개선의 순서가 정확히 움직이는(유치원생도 따라할 수 있는) 업종 순환매 따위는 없다는 것을 기본적으로 이해하자. 그가 설명하는 내용 역시, 일본 시장에서 그가 경험한 대략적인 순서를 귀납론적으로 설명한 것으로, 참조의 가치는 있으나 그 내용 그대로 원칙을 삼을 만한 것은 아니기 때문이다.

둘째, 경기등락과 기업실적의 변동을 이용한 수익률을 반복적으로 얻고자 하는 포트폴리오 투자자는, 경기변동형 업종들을 분산하는 것뿐 아니라 일정 비율 이상의 경기방어형(경기비변동형) 업종들에도 투자함으로써 위험관리를 마무리할 수 있다. 왜냐하면 일정 시기에는 경기변동형 업종과 기업들이 대체로 실적과 실적에 대한 기대가 나쁠 수 있기 때문이다. 또한, 경기방어형 업종들의 경우 주가변동성인 베타 자체가 낮아서, 기본적으로 포트폴리오 안에 일정 부분 포함하는 편이 위험관리에 있어서 유리하기도 하다.

이 외에도 자산가치에 비해 극심하게 저평가된 기업들에 투자하되, 저수익 자산을 고수익 자산으로 전환하거나, 배당성향을 올리거나, 다른 기업에 의해 인수합병, 지분율 경쟁을 당하는 등 기업의 저수익 구조개선 이벤트를 노리는 포트폴리오 전략을 예로 들 수 있다.

이 경우, 비중이 큰 주요 자산항목들의 공정가치(실질적이고 합리적인 시장가치)를 고려하여 애초에 재무제표 상의 자산들을 보수적으로 계산하여 위험을 관리할 수 있다. 혹은, 안 그래도 낮은 수익창출능력이 더욱 훼손될 경우 주가하락이 예상되므로 매수시기와 매수 후 보유기간 동안 현재까지의 수익성은 최소한 유지할 수 있는 사업구조와 수익재투자, 배당전략을 가지고 있는지 검토함으로써 위험을 관리할 수 있다. 또한, 이러한 기업들의 경우는 수익성장률이 평균이상인 기업들에 비해서 주가가 내재가치까지 상승하는 계기가 더욱 우발적이고 단기간에 급격하게 이루어지므로, 보다 많은 종목들로 나누어 포트폴리오를 운용함으로써 위험을 관리할 수도 있다.

기타 다양한 투자자가 가장 선호하고 효과적이라고 판단하는 포트폴리오의 고유한 운용전략에 따라서, 수익률 목표를 달성하게 해주는 요소들과 위험 관리를 위해 검토해야 할 요소들이 서로 논리적으로 연관이 있어야 하며, 조화를 이루어야 한다.

앞서 설명했듯이 포트폴리오 고유의 수익기회와 연관된 위험들을 관리함으로써 포트폴리오의 수익은 극대화하고 위험을 최소화하기도 하지만, 정량적으로(혹은 비율적으로) 위험의 파급효과를 최소화하기 위해서 투자자가 기계적으로 따라야 할 원칙과 범위를 정할 수도 있다.

예를 들면, 한 종목이나 한 업종의 투자의사결정이 틀렸을 경우에도 해당 종목이나 업종으로 인한 손실위험과 주가변동성을 어느 정도 선까지만 허용하겠다는 근본적인 비율에 대한 원칙을 정할 수 있다.

대형주의 종목별 목표비중을 12~20%, 중형주의 종목별 목표비중을 6~10%, 소형주의 종목별 목표비중을 4~6% 정도로 정하고(이 수치들은 간단한 사례일 뿐) 특정 업종의 편중을 막기 위해서 한 업종 당 최대 보유비중을 25%로 제한하는 포트폴리오를 구축하는 것을 한 가지 사례로 이해할 수 있다.

포트폴리오의 수익과 위험을 관리하는 기본적인 개념을 위와 같이 이해하고, 2부에서부터 다룰 포트폴리오 운용전략전술을 활용한다면 투자자의 수익률은 극대화하고 위험은 최소화할 수 있을 것이다.

이제 보다 본질적인 개념, 본서의 본론에 해당하는 계량가치운용 (혹은 계량가치투자)의 필요성에 대해서 설명하고자 한다.

포트폴리오(본서는 한 개의 종목이 아니라 종목군, 포트폴리오에 대한 책이다.) 운용 시, 어떤 종목들을 포함할 것이고 어떨 때에 매수할 것이며, 어떨 경우에 매도해야 하는지 미리 정하기 위해서는 크게 보아 전체적인 분석평가 프레임을 기본적 분석(가치투자) 기반으로 할지, 기술적 분석(차트투자) 기반으로 할지를 결정해야 한다.

그러나 필자는 가치투자를 통해서 지속적인 수익을 올려온 전문투자자이자 기업분석 및 가치평가 전문가로써, 투자론적 지식과 경영학적 지식을 통틀어서 '과거의 주가차트, 수요공급, 거래량' 등을 참고하여 미래 주가를 예측하는 기술적분석으로는 누적적인 수익률을 올릴 수 없다고 판단한다.

또한 주식투자 역사상 대부분의 거부들은(주식투자를 통해 부를 이룬) 가치투자자였으며, 정도의 차이가 있을 뿐 최고의 장기성과를 보여온 글로벌 펀드들은 모두 어느 정도 가치투자에 기반하고(장기 성장률이나 단기 실적 상승률이냐의 차이일 뿐, 근본적으로는 재무손익에 기반한) 있기 때문에, 포트폴리오 운용 역시 가치투자에 기반해야 한다고 생각한다.

가치투자 외의 다른 어떤 투자방식으로도 매우 숙달된 전문가가 된다면 이익을 낼 수는 있다는 것을 알고 있다. 그러나 투자의사결정(매수매도)을 하면 할수록, 그리고 투자기간이 길면 길어질수록 점점 최종적으로 수익을 낼 확률이 줄어들고 파산할 확률이 커진다는 것도 알고 있다.(이에 반해서, 가치투자는 시간을 두고 매수와 매도를 거치면서 수익률이 복리로 커진다.)

또한 주식이라는 것의 실체는 사실 상장한 기업의 소유권이며, 기업의 가치에 대한 소유권이 진정한 주식의 가치이기 때문에, 매일매일 변하는 주가는 사실 그 가치를 잘 모르거나 감정에(욕심이나 두려움) 치우친 투자자들이 매수자와 매도자간에 경매를 진행하는 것에 불과한 것이다.
즉, 어떤 게임을 하든지 그 게임의 본질을 알아야 하는데, 본질은 기업가치인 것이고 말초적인 현상은 주가의 등락이다. 그렇기 때문에 본질인 기업가치에 바탕을 두고 말초적인 주가등락을 이용하는 가치투자자들만이 좋은 기업들에 대한 분산투자로 항상(시간의 문제) 투자에 성공한다. 반면에, 주가등락 자체를 보고 주가를 예언하거나 예측하려는 기술적 분석가들은, 카지노에서 무수히 많은 게임을 할수록 더욱 빈털터리가 되는 것처럼 누적적으로 큰 부를 이루기가 불가능에 가깝다.

(왜 가치투자가 보통 사람이 공부를 통해서 확실하고 명확하게 작은 부자가 될 수 있는 최고의 주식투자 방법론인지, 그리고 실전적인 가치투자 원칙, 체계와 전략, 주요 개념들은 어떻게 이해하고 활용하는지 '대한민국 주식투자 완벽가이드'를 통해 자세히 정리했으니, 가치투자의 전모에 대해서 보다 더 구체적인 내용은 해당 서적을 참고하기 바란다.)

그렇다면 계량가치운용이란 무엇인가.

아주 크게 말해서 가치투자에 있어서 가장 좋은 투자기회는 좋은 기업과 싼 주가이며, 즉시 매도해야 할 가장 위험한 상황은 나쁜 기업과 비싼 주가인데, 계량가치운용이란 좋은 기업을 선정하는 기준을 정하고 주가가 싸고 비싼 것을 판단하는 기준을 정하여, 다수의 좋은 기업들을 싸게 사서 비싸게 파는 포트폴리오 운용방법을 말한다.

존 템플턴이 선호한 좋은 기업의 조건과 최적의 매수조건, 그리고 매도해야만 하는 조건, 벤저민 그레이엄과 피터 린치, 워렌 버핏이 선호한 좋은 기업의 조건과 최적의 매수매도조건은 모두 조금씩 다르지만, 가장 기본적인 호불호의 조건은 같다.

주식투자자는(채권투자자와는 달리) 가장 기본적으로 수익을 창출하는 기업에 투자해야 하며, 이를 판단하기 위해서 기업의 각종 손익 관련 비율을(무엇을 더 중시하는지는 투자자마다 다를 수 있지만) 검토해야 한다.

다음으로 투자자마다 중요하게 생각하는 손익 관련 비율을 만족시키는 기업들 중에서, 일정 수준 이상의 안전성을 충족시키는 재무 관련 비율을(어느 정도까지 엄격하게 적용할지는 투자자마다 다르지만) 검토해야 한다.

주식투자자로서 손익관련 비율을 검토하고, 투자자(주식, 채권)로서 기본적인 안전성을 위해 재무관련 비율을 검토한 후, 해당 종목들이 어느 정도로 저평가되었을 때 매수할지, 그리고 어느 수준으로 고평가되면 매도할지를 미리 정해야 한다.

이때 수익성장성에 비해서 가치평가를 하는 PEG 비율, 단순순이익에 비해서 주가수준을 판단하는 PER 지표, 이익을 보다 합리적으로 조정해서 주가수준을 판단하는 조정된 PER 지표, 그리고 기업고유의 할인율을 추정하여 가치평가를 하는 RIM 방식(절대평가) 등 다양한 가치평가 툴을 사용하여 적정가치를 평가할 수 있다. 다만, 어떤 평가방식을 써야 할지 결정하는 것보다 어떤 기업들의 어떤 가치특성에 근거해서 포트폴리오 수익률을 낼지 결정하는 것이 먼저이다. 스노우볼 주식과 고속성장 주식, 경기변동형 주식과 경기방어형 주식, 자산가치형 주식 등 다양한 주식 스타일 중 어떤 스타일의 종목들로 주로 포트폴리오를 구성할지 결정하고 나면, 해당 종목들의 스타일에 가장 적합한 가치평가 방식을 몇 가지 사용하면 좋다.

본서는 계량가치투자운용을 통해 최고의 포트폴리오(주식종목들과 주식 이외의 일부 자산으로 이루어진 투자자산)를 구성하고, 낮은 위험 하에서도 가장 만족스러운 포트폴리오 수익률을 누적적으로 쌓아나가는 전체적인 개념과 방법론, 전략전술을 저술하는 책이다. 가장 큰 목표가 이와 같기 때문에, 이 목표와 직접적인 관련이 없는 배경지식이나 활용지식에 대한 모든 내용을 정리하여 쓸데없이 본문 내용이 1000페이지를 넘어가게끔 할 수는 없다.

자꾸 다른 책을 소개해서 독자들께 죄송하지만(꼭 필요한 경우가 아니면 필자도 언급하지 않고 싶다.) 다양한 가치투자 스타일 별로 17명의 가치투자 거장들의 투자전략을 구체적으로 소개한 '대한민국 주식투자 글로벌 가치투자거장 분석'을 참조하면, 자신에게 맞는 구체적인 가치투자전략을 선택, 나아가서 응용, 변형할 수 있을 것이기 때문에, 부득불 포트폴리오의 다양한 구성과 운용전략 샘플로서 추천하는 바이다.

요컨대, 계량가치투자 운용이란 아래와 같다.

비싸고 싼 계량지표도 필요하고, 좋고 나쁜 기업을 거르는 계량지표도 필요하다. 또한 개별 종목들의 손실위험 리스크를 낮추기 위해서 종목 분산투자도 해야 하고, 업종 차원의 우발성에 대비하기 위해서 다양한 업종에 나누어 투자해야 한다.

한편, 주가의 변동성에도 대응해야 하는데, 고평가시에는 매도를 확대하고 저평가시에는 매수를 확대하여 넓은 범위의 우발성에 대비하고, 진정하고 엄격한 범위의 우발적 사건이 발생할 경우에는 (어차피 예상하거나 피할 수 없으므로) 감정을 추스르고 현명하게 대응해야 한다.

위와 같이, 계량적인 가치지표와 기업의 재무손익적인 펀더멘털 지표, 수익률 극대화와 리스크 최소화를 위한 운용기술 등이 결합되면, 본서의 독자가 구성한 포트폴리오의 수익률은 장기적으로 탄탄대로를 가게 될 것이다. 단기적으로 울퉁불퉁한 것은 주식의 본래 숙명으로, 매끄러운 3% 수익률의 예금자산보다는 울퉁불퉁한 15%~40% 수익률의 투자자산이 낫지 않은가. (물론, 투자실력이 점점 늘어나야만 15%에서 40%로 점진적으로 수익률이 올라갈 것이다.)

이제 가치투자의 강점과 포트폴리오 운용의 강점을 고스란히 누리는 계량가치투자운용에 대해서 본격적으로 들어가기 전에, 가치투자의 가장 기본적인 개념들과 체계 정도는 정리하고자 한다.

2. 가치투자의 기본개념과 체계

　본서의 내용을 이해하고 계량가치운용을 효과적으로 하려면 아주 기본적인 가치투자의 개념과 체계는 알아야 한다.
　'대한민국 주식투자 완벽가이드'를 통해서 추후 가치투자 원칙과 체계, 실전적인 전략전술의 전모를 이해하기에 앞서, 해당 서적 내용 중 아주 기본적이고 핵심적인 주제에 대한 것만 선정하여, 일단 전체적인 프레임만을 속히 이해하도록 설명한다.

　가치투자는 기업의 내재가치를 파악하고 그보다 싼 가격으로 주식을 매수하는 것을 최대의 강점이자 효과적인 진입장벽으로 꼽는다. (그 부분을 모르는 투자자는 가치투자를 할 수조차 없다.)
　좋은 기업을 선정하기 위해 읽어야 할 재무손익 항목들이 있고, 기업의 사업구조를 분석하기 위한 방법론이 있다.
　또한 잘 배우고 이해한 대로 매수매도의 과정을 거치면 꾸준한 수익이 나는 몇 가지 투자수익 프로세스가 있다. 이 부분의 기본 개요를 설명하고자 한다.

　물론, 이 외에도 투자의 노하우와 능력범위, 저평가 주식과 스노우볼 및 성장종목 특성, 복리가치투자와 단계별 수익률, 주식가치평가의 세부적인 설명과 시장대응 포트폴리오 전략 등 다양한 가치투자의 개념 및 지식체계가 있지만, 위에서 언급한 아주 기본적인 개념 체계만 이해해도 우선 급한 대로 가치투자가 무언지는 알 수 있을 것이다.

내재가치와 안전마진, 재무손익 항목, 사업구조 분석, 투자수익 프로세스의 순으로 살펴보자.

기업의 총자산은 자본총계(주주가 출자)와 부채총계(채권자가 출자)의 합산이며, 자본총계를 출자한 주주에게는 순이익이 귀속되고 부채를 출자한 채권자에게는 이자비용이 귀속된다.
내재가치란 자본총계의 자산가치, 혹은 자본총계가 순이익을 창출하는 힘인 수익가치, 순이익이 증가하는 속도인 성장가치 등을 통틀어서 말하는 것이다. 계속기업의 경우 내재가치는 기업이 향후 창출할 현금흐름의 총합을 현재가치로 할인한 것을 의미하며, 청산기업의 경우 내재가치란 기업의 순자산 가치(공정한 가치로 다시 계산한)를 의미한다.
내재가치를 계산하는 가치평가의 단계를 아래와 같이 정리한다.

우선 관심기업의 재무제표 이해와 유형자산, 재고자산 등 자산항목별 실질 조정을(장부가와 공정 가치 차이를 감안) 통해 알 수 있는 순자산가치 계산이 첫 번째 단계로, 단순히 현재의 가치와 주가와의 괴리율을 계산한다.
다음으로 주력 제품 및 서비스 분석과, 경영진의 자본배분능력에 의한 수익가치 산정이다. 즉, 지난 재무상태와 실적추이를 종합적으로 분석하고 향후 실적성장률을 추정하여, 적정한 주식가치를 평가한다.

 이는 현재의 가치와 주가 사이의 괴리율뿐 아니라 주식의 수익성장률까지 계산함으로써, 투자자가 싼 값에 사서 비싸게 파는 첫 번째 거래수익률 요소와 소유하는 기간 동안 낼 수 있는 두 번째 복리수익률 요소까지 합한 복합수익률을 달성하는 단계이다.

 마지막으로 성장기업이 기술변화 등 중장기 트렌드 변화에 대응하여 제품과 서비스를 지속적으로 창출하고 자본을 효율적으로 배분하는 능력까지 분석하여, 미래까지 증가할 현금흐름을 대략 파악하는 성장가치 산정이다.

 첫 번째, 두 번째, 세 번째 가치평가의 수준을 굳이 구분할 필요도 없이, 일단 한 가지 방식으로라도 적정주가를 계산할 줄 알게 되면 가치투자를 아는 것이라 할 수 있다. (기본 공식들은 본서의 3부에 나온다.)

 두 번째로 안전마진을 정리한다.

 안전마진이란 100원짜리(로 되팔 수 있는) 물건을 70원이나 50원으로 싸게 사서, 80원이나 100원, 심지어는 100원 초과의 금액으로 되파는 것을 말한다. 이것이 주식시장에서 가능한 이유는 대부분의 아마추어 투자자들이 애초에 내재가치를 평가할 줄 모르는데다가, 감정(욕심과 두려움)에 휩쓸려서 특정 종목의 높은 주가를 더 높이거나 낮은 주가를 더 낮추는 경우가 많기 때문이다.

한편, 가치투자자는 자신의 투자전략에 최적화한 안전마진을 구축해야 하는데, 안전마진은 주가의 하방경직성이 훨씬 크고(싸게 샀으므로) 주가의 상방가능성도 훨씬 크다는 것을 의미하며(적정 주가로 회복할 것이므로), 자신에 맞는 투자스타일이 어떤 것이건 간에 안전마진 구축은 필수적이다.

최적의 안전마진 형태는 투자하는 기업의 특성에 따라 조금 다를 수 있는데, 다양한 특성을 가진 기업들은 PEG비율, PER, PSR, PBR 등 다양한 지표들 중에서 가장 적합한 지표들을 기준으로 한 충분한 안전마진이 필요하다.

다음으로 좋은 기업의 검토요건 중 정량적인 요건을 먼저 살펴보자.

재무분석을 가장 간단한 수준에서 4가지로 나누면 안정성, 수익성, 활동성, 성장성으로 나눌 수 있다.

간단하게 설명하자면, 안정성 재무비율의 본질적인 효용은 안전하지 않아서 투자에 부적합한 기업을 걸러내는 기준이며, 수익성 재무비율과 활동성 재무비율이 좋으면 비로소 투자하기에 충분히 좋은 기업에 포함되는 것이고, 좋은 성장성 재무비율까지 갖추면 최고의 기업이라고 할 수 있다.

자세한 비율들의 심층적인 의미와 활용도, 호불호 수치의 자세한 기준 등은 '대한민국 주식투자 재무제표·재무비율·투자공식'을 참조하면 가장 좋을 것이며, 우선 각 비율들의 단순한 사례들만 정리한다.

안정성 지표로는 부채비율, 유동비율, 당좌비율, 이자보상배율 등이 있고, 수익성 지표로는 매출총이익률, 영업이익률, 순이익률, ROE, ROA 등이 있고, 활동성 지표로는 총자산회전율, 유형자산회전율, 매출채권회전율, 재고자산회전율, 매입채무회전율 등이 있으며, 마지막으로 성장성 지표로는 매출액증가율, 영업이익증가율, 순이익증가율, 총자산증가율, 자기자본증가율 등이 있다.

대표적인 비율들의 교과서적인(응용단계에서는 현금회수능력이 좋은 기업이냐, 성장성이 높은 기업이냐 등에 따라 적정범위가 달라짐) 범위만 짚고 넘어가자면 부채비율은 100% 이하의 경우는 좋은 편이며, 200% 이상은 불안한 편이라고 할 수 있고, 유동비율의 경우 200% 이상이 안전하다 할 수 있다.

영업이익률의 경우 싸게 많이 파는 것이 주요 전략인 박리다매형 기업과 적더라도 비싸게 팔아야만 하는 후리소매형 기업의 경우가 있어 딱히 모범적인 수치는 없지만, 같은 업종 내에서 영업이익률이 높은 기업이 기본적으로 좋다.

기본적인 투자수익률로는 ROE(순이익÷자기자본, %)가 있으며, 10% 정도면 국내 상장사의 평균에 해당하고, 15~20% 사이에 있거나 그 이상이면 우수한 편이다.

총자산회전율은(매출÷총자산) 매출이 총자산의 몇 배이냐 하는 의미로, 중장기적으로 일정한 수준 내에서 등락하거나 높아지는 것이 좋다. 매출채권회전율, 재고자산회전율 등 현금회수과정과 관련된 회전율의 경우 일정한 범위 내에서 유지되거나 혹은 높아지는 것이 좋다. 실적성장은 영업이익 성장률 등으로 판단하고, 기업규모의 성장은 총자산 성장률 등으로 이해할 수 있다.

정량적인 분석틀에 이어서 정성적인 분석틀, 즉 기업의 사업 분석 항목에 대해서 핵심만 정리한다. 평가원의 투자교육에서는 투자자 관점, 기업활동 관점, 오너 관점(경영주체)의 기업분석을 다루고 있는데, 그 중에서 가장 기본적인 투자자 관점 기업분석의 기초 개념을 정리한다.

투자자관점의 기업분석 과정을 대략적으로 언급하면 비즈니스 분석, 계열회사 확인, 지배구조 및 임직원 분석 등으로 볼 수 있다.

비즈니스 분석이란, 업계의 히스토리와 현재의 경쟁 환경, 기업의 사업현황과 실적 추이, 주요 제품 및 원재료의 가격변동 확인, 과거로부터의 매출액 추이와 생산설비 확장·신설 및 연구개발투자 추이 등을 분석하는 것이다.

이때 매출액의 추이는 기업의 단기적이고 중기적인 시장수요 대응능력을 말해주고, 생산설비 및 연구개발투자는 장기적인 시장수요 대응 혹은 개발능력을 말해준다.

계열회사 확인이란, 모기업이 소유하고 있는 자회사들 중 비중이 큰 자회사들을 중심으로, 해당 자회사들의 매출액과 순이익 추이를 분석하는 과정이다. 기왕이면 모기업과 시너지가 나는 사업영역을 영위하면 좋다.

지배구조 분석이란, 최대주주 집단의 주식소유구조를 확인하여 소수주주들과 이해관계를 함께 할 정도로 충분한 지분율을 갖고 있는지 확인하는 과정이다. 대개 지분율이 30% 이하로 너무 낮거나 70% 이상으로 너무 높으면 주주와 이해관계를 달리할 수 있기 때문이다.

임직원 분석이란, 외부 경영상황에 잘 대응하기 위해서 임원진이 두터운지, 또한 임원진의 경력이 적합하고 급여는 적당한지, 숙련도 및 기업문화를 말해주는 직원들의 근속연수는 경쟁사 대비 어떤지 검토하는 과정이다.

마지막으로 가치투자자가 지속적인 수익을 창출하는 투자수익 창출과정은 크게 세 가지 방식으로 구분하고 이해할 수 있다.

첫째, 적정주가에 해당하는 내재가치와 시장 주가 간 괴리율(%)에 투자하는 방법으로써, 현재의 상태만을 고려한 스냅 샷(snap shot) 투자방법이라고 할 수 있다.

둘째, 기업가치의 상승률을 계산하여, 최소한 가치상승률만큼의 복리투자수익률을 올리는 방법으로, 평균보다 높은 기업가치 상승률을 유지하는 기업들을 잘 선정하여 싸거나 적정한 수준의 주가로 매수하면, 중장기적으로 큰 투자수익을 낼 수 있다.

셋째, 가치상승률이 평균보다 높은 기업의 주가가 일시적으로 하락할 때 매수함으로써, 복리수익률과 (기업의 가치상승률) 괴리율을 (충분한 안전마진) 동시에 주기적으로 활용하는 복합수익률 투자 방법이 있다.

　이상과 같이, 기업의 적정주가에 해당하는 내재가치, 내재가치보다 싸게 매수하는 정도인 안전마진의 크기, 재무손익 기준으로 좋은 기업을 판단하는 정량분석, 사업내용 기준으로 좋은 기업을 판단하는 정성분석의 개념을 정리했다. 또한 좋은 기업을 싸게 사서 비싸게 파는 일회적인 매수매도 수익률과 가치상승률 이상으로 수익을 내는 복리수익률, 일회성 수익과 복리수익을 결합한 복합수익률 등의 수익창출 방법 등 가치투자의 가장 기본을 이루는 개념들에 대해서 소개했다.

　이제 2부 이하 본격적으로 계량가치투자운용의 프로세스, 전략전술을 익힐 준비가 되었다.

/2부/

계량가치투자 운용의 핵심요소 및 프로세스

1장 계량가치투자운용의 핵심 요소

1. 베타의 한계와 안전마진

　우선, 수많은 실용적이고 뛰어난 경영학자들에게 감사를 표한다. 훌륭한 기업경영이론, 재무회계관리기법에서부터 온갖 유용한 경영 관련 이론들을 기업경영의 현장에 사용할 수 있도록, 그래서 현대의 기업들이 매우 효율적이고 효과적이며, 끊임없이 높은 수익을 창출하여 경제를 성장시킬 수 있도록 해준 데 대해서 깊은 감사를 표한다.

　유독 주식투자 부문에 있어서만큼은 경영학계의 작은 오점을 어쩔 수 없이 이번 장에서 비판할 수밖에 없기 때문에, 주식투자에 대해서만 존재하는 일부의 오점을 제외한 나머지 대부분의 혁혁한 성과와 기여에 대해서 우선 박수와 존경, 격려를 보낸다. (이제부터 주식에 대해서 이야기할 것이다.)

　주식투자에 있어서 학자들이 만들어낸 이론들 중 최악의 개념이 하나 있다. 사랑받고 널리 쓰이고 싶은 것이 이론들의 속성이지만, 겉모습은 화려하지만 쓸모가 전혀 없고 내부를 살펴보면 오류투성이인데다, 가장 큰 해악으로 말하자면 주식투자자의 분석과 판단을 잘못되게 하여 돈을 잃게 하는 개념이다.

그것은 베타(및 베타계수)이다.

베타계수를 아주 쉽게 말하자면, 주가의 변동성을 기준으로 주식시장 전체 대비 얼마나 주가의 변동성이 큰가를 보여주는 수치이다. 즉, 주식시장이 10%씩 등락할 때 주가가 15%씩 등락하는 개별 종목은 베타가 1.5이고, 5%씩 등락하는 개별 종목은 베타가 0.5라고 생각하면 이해가 쉽다.

'베타는 과거의 주가변동성을 나타낸 수치이다. 그러므로 지금 베타계수가 큰 종목들은 과거에 주가의 변동성이 주식시장보다 컸다는 것을 나타내고, 베타계수가 작은 종목들은 변동성이 작았다는 것을 나타낸다.' 까지만 말했으면 좋았을 것이다.

즉, 결과치에 해당하는 팩트만 주장하되, 그걸로 뭔가를 해보려는 시도는 안 했으면 좋았을 것이다. 하지만 인간본성은 일단 갖고 있는 것으로 해결을 보려고 시도한다. 이것이 인류문명을 진화하게 한 원동력이 된 것은 사실이지만, 그 과정에서 무수한 시행착오를 거친다. 주식투자자가 시행착오에 해당하는 과정적 모르몬트가 되어 돈을 잃을 필요는 없다.

베타는 단지 주가변동성의 정도를 보여주는 다양한 지표 중의 하나일 뿐인데, 베타를 투자의 위험도(리스크)로 정의하는 것이 우선 틀렸고, 베타가 포함된 산식(CAPM, 자본자산가격결정모형)을 통해 가치평가를 하여 내재가치를 구한다는 데서 아주 많이 틀려버렸다.

우선, 베타가 왜 투자의 본질적인 위험도 아니며 가치를 결정하는 것과는 완전히 무관한지 설명하고, 베타 자체가 고정된 것이 아니라 변동한다는(고베타가 저베타가 되는 수가 있다.) 것을 설명한다. 마지막으로 그럼에도 불구하고 베타의 큰 효용(경영학자들이 주장하는 효용과는 전혀 다른, 진짜 베타의 효용)을 정리한다.

우선, 베타는 투자에 있어서 본질적인 위험과 거리가 멀다. 베타는 주가의 변동성이기 때문에 매수와 매도의 기회이지, 투자에 있어서 위험이 아니다.

주식투자자가 소유하는 본질적인 자산은 기업 자본총계의 일부 지분이다. 기업 자본총계 가치 중 지분율만큼의(전체 주식수 중 보유 주식의 비율) 가치가 주식투자자가 소유한 가치이다. 이 가치와 무관하게 단기적인 경매가격(주가)이 극심하게 변동하는 것이 이 주식을 위험하게 하는 것인가? 기업의 영업상황과 수익성, 중장기적 성장전략과 성장률의 정도와 상관없이 주가가 마구마구 변하면 이 주식이 위험해지는가.

안철수씨의 정계 발걸음에 따라서 안랩의 주가가 급격히 변하면서 베타계수가 커졌는데, 그러면 안랩이라는 기업이 위험해졌는가.

뭔가 이상하지 않은가.

중단기적으로 안랩의 적정한 가치보다 주가가 고공행진을

해서 주가변동성이 극대화되어도(안철수씨의 지지율이 올라갈 일이 생겨서) 안랩의 경영성과와 기업가치에는 전혀 이상이 없고, 투자자는 그저 주식을 팔면 되는데, 도대체 뭐가 위험하다는 건가.

　반면, 중단기적으로 안랩의 적정한 가치보다 주가가 너무 빠져서 주가변동성이 극대화되어도(안철수씨가 갑자기 정치를 그만두겠다고 할 경우) 안랩의 경영성과와 기업가치에는 전혀 이상이 없고, 투자자는 그저 헐값에 주식을 사면 되는데, 도대체 뭐가 위험한지 필자는 전혀 이해할 수 없다. (위험하지 않다. 베타를 이용, 해석하는 학계의 방법이 틀렸다는 이야기이다.)

　베타계수가 클수록 위험한 주식이라는 주장의 배경에는, 주식의 실체인 기업의 가치를 계산할 능력이 전혀 없어서, 그저 주가가 크게 변동하지 않고 꾸준히 상승한 주식은 안전하고 좋은 주식으로 보이고, 주가가 크게 변동하면서 등락하는 주식은 무서워서(언제 사야하고 언제 팔아야 할지 모르기에) 위험하고 나쁜 주식으로 보인다는 것이 전제되어 있다. 즉, 주식의 본질을 전혀 모른 채 차트의 모양을 보면서 투자하는 차티스트의 경우 베타계수가 클수록 위험한 것이다. 차티스트 입장에서는 주식의 가치를 계산할 줄 모르기 때문에 하락한 주가는 바로 손실로 생각되기 때문이다. (하락했어도 여전히 적정가치보다 높다면 보지 않으면 되고, 적정가치보다 낮게 하락했다면 매수하면 된다. 주가변동은 위험이 아니라 기회이다.)

　한편, 베타를 위험으로 보는 것보다 더 심각한 오류와 문제가 여기 있다. 베타계수를 포함한 CAPM을 기업의 순이익에 대한 할인율로 쓰는 엄청난 오류를 저지르고 있는데, 그에 따르면 주가변동성이 큰 기업은 베타계수가 크기 때문에 할인율이 크며 적정주가가 낮다고 한다. (사실은 그렇지 않다.)

또한 주가변동성이 작은 기업은 베타계수가 작기 때문에 할인율이 작으며 적정주가가 높다고 한다. (역시 그렇지 않다.)

이것은 완전히 틀린 설명인데, 왜냐하면 주식의 가치는 기업의 이익창출력으로(청산가치일 때도 있지만 거의 대부분, 그리고 본질적으로 현재와 미래의 이익가치이다.) 계산해야 하는데, 주식의 가치를 기업의 가격변동성으로 설명하려 하기 때문이다.

평균적으로 6억 원의 임대수익을 벌어주지만 부동산시장 전체에 비해서 가격변동성이 5배 이상인 임대부동산 물건이 좋은가, 평균적으로 임대수익이 1억 원이지만 부동산시장 전체에 비해서 1/20도 가격변동성을 겪지 않는 임대부동산 물건이 좋은가.(두 건물은 다 장기평균 가격이 같다고 하자.) 임대수익도 크게 얻고, 나중에 혹시 임대업을 하는 것이 지겨워지면 아주 비싼 가격에 팔 기회도 오는 그런 임대부동산 물건이 더 좋은 것이 당연하다.

(그런데 가격변동성 요소를 할인율에 포함하는 CAPM방식에 따르면, 평균적이고 장기적인 임대수익이 6배나 차이가 나는데도 위 두 부동산 가치는 별로 차이가 나지 않는다. 이는 어리석은 공식이다. 필자는 보다 많은 사람들이 CAPM을 사용해서 더 좋은 물건이 더 싸게 나왔으면 하는 바람이 있을 정도다.)

주식의 예를 들면, 주기적으로 실적이 크게 하락한 후 서서히 회복하는 경기변동형 기업의 경우, 실적 하락기는 대개 짧고 급격하기 때문에 베타계수가 커진다. 반면에 상대적으로 긴 기간 동안 실적과 주가를 (작은 등락을 거치면서) 천천히 회복한다. 경기변동형 기업의 영업사이클이 그러한데, 실적하락기에는 이익도 적고 큰 베타계수로 인해 할인율도 높아서 기업가치가 형편없어 진다. 또한, 중장기에 걸쳐 본격적인 실적회복기로 접어들면 이익도 충분히 크고 낮은 베타계수로 인해 할인율도 낮아져서 기업가치가 매우 커진다. 베타로 기업가치를 계산하는 투자자들은 항상 뒷북을 치고 돈을 잃을 수밖에 없고, 영업사이클 동안 기업의 평균적인 이익률을 알고 내재가치를 계산하는 가치투자자들은 항상 헐값에 좋은 기업을 사서 고가에 팔 기회가 생기는 것이다.

다시 안랩으로 돌아가서, 안랩의 실적에는 전혀 변화가 없는데 안철수씨의 굵직굵직한 행보의 변화가 있을 때마다 주가의 변동성은 커진다. 주가변동성과 베타가 커져서 CAPM에 기반한 할인율이 높아지고, 그 할인율에 따라서 적정주가를 분석해서 보고서가 나왔다고 하자. 리포트를 본 수많은 투자자들이 해당 적정주가에 이르기까지 매도하여 주가가 하락할 경우, 실적에 비해서 주가가 너무 싸질(실적은 그대로인데 베타계수가 커졌으므로) 수 있다. 그러면 가치투자자들은 안랩을 살 수 있고(수익을 줄게 뻔하므로), 소프트웨어 기업이나 소프트웨어업계로 진출하려는 기업은 안랩의 지분을 대거 사들일 것이다. (바겐세일 중이므로)

이제 베타계수를 가지고 주식의 가치를 왜 평가하면 안 되는지 충분히 이해했으리라고 생각한다. (이것은 좀 다른 얘기지만, 주식가치평가라는 제목을 달고 나온 시중의 모든 책들은 대체로 CAPM에서 벗어나지 못했다.)

베타계수에 대해서 알아야 할 또 한 가지 사실은, 베타는 사실 고정된 것이 아니라 한 종목의 경우에도 심지어 변한다는 것이다. 즉, 1년 단위의 베타계수이건 3년이나 5년 단위의 베타계수이건 간에, 특정 종목이 시장의 주목을 받지 않고 소외되었을 때, 그리고 시장의 주목을 받고 급등했을 때, 또한 이후 투자자들이 역사적 고점에서 대거 차익을 실현한 후 또다시 소외되었을 때 베타계수가 모두 다를 수 있다.

또한 업종 별로 업황등락이 다르기 때문에, 특정 기간에는 전기전자업종이, 다른 기간에는 건설과 금융업종이, 또 다른 기간에는 유통업종, 제약업종 등 중기적인 업황과 장기적인 성장추이에 따라서, 그리고 시장의 주목과 소외 등의 변화에 따라서 베타계수가 달라지는 것이다.

베타계수로 위험도를 측정하거나, 베타계수로 적정가치를 계산하는 것은 그래서 합리적이지도 않고 쓸모도 없다. (기준이 변하다니 말이다.)

다만 10~100개 정도의 종목을 운용하는 일반적인 개인투자자, 기관투자자, 연기금펀드 등의 포트폴리오 수준이 아니라, 주식시장의 몇 개 대형 섹터를 모두 아우르는, 우리나라로 치면 최소한 300~400개 이상의 종목에 분산투자하는 준 인덱스펀드라면, 베타를 어느 정도 이용할 수 있다. 모집단을 전체로 확대하면, 아무래도 실적변동과 주가의 변동이 어느 정도 상관관계를 보일 것이기 때문이다. 하지만 본서에서 조언하고 알려주고자 하는 포트폴리오 성공전략, 전술의 형태와는 거리가 있다. 그러므로 개인투자자와 기관투자자, 그리고 법인투자자와 연기금펀드 등 일반적인 포트폴리오 운용주체의 수익률 극대화와 위험 최소화를 목표로 하고 있는 본서에서는, 인덱스에 가까운 운용에 대해서는 다루지 않는다.

여기까지 정리한 베타계수의 단점과 오류에도 불구하고, 베타계수는 굉장한 효용이 있다. 주식투자자에게 매우 큰 활용가치를 주는 것이 베타이기도 하다. 왜냐하면 베타가 큰 종목들의 주가변동성을 이용해서 주기적으로 큰 수익을 낼 수 있기 때문이다.

예를 들어, 기업가치상승률이 높은 종목들 중 일부는 베타계수가 크고 일부는 베타계수가 작다고 한다면, 필자는 베타계수가 크고 작은 종목들을 섞어서 보유하는 편이다. 주가가 급락하고 경기위축이 다가오면 베타계수가 커서 주가가 이미 크게 하락한 우량기업들의 비중을 서서히 늘려나가고, 주가가 서서히 상승하다가 급등하여 경기호황이 다가오면 베타계수가 작아서 주가가 별로 상승하지 못한 우량기업들의 비중을 충분히 늘려줌으로써(베타계수가 큰 종목들을 줄이고) 주식시장 사이클을 이용한 초과수익을 누릴 수 있기 때문이다.

이 부분은 '2. 단기편향과 두꺼운 꼬리(롱테일), 역발상 계량가치투자'에서 역발상 부문에서 더욱 이해하게 될 것이다.

일반적으로 말해서 베타계수가 큰 종목들은 상승장에서 수익률 성과가 좋고, 베타계수가 작은 종목들은 하락장에서 손실을 상당폭 줄여준다.

이 말이 의미하는 바는 주가가 오르고 있을 때 베타계수가 작은 종목들을 매도하고 베타계수가 큰 종목들을 매수하라는 (이 때는 이미 늦었다.) 말이 아니라, 주가가 바닥 근처까지 내려오고 있을 때(아직 바닥을 치고 반등하지 않았더라도) 베타계수가 작은 종목들을 서서히 매도하면서 베타계수가 큰 종목들을 서서히 매수하면 성과가 좋다는 의미이다.

또한 주가가 하락하고 있을 때 베타계수가 큰 종목들을 매도하고(이 때는 이미 늦었다.) 베타계수가 작은 종목들을 매수하라는 말이 아니라, 주가가 천장 근처까지 올라가고 있을 때(아직 천장을 치고 하락하지 않았더라도) 베타계수가 큰 종목들을 서서히 매도하면서 베타계수가 작은 종목들을 서서히 매수하면 성과가 좋다는 의미이다.

(한편, 주식자산을 보완해줄 수 있는 다양하고 최적 조합의 자산들을 포함하여 포트폴리오를 운용하게 되면 성과는 더욱 높은 수익률과 안정성을 제공하며, 다음 장에서 비로소 설명할 예정이다.)

하지만 베타계수가 작고 큰 종목들을 시장국면에 따라서 사고파는 것이 만능 해답은 아니고, 항상 성공한다는 보장은(그러기 위해서는 아래의 개념도 함께 고려해야 한다.) 없다.

왜 그럴까.

그것은 주가가 내렸다고 해서 실제의 가치보다 주가가 싸다는 보장이 없기 때문이다. 매우 고평가된 종목들은 웬만큼 주가가 하락해도 여전히 실제 가치보다 고평가되어 있기 때문이다. 반대로 매우 저평가되어 있는 종목들은 웬만큼 주가가 상승할지라도 여전히 실제 가치보다 저평가되어 있기 때문에, 주가가 실제로 아직도 싼 종목들을 굳이 매도할 필요는 없기 때문이다.

즉, 안전마진 개념을 함께 고려하지 않으면 확실성이 떨어진다.

종합하면, 안전마진을 통해서는 확실한 기대수익률을 계산하고, 베타계수를 활용해서는 해당 종목들의 기대수익률이 얼마나 빠르게 혹은 어느 정도의 시장국면에서 실현될지 감을 잡을 수 있는 것이다.

안전마진이란 무엇인가. 안전마진이란 내재가치와 현재 주가의 차이를 말한다. 내재가치보다 현재 주가가 매우 낮다면 안전마진이 크고, 내재가치보다 현재 주가가 더 높다면 안전마진이 전혀 없다. 예를 들어, 주당 내재가치가 10만 원인 기업의 주가가 7만 원일 경우 30%의 안전마진이 있는 것이고, 주가가 6만 원일 경우 40%의 안전마진이 있는 것이다. (한편, 안전마진과 기대수익률은 다르다. 40%의 안전마진이 있는 현재 6만 원의 주가가 적정주가인 10만 원까지 상승하면, 약 67% 수익률에 해당한다.)

우선 자산가치에 기반한 안전마진을 살펴보자. 순자산 가치에 이어서 벤저민 그레이엄이 본격적으로 강조했던 순유동자산 가치의 순서로 자산가치 안전마진을 정리한다.

벤저민 그레이엄이 강조한 안전마진은 수익가치를 철저히 배제한 자산가치에 의한 것이었다. 즉, 기업이 계속기업으로 수익을 계속 창출해야겠지만, 진정 보수적인 투자자라면(그는 진정 보수적인 투자자이다.) 수익을 계속 창출하는 기업에 대해서도 기업이 청산할 경우에 주주에게 귀속되는 몫만큼은 최소한의 내재가치로 볼 수 있다는 것이다.

1차적으로 자산항목들 중 실제로 청산, 매각 과정을 거치면서 장부가치보다 낮게 매각되는 항목이 나올 수 있기 때문에, 현금과 예금을 제외한 자산들, 즉 매출채권과 재고자산, 유형자산과 무형자산 등을 실제가치로 할인(디스카운트)했다. 각종 자산을 할인한 후의 총자산 가액에서 부채총계를 빼면 수정된 자본총계가 나오는데, 수정된 자본총계를 최소한의 내재가치로 보고 이보다 할인된(30~50% 이상) 가격으로 주식을 매수하기 원했다.

이때 업종에 따라서 항목별 디스카운트 비율은 상당히 다르다. 다만, 전체적인 윤곽을 알고자 하는 독자들을 위해서 투자자이자 경영컨설턴트인 필자의 지식 내에서 평균적인 할인율을 귀띔하자면, 매출채권은 10~20%를 할인하고, 재고자산과 유형자산(토지를 제외한)은 평균 50% 정도 할인하고, 무형자산은 0으로 계산한다. 기업을 청산하는 때에는 대개 수익을 잘 내지 못하는 경우이므로, 무형자산에 해당하는 개발비와 영업권 등이 충분한 가치를 가지고 있을 리가 없기에, 보수적으로 0으로 평가하는 것이다.

이때 순자산 가치 이하로 매수하는 것의 의미는 실제로 청산가치로 매수한다는 자산 베이스의 가치평가법이기도 하면서, 본의 아니게 보다 고급가치평가법의 요소도 포함한다.

적정한(내재가치에 해당하는) PBR 수치는 해당 기업이 중장기적으로 유지가능한(산출을 위해서는 고급실적조정이 필요) ROE를 해당 기업의 고유한 할인율로 나눈 결과값이다. 예를 들어 장기적으로 향후 평균 ROE가 20~22% 정도를 유지할 수 있는 기업의 고유한 할인율이 7~8%일 때, 해당 기업의 적정 PBR은 약 2.5(20 나누기 8)에서부터 3.1(22 나누기 7) 사이에 이른다.

즉, 현재 특정 종목의 PBR이 1.0이라는 이야기는, 현재 주식시장은 그 기업의 장기적인 예상 ROE와 고유의 할인율을 동일하게 본다는 이야기이며(리스크와 수익률이 같다.) PBR이 1.0 미만인 종목의 경우는, 현재 주식시장이 그 기업의 수익률보다 리스크를 더 크게 보고 있다는 뜻이다.

그러므로 현재의 주식시장이 특정 종목에 대해서 수익률보다 리스크를 더 크게 보고 있다면(PBR이 1.0 미만이라면), 대략적으로 나빠질 일보다는 좋아질 일이 더 많고, 일반적으로는 저평가되어 있을 가능성이 있다는 뜻이다. (하지만 대략적인 것이 아니라, 정확한 것을 알기 위해서는 전문적인 밸류에이션을 해야 한다.) 즉, 순자산가치

이하로 매수하면, 리스크 대비 기대수익률(ROE)이 개선될 경우, 주가가 회복할 수밖에 없는 것이다.

2차적으로, 벤저민 그레이엄이 그의 투자회사에서 사용했던 순유동자산 내재가치평가법이 있다. 본래 회계적으로 순유동자산이라 함은 유동자산에서 유동부채를 뺀 금액을 말하지만, 벤저민 그레이엄은 더욱 보수적으로 유동자산에서 부채총계를 뺀 금액을 순유동자산이라고 하고, 최소한의 내재가치로 보았다.

이후의 수많은 진보한 가치투자자들(물론 워렌 버핏을 포함한, 수많은 제도권, 재야의 가치투자전문가들)은 순유동자산가치에 해당하는 종목들이 점점 줄어들어서 현대의 주식시장에서는 해당 종목을 투자할 수가 없고, 다른 기준으로 투자종목을 선정할 수밖에 없다고 말한다.

그도 그럴 것이, 벤저민 그레이엄이 주로 순유동자산 투자법을 강조하고 적용하기 시작했던 때에는 미국의 10년 대공황이 한창이었던 시기였기 때문에, 태반의 기업이 수익을 잘 내지 못하고 각종 유형자산이 제값을 받지 못하고 매각되는 상황이었기 때문이다. 그런 상황에서 벤저민 그레이엄은 1년 안에 현금화되는 유동자산에서 부채총계를 모두 뺀 금액을, 청산시 최소한 받게 될 가치로 보았으며 이것을 순유동자산가치로 불렀다.

그는 이 가치보다 30% 가량 할인된 주가로 매수하여 순유동자산 가치에 주가가 근접하면 매도했던 것으로, 현대의 기업경영환경(호황과 불황에 무관하게)보다는 그 당시 장기 공황이라는 경제여건상 적합한 투자방법이었다.

다음으로 자산가치보다는 수익가치를 기준으로 안전마진을 간단히 정리한다. 기본적으로 기업은 기업수명주기 상 대부분의 기간 동안을 계속기업으로 보내고, 딱 한 번 마지막 순간에 청산기업으로 존재한다. 그러므로 상장사의 요건 등을 감안하면(수익성, 안정성 등 상장 유지 요건) 기본적으로 주식은 수익가치로 내재가치를 평가하는 것이 맞다.

기업의 수익가치를 평가하는 방법 중 가장 쉽고 대표적인 지표만 우선 소개한다. 나머지 다양한 지표들은 3부 3장에서 다룰 것이다.

PER(주가수익비율)이라는 가치지표는 현재 특정 기업의 시가총액이 당기순이익의 몇 배인가, 혹은 현재 주가가 주당 순이익의 몇 배인가를 의미하기도 하지만, 현재 특정 기업의 순이익에 대해서 주식시장은 몇 퍼센트의 할인율을 적용하고(적정수치가 아니라 현재의 수치) 있는가를 나타내기도 한다. PER(배수)은 1 나누기 할인율(%)이며, 할인율(%)은 1 나누기 PER(배수)이다.

여기서는 보다 근본적인 할인율의 역수를 나타내는 PER 관점에서 설명할 것이다.

예를 들면, 현재 PER이 10인 기업은(시가총액 대 순이익을 예금 대이자로 이해) 순이익에 대해서 주식시장이 10%(1 나누기 10)의 할인율을 적용하고 있는 것인데, 해당 종목이 다양한 관점에서 매우 우량한 기업이라서 적정 할인율이 주식시장 평균(10% 정도)보다 훨씬 낮을 경우, 현재의 할인율 10%는 과도하게 높은 수치이며, 안전마진이 있는 것이다.

주식의 할인율은 국고채이자율은 물론, 해당 기업의 사채이자율보다 훨씬 높아야 하는데, 특정 주식의 실제 요구수익률(기업의 사업, 재무리스크를 감안한 할인율)보다 현재 주식의 할인율(PER의 역수)이 낮으면 낮을수록 고평가되어 있고, 현재 주식의 할인율이 높으면 높을수록 안전마진이 큰 것이다.

주식의 실체는 기업의 자본총계이다. 기업이라는 자산은 사업을 하면서 영업, 재무리스크를 포함하고 있기 때문에, 당연히 무위험자산인 국고채이자율보다 할인율(요구수익률)이 높다. 또한, 기업의 자산을 구성하는 자본과 부채의 속성을 보면, 기업의 자산을 청산할 때 우선 채권자의(부채 투자자) 몫부터 돌려주고 나서 주주의(자본 투자자) 몫이 남아있으면 돌려준다. 그러므로 사채(채권자의 몫)의 이자율보다 자본총계(주주의 몫)의 할인율이 높아야 한다.

참고로, 대한민국 상장사들의(주식시장 전체의) 평균적인 적정 할인율은 대략 10% 정도이다. 그러므로 보유 포트폴리오 내 종목들의 평균적인 할인율이 7% 이하일 경우 포트폴리오의 평균 PER 이 14.3 이상으로(1 나누기 7%) 주식시장의 장기평균치보다 높다고 할 수 있고, 포트폴리오 내 종목들의 평균적인 할인율이 13% 이상일 경우 포트폴리오의 평균 PER이 7.7 이하로(1 나누기 13%) 주식시장의 장기평균치보다 낮다고 할 수 있다.

(이 외에도 다양한 안전마진의 기준이 있지만, 가장 핵심적인 것만 설명했다.)

한편, 개별종목 단위에서 안전마진이 가장 취약한 경우는 주로 성장주에 대한 낙관성이 지나치거나, 경기변동형 기업의 호황기 실적이 지속될 것이라고 기대하는 시각이 주가에 반영된 경우이며, 이때 매수할 경우 중장기적으로 확실히 손실위험을 (내재가치보다 높은 주가로 매수) 입게 된다.

성장종목의 투자에서 가장 핵심적인 요소는, 장기적인 이익성장률을 최대한 정확하게 그리고 보수적으로 추정하는 것이며, 추정된 이익성장성 대비 저평가 상태의 주가로 매수하는 것이다.

특정 성장종목에 대해 투자심리가 과열되어 있을 때, 주식시장은 해당 종목의 장기 이익성장률을 실제보다 과다하게 높게 예상한다. 이런 과다한 성장을 가정하여 내재가치를 높게 계산했음에도 불구하고 안전마진이 거의 없거나 혹은 마이너스의 안전마진(높은 성장률을 감안해도 너무 비싼 주가)을 보이는 주가에 매수할 경우 필히 큰 손실을 입게 된다.

한편, 경기변동형 기업의 경우도 업황의 호불황에 따라서 실적이 등락하게 마련인데, 특정 사이클의 호황에 실적이 좋게 나왔을 때 '이번에는 다르다. 지금부터는 이 실적이 지속된다.'

는 등 과도한 낙관성으로 호황기 실적을 기준으로 내재가치를 평가하고 매수하게 되면, 추후 필히 큰 손실을 입게 된다. 물이 중력의 힘을 거스를 수 없듯이, 인간의 욕망과 두려움에 의해 경기는 호황(능력보다 과다 소비, 생산)과 불황(능력보다 과소 소비, 생산)을 순환하게 마련이므로, 경기변동형 기업의 호황기 실적은 이후 하락할 수밖에 없다.

이상 핵심적인 개념을 정리한 안전마진에 대해서 보다 깊이 이해하고자 하는 최종 단계에서는, 필연적으로 내재가치 계산을 위한 가치평가로 들어갈 수밖에 없다. 계량가치투자 포트폴리오 운용을 위해서 필요한 다양한 가치평가 툴의 기본적인 공식과 지표들은, 이 책을 순서대로 읽어나가면서 본서의 3부 3장의 '세부 분석평가 툴'을 참조하면 충분할 것이다.

다만, 보다 심층적인 밸류에이션(주식가치평가)을 위한 고급 실적조정법(영업 및 영업외손익), 개별 기업마다 고유한 절대할인율을 활용한 절대평가법 공식과 사례 훈련 등은 그 자체가 책의 형태로 저술하기는 방대하고 어려운 내용으로 평가원의 정규 투자교육과정에서 다루고 있다.

여기까지 베타와 안전마진의 개념을 살펴보았다.

주식시장은 끊임없이 가격이 변동하면서 때로는 상승추세를 그리기도 하고 때로는 하락추세를 그리기도 하기 때문에, 투자자로서 필요한 것은 결국 타이밍이라고 오해한다. 하지만 오를 타이밍과 내릴 타이밍을 미리 예측할 수는 없기 때문에, 오히려 타이밍을 역으로 이용해야 하며, 기본적으로 가치평가 결과 내재가치보다 낮은 주가에서만 매수하고, 내재가치와 같거나 내재가치보다 높은 주가에서만 매도해야 한다.

즉, 시장이 웬만큼 하락한 확실한 저평가 구간에서 아직 바닥을 확인하지 않았더라도, 평소 지켜보던 좋은 종목들 중에서 내재가치보다 현재 훨씬 주가가 낮으면서도 베타계수가 높은 (업종이나 시가총액, 성장률 등 다양한 섹터) 종목들 위주로 매수를 시작해야 한다. (가장 높은 수익률을 내면서 주가를 회복할 것이므로)

또한 시장이 웬만큼 상승한 확실한 고평가 구간에서 아직 천장을 치고 하락을 시작하지 않았더라도, 보유 종목들 중에서 베타계수가 높아서 내재가치보다 훨씬 높은 주가로 상승한 종목들 위주로 매도를 시작해야 한다. 동시에 주가가 내재가치보다 높지 않으면서도 베타계수가 낮은 종목들과 기타 고평가된 주식자산 자체를 헷지할 수 있는 다양한 형태의 자산에(추후 설명) 투자비중을 늘려가야 하는 것이다.

그러므로 주식시장의 타이밍을 예측하기보다 불균형 추세의 (너무 상승했거나, 너무 하락한) 마지막 구간에서 베타를 활용하여 주식시장의 타이밍을 오히려 기다리고(역이용하고), 보다 근본적으로는 항상 내재가치 대비 안전마진을 잘 확인하고 매수하고 매도함으로써, 투자자들은 안전하게 자산을 늘려나갈 수 있을 것이다.

2. 미스터 마켓과 롱테일(팻테일), 역발상 계량가치투자

　잠깐 머리를 환기할 겸, 주식시장 전체를 비유적으로 한 명의 몸집이 큰 주식거래자로 상상해 보자. 비록 비유이기는 하지만 주식시장 자체에 대해서 이해하기 위한 것으로, 이 큰 사람은 주식시장 자체의 속성과 정확히 똑같으며, 벤저민 그레이엄이 불렀던 것처럼 미스터 마켓이라는 이름을 가졌다고 가정하자.

　사실 미스터 마켓은(주식시장 전체는) 대중적 투자자, 혹은 아마추어 투자자들이 모인 거대한 매수매도자들의 집합이다. 즉, 구성원 모두가 전문적이지도 않고 감정에 흔들리면서 투자하기 때문에, 당연히 주식시장이 항상 효율적일 수 없으며, 미스터 마켓 역시 1년 365일 감정이 바뀌는 만성 조울증을 영원히 겪고 있다.

　미스터 마켓이 제안하는 매수가와 매도가의 추이는 그가 심각한 감정 기복을 겪고 있기 때문에, 어떤 때는 매우 활기차고 낙관적인 표정으로 비싼 가격으로 주식을 사거나 팔겠다고 하고(우리는 팔면 된다.) 어떤 날은 매우 우울하고 두려워하는 얼굴로 다가와서 아주 헐값에 주식을 팔거나 사겠다고(우리는 사면 된다.) 한다.

　그가 제안하는 주식의 가격은 실제 주식의 내재가치보다도 그의 기분에 더 좌우되기 때문에 주식투자자들은 그가 제안하는 가격이 적당한 가격일 것이라는 생각을 버리고, 스스로(조울증 환자에게 투자의견을 물어볼 텐가.) 적당한 내재가치를 계산하고 그 결과에 기반하여 매수매도를 해야 한다.

다만, 미스터 마켓은 우리가 가지지 않은 종목들만 비싸게 매매를 권유하거나 싸게 매매를 권유하는 것이 아니라, 우리들의 포트폴리오에 포함되어 있는 종목들에 대해서도(우리는 지금 가격에 사고 팔 생각이 없더라도) 때로는 헐값에 매매를, 때로는 고가에 매매를 권유하는 것이다. 여기에서 현명한 투자자라면 주식시장의 감정에 함께 휩쓸리면 곤란하다.

어차피 미스터마켓은 절대로 전문가가 아니다. 전문가들이 17세기에 튤립 가격을 천정부지로 올려놓았고, 전문가들이 1999년에 이익도 못 내고 생존도 못할 수많은 IT기업들의 주가를 터무니없이 올려놓을 수 있겠는가. 주식시장이 되었건, 부동산시장이 되었건, 미술품 시장이나 그 무슨 투자상품이 되었건, 모든 시장을 대변하는 미스터마켓은 항상 비전문적이고 감성적이다. 그가 제시하는 가격이 맞을 때도 있지만 틀릴 때도 많기 때문에, 항상 투자자가 적당한 가치를 계산해내야 한다.

미스터마켓과 함께 기쁨과 슬픔을 공유한다면 자기도 모르는 사이에 집 몇 채와 튤립 한 송이를 교환하고, 평생 벌어들인 자산 전체를 교환한 대신에 얻은 튤립 한 송이의 가격이 손 쓸 사이도 없이 양파 한 뿌리의 가격까지 내려오는 것을 지켜봐야 할지도 모른다.

미스터 마켓은 동조의 대상이 아니고 이용의 대상이며, 그렇기 때문에 미스터 마켓의 제안(현재의 주가와 상승, 하락세)은 냉정하게 바라보면서 맞는지 틀리는지 검토할 대상이지, 열정적으로 따라가야 할 대상은 아닌 것이다.

미스터 마켓이 이성적으로 오류를 보이는 여러 가지 현상 중 (행태재무론, 행동경제학이라고도 하며, 추후 별도 서적으로 정리할 계획이다.) 대표적인 것이 바로 앞서 간단히 설명한 단기편향성이다.

단기편향성은 주가변동성을 확대하는 원인이 되기도 하고 수많은 투자자들의 손실을(실제 손실과 수수료 등 비용 모두) 키우는 원인이 되기도 하는데, 비합리적이고 어리석은 현상인 단기편향성의 원인을 특정 주체에게로 돌리고 비난을 해서는 곤란하다. 단기편향성의 원인은 주로 아마추어 개인투자자들과 아마추어 기관투자자들이 공범이라고 할 수 있다. 프로 개인투자자들과 프로 기관투자자들은 단기편향성에 영향을 미치지 않는다. 그들은 어느 정도까지는 단기편향성을 방관하다가, 내재가치와 주가의 괴리율이 상당해지면 자신의 이익을 위해서 매수매도 행위를 통해 시장에 개입하고(그들은 자주 개입하지 않는다.) 힘의 불균형을 바로잡는 대가로 수익을 낸다.

아마추어 개인투자자들만의 원인도 아니고 아마추어 기관투자자들만의 원인도 아닌 단기편향성은, 아마추어 개인투자자들이 원하는 정보와 아마추어 기관투자자들이 주는 정보의 속성이 같기 때문에 일어나는 일이다. (그리고 그 정보는 사실 쓸모가 없다.)

그래서 단기편향성의 발생원인에 대해서 아마추어 기관투자자, 아마추어 개인투자자의 순으로 짧게 정리할 텐데, 이는 중요도 순이나 원인제공자 순이 아님을 밝혀둔다.

우선 아마추어 기관투자자들이(프로지만 아마추어와 같은 노선을 걷는 경우와 본래 아마추어인 경우로 나뉘지만, 구분이 중요하지 않으므로 생략) 영위하는 투자전략과 그들이 제공하는 투자정보 자체가 무척 단기지향적이다. 증권가는 본래 투자정보를 받고 매수매도를 하는 수많은 아마추어 개인투자자들이 자주 매수하고 자주 매도하기를 원한다. 기관은 대개 매도 리포트를 내지 않지만, 다양한 종목들에 대한 매수 리포트를 끊임없이 내는 것 자체가 새로운 종목을 위해 기존 종목 일부를 팔기를 원한다는 것을 전제한다.

그런데 그것은 다들 잘 알겠지만 수수료 때문이다. 어떤 기업의 주가가 200% 오른다고 해도, 개인투자자들이 해당 종목을 바이 앤 홀드(매수 후 보유)했다면, 증권가에는 이득이 거의 없다. 하지만, 어떤 기업의 주가가 200% 오르는 동안 손바뀜이 열 번이나 생겼다고 한다면 증권가의 이득은 엄청나다.

그래서 증권가에서는 향후 8년간 보유했을시 5배~7배의 수익률을 올릴 수 있다는 보고서는 내지 않고, 3개월에서 1년 이내의 기간 동안 주로 20~50% 정도의(30~40% 정도를 중심으로) 수익률을 올릴 수 있다고 종목들을 홍보한다. (물론, 거래량 자체가 커서 수수료 수익을 극대화할 수 있는 중대형 종목 위주로 홍보한다.)

3개월에서 1년 이내의 단기실적 추정 등 단기적인 정보만 제공한 종목이 이후 금세 주가가 급락하고 실적이 뒤이어(항상 실적하락은 주가하락보다 늦으므로 확인하고 팔 수는 없다.) 하락할 경우, 그 리포트를 보고 매수하여 손실을 입은 아마추어 투자자들을 책임져줄 곳은 아무데도 없다.

경영학 분야의 재무투자론 학자들의 연구가 되었건, 벤저민 그레이엄이나 데이비드 드레먼 등 가치투자자들의 연구가 되었던, 최근 실적이 좋고 주가가 최근에 오르고 있는 이런 주식들은 잠깐은 이익을 보는 것 같지만, 매수자들은 시간이 지나면서 결국 큰 손실을 입는다. (손실을 입기 전에 빠져나갈 수 있을 것으로 얼핏 확신하지만, 그것은 착각이다. 단기 정보투자라는 제로섬 게임에서 장기적으로 창출되는 결과는, 투자자들의 경우 손실 밖에 없고, 증권가의 경우 짭짤한 수수료 수익을 얻는다.)

그렇다고 아마추어 기관투자자들을 비난하고 싶어졌다면 다음 글을 읽어보고 나서 다시 생각하기 바란다. 아마추어 개인투자자들의 원인제공이 보다 근본적일 수 있다.

아마추어 개인투자자들에 대해서 이야기하기 전에 몇 개의 문장을 통해 한 가지 진리를 우선 짚고 넘어가자.
'공짜 점심은 없다.'
'쉽게 얻은 것은 쉽게 잃는다.'

'전문성이나 상대적 강점이 없으면서도 노력과 인내심마저 발휘하지 않고 합법적으로 큰 돈을 버는 방법은 없으며, 특히 빨리빨리 한 번에(한탕주의) 합법적으로 돈을 버는 방법은 더욱 없다.'

마지막 문장은 필자가 쓴 것이다. 큰 돈을 버는 것은 쉽지는 않지만, 보통 사람에게도 충분히 가능한 일이다. 다만 필자의 생각에는, 전문성이나 상대적인 강점이 있을 경우 다소 고생하지 않고 큰 돈을 벌 수 있지만, 그래도 일정한 시간이 든다. 전문성이나 상대적인 강점이 없을 경우에는 노력과 인내심을 더 많이 발휘해야 큰 돈을 벌 수 있을 것이며, 역시 일정한 시간이 든다.

하지만 전문성이나 상대적인 강점이라는 것이 노력과 인내심을 발휘하여 쌓아올릴 수 있는 것이기 때문에, 결국 사전에 노력과 인내심을 발휘하여 전문성 등을 쌓느냐, 사후적으로 노력과 인내심을 발휘하여 성공하느냐의 차이일 뿐, 노력과 인내심은 무조건 필요한 것이다.

아마추어 개인투자자들의 근본적인 투자실패 원인은, 바로 투자에 필요한 최소한의 공부들(기업의 재무분석, 사업분석, 가치평가, 운용전략)을 하지 않고 빨리빨리 고수익을 원한다는 데 있다.

그러므로 기업 이익의 장기성장률을 파악하기 위한 주력 제품들과 개발 중인 신제품들, 현재 업계의 경쟁구도 변화와 향후 기업의 경영전략 방향을 검토하지 않고, 가장 직접적인 기업의 종합검진에 해당하는 재무제표, 재무손익비율과 각종 가치지표 등에 흥미가 없으며, 향후 3개월에서 1년 내로 승부를 볼 수 있는 투자정보만을 원한다.

그야말로 공짜심리인 것으로써, 대부분의 아마추어 개인투자자들이 원하는 것이 그런 방향이기 때문에 아마추어 기관투자자들도(증권사) 그런 정보들과 그런 리포트를 마구마구 쏟아내는 것이다.

(여기서 알아야 할 것은, 향후 3개월에서 1년 내의 단기실적 추정에 있어서, 아마추어 기관투자자들 역시 현재까지의 추세를 확장하여 추정하지, 펀더멘털에 의해서 일어날 수밖에 없는 반전의 시기나 반전의 충격을 미리 말해주지는 않는다는 것이다.)

한편, 아마추어 개인투자자들이 직접투자를 하지 않고 간접투자를 할 때도 마찬가지이다. 빨리빨리 수익을 보는 펀드만 찾기 때문에, 자산운용사들도 빨리빨리 수익을 내는 데 혈안이 되어 있다. (운용사들의 생존을 위해서는 일단 고객자금의 크기가 아주 중요하기 때문이다.)

최종수익률이 최상위권인 우수한 펀드들은 단기수익률로 최상위 순위에 잘 들지는 못한다. 단기수익률로 최상위 순위에 드는 펀드들은 자주 순서가 뒤바뀌고, 최종수익률에서는 하위로 밀린다. 자, 어느 펀드를 들고 싶은가.

그런데 대부분의 아마추어 개인투자자들은 직전 수익률이 가장 높은, 향후에 수익률 게임에서 뒤에 처지게 될 펀드에 가입을 하는 오류를 범한다.

수익을 내기 위해서는 향후 가격이 하락하지 않을 주식을 매수해야 하는데, 아마추어 투자자들(개인과 기관)은 지금까지 가격이 상승해 왔으며 단기적으로 추가 상승하리라 기대되는 종목들(하지만 슬프게도 필연적으로 조만간에 하락할)을 추천하고 또 매수하기 때문에, 최근에 실적이 좋고 주가흐름이 좋은 종목들은 종종 단기적으로 과대평가되고, 최근에 실적이 나쁘고 주가흐름이 나쁜 종목들은 단기적으로 종종 과소평가된다.
이것이 단기편향성의 원인이자 정체인 것이다.

덧붙여, 한 술 더 떠서 단편적이고 단기적인 정보에 주로 의존하여 추천하고 매수하는 것뿐 아니라, 심지어 갑작스럽게 발생한 사건들에 대해 과민반응을 보임으로써, 실제 주식의 가치 하락 위험보다 훨씬 큰 폭으로 주가를 급락시키기도 한다. 기업가치에 영향이 없거나 영향이 미미하지만 갑작스런 사건에 대해서 아마추어 개인투자자들과 아마추어 기관투자자들은 모두 과잉반응을 하기도 하는 것이다.
위와 같이 최근의 실적이 되었건, 최근의 주가가 되었건, 최근의 갑작스런 사건이 되었건, 대부분의 투자자들이 단기편향성을 보이며, 단기편향성은 미스터마켓을 더욱 감정적으로(기쁠 때는 더욱 쾌활하게, 슬플 때는 더욱 우울하게) 만드는 것이다.

미스터 마켓과 단기편향성에 이어서, 예외적 현상으로 1부 1장에서 살짝 다룬 블랙스완을 롱테일 현상으로 다시 설명하고, 이러한 모든 시장변동성을 역이용할 수 있는 역발상 계량가치투자의 방법론과 효용에 대해서 정리하고자 한다.

앞서 설명했지만, 블랙스완이란 일반적으로 기대하는 영역의 바깥에 존재하면서 큰 충격을 일으키고, 일어나고 난 후에야 설명이 가능한 것을 말한다. 또한 좀 더 깊이 들어가면, 가치투자 관점에서는 이미 고평가되어 있던 주식시장이 언젠가 급락하는 것은 사실상 예견된('언제, 무엇을 계기로' 하락한다 뿐이지) 일이기 때문에 블랙스완이 아니며, 고평가되어 있지도 않은 시장이 갑작스럽게 다른 이유 때문에 급락하는 경우만이 진정한 블랙스완이라고 말했다.

가치투자 체계가 없는 다른 경영경제전문가들, 특히 기술적 지표에 기반한 일부 퀀트전문가나 주식시장을 랜덤워크로 보는 순수 경제경영학자 등의 경우에는 주식시장이 고평가되었다가 갑자기 하락할 때에도 당황할 것이다. (하지만 실제로는 고평가되었다면 언젠가 하락할 것이 당연하고, 미리 상당부분을 매도했어야 하며, 갑작스런 하락은 당황스러운 일이 아니다. 도대체 어떤 하락이 스스로를 예고하고 오겠는가.)

한편, 고평가 상황이 아님에도 전혀 상관없는 사건으로 인해 주가가 급락하는 진정한 블랙스완이든, 언제든지 주가가 급락해도 전혀 이상하지 않은 고평가 상황에서 어느 찰나에 갑작스런 사건으로 주가가 급락하는 보다 넓은 범위의 블랙스완이든 (좁게 보면 아니지만) 가치투자자의 대응은 똑같다. 바로 역발상 투자이다.

사실 블랙스완은 정규분포에서 예외적으로 발생하는 꼬리 현상으로, 주식투자에서 문제는 꼬리가 생각보다 길거나 두껍다는 것이다. 아주 예외적인 현상이라고 치부하기에는 생각보다 자주 발생하며, 그 정도가 매우 크기 때문에, 이를 롱테일 혹은 팻테일 현상이라고 부른다.

그러므로 여기서는 블랙스완의 좁고 넓은 범위를 구분하지 않고 광의적인 블랙스완 전체를 두껍고 긴 꼬리 개념으로 부르면서, 세 가지 정도를 이야기해보고자 한다.

대체로 주식시장은 4년 정도를 중심으로 짧으면 3년, 길면 5년 정도에 걸쳐서 순환하는(4년 안에 저점과 고점을 겪는 형태) 경향이 있다. 이는 전적으로 짧은 경기등락의 형태와 닮아 있으며, 대략 한 사이클의 저점은 이전 사이클보다 높고 한 사이클의 고점은 이전 사이클보다 높다.

그러므로 대체로 4년보다 훨씬 짧은 기간에 걸쳐(이를테면 몇 개월 혹은 1년 정도의 단기) 투자를 할 경우 매수타이밍에 따라서 수익을 내기가 매우 어려울 수 있다. 또한, 주식시장의 짧은 4년 정도 사이클 내에서 무수한 작은 등락이 있기 때문에 타이밍 매매는 성공할 확률이 극히 낮다. 반면에 가치평가능력이 뛰어난 투자자의 경우 주식시장이 매우 저평가되었을 때 저평가된 우량주들을 매수한다면(자연스럽게 경기와 주식시장이 낮은 구간에 있을 때 매수했기에) 대개 2년 내외로 기대수익률을 올릴 수 있다.

그러나 꼭 그런 것은 아니다. 4년 정도에 걸쳐서 상승해야 할(우리나라의 상장사 전체의 장기수익성을 감안하면 약 40~50% 정도) 만큼 사이클 별로 상승을 하게 되면 유사하게 순환하겠지만, 대중들의 욕심이란 것이 생각보다 대단한 것이어서 때로는 두 번 정도의 사이클에서 상승해야 적당한 수준의 수익률까지 포함해서 시장이 한 번에 지나치게 급등하기도 한다. 그 대가는 더욱 큰 급락과 고점 회복까지 두 배의 시간이 걸리는 것이다.

(오래된 얘기지만, 미국의 10년 대공황도 직전의 주식시장 고점이 너무 지나치게 높고, 경기호황 역시 지나치게 흥청망청할 정도로 화려했기 때문이고, 일본의 1980년대 말의 주식시장과 경기 고점도 너무나 화려하고 지나쳤기 때문에, 이후 장기간의 주가하락을 불러일으켰던 것이다.)

첫째로, 두껍고 긴 꼬리 현상은 투자를 하다보면 만날 수밖에 없는 현상이다.

대체로 3~5년 주기의 주식시장, 혹은 한 주기에 너무 상승해버리면 회복이 두 배 이상이 걸리기도 하는 주식시장에서 두껍고 긴 꼬리 현상은(순수 갑작스런 사건이든, 고평가 후 급락이든) 이따금씩 일어나는 현상이다. 즉, 주식투자를 하다가 보면 피할 수 없는 현상인 것이다.

투자지평이(기대수익률을 회수하는 기간) 몇 개월 혹은 일 년 정도로 짧은 투자자의(사실 투기자에 가깝다.) 경우 두껍고 긴 꼬리를 만나면 회복이 불가능하다.

투자지평이 주식시장의 한 사이클 정도인 투자자는 두껍고 긴 꼬리를 만나도(오히려 역이용하건, 그대로 당하건 무관하게) 인내심만 발휘하면 최종적으로 손실을 입을 확률은 상당히 낮다. 투자지평이 주식시장의 두 사이클 이상인 투자자는 두껍고 긴 꼬리를 만나도 손실을 입을 확률이 거의 미미하여 없다고까지 표현할 수 있다.

즉, 주식투자의 지평이 길수록 두껍고 긴 꼬리를 만날 확률도 높아지지만, 두껍고 긴 꼬리로부터 시장이 회복될 때까지의 기간을 포함할 정도로 주식투자의 지평이 길다면(대략 4년, 보다 확실하게는 8년 이상) 두껍고 긴 꼬리를 겪으면서도 주식투자를 통해 올리고자 하는 충분한 기대수익률을 올리게 될 것이다.

물론, 애초에 좋은 기업들을 선정하고 적정한 가치평가를 할 수 있는 가치투자자들은 두껍고 긴 꼬리에서 (자신의 기존 수익률에) 추가적인 수익률을 올릴 수 있기 때문에, 시장변동성을 두려워하기보다는 환영하는 편이다. 가치투자 고수에 가까워질수록 주식시장이 변동 없이 100에서 150으로 50% 상승하는 것보다, 100에서 130으로, 130에서 70으로, 다시 70에서 150으로 크게 출렁이면서 최종적으로 50% 상승하는 편을 좋아한다. 비싼 주식을 팔고 싼 주식을 사면서 수익을 낼 수 있는 기회가 훨씬 많기 때문이다.

둘째로, 두껍고 긴 꼬리 현상은 모든 주식자산의 변동성을 한꺼번에 확대하는 경향이 있다.

평상시의 주식시장에서는 업종간의 이익률 순환에 따라서 주가 역시 특정 업종들이 상승하는 동안에 다른 업종들이 보합세 혹은 하락세를 겪기도 하고, 다시 보합세나 하락세를 겪었던 업종들이 주가와 실적을 회복하기도 하는 모습을 보인다.

즉, 섹터별로 차별적인 주가등락을 보이는 것이다. 그러나 두껍고 긴 꼬리 현상(블랙스완)이 닥쳤을 때는, 주식시장 내의 섹터를 불문하고 한꺼번에 주가가 하락하는 경향이 있다.

또한 금융시장의 글로벌화가 상당 수준 진전함에 따라, 금융시장의 가격 상승추세와 하락추세가 국경을 넘어서서 지역별, 특성별로 여러 국가 간에 동조화하는 경향도 보이고 있다. (함께 오르고 함께 내리는 경향이 생긴 것이다.) 그렇기 때문에 글로벌 차원에서 발생한 두껍고 긴 꼬리의 경우 한두 국가가 아니라 다수 국가의 금융시장, 심지어는 세계 전체의 금융시장을 출렁이게 하기도 한다.

즉, 두껍고 긴 꼬리가 업종을 넘어서 한 국가의 주식시장 전체, 때로는 여러 국가 이상에 걸친 글로벌 주식시장 전체에 동시에 큰 영향을 미치므로, 주식자산 내에서 분산투자를 하는 것만으로는 두껍고 긴 꼬리에 미리 대비하기 어렵다.

이는 필연적으로 두껍고 긴 꼬리를 만나기 전에 주식자산을 제외한 일부 다른 투자상품으로 미리 대비하거나, 혹은 두껍고 긴 꼬리가 발생한 이후 주식자산만으로 구성된 포트폴리오에서 차별적으로 주가하락을 겪은(베타 등의 차이) 종목들의 비중을 효과적으로 조절함으로써 대응할 수밖에 없음을 의미한다.

셋째로, 두껍고 긴 꼬리로 인한 불균형 상태는 결국 균형상태로 회복한다. 비이성적이고 극단적인 형태의 두껍고 긴 꼬리 현상은 주식가격을 급락시키지만, 시간이 지나면서 금융시장이 이성을 회복함과 동시에 균형상태로 회복할 것이다.

다만, 두껍고 긴 꼬리로 인한 주식시장 폭락 현상이 어느 정도의 기간 이후에 손실을 회복하고 다시 상승하게 될지는 꼬리(블랙스완)의 성격에 따라 다르다.

주식시장이 고평가되어 있지도 않고 심지어는 저평가되어 있을 때 두껍고 긴 꼬리 현상이 닥쳐서, 주식시장이 추가로 크게 급락할 경우, 주식시장은 상당히 빨리 이성적으로 돌아오고 종합주가지수를 회복하는 경향이 있다. (대체로 그렇다.)

이런 엄격한 의미에서 진정한 우발적 블랙스완의(9.11 사태, 북한의 미사일 발사 등) 경우에는, 가치투자자들이 바로 대응만 잘 하면(저평가된 우량주들 중에서도 상대적으로 많이 급락한 종목들을 추가매수, 상대적으로 덜 급락한 종목들이나 주식 외의 자산을 부분매도) 초과수익률을 쉽게 올릴 수 있게 된다.

최선의 대응책은 위와 같지만, 차선의 대응책은 아무 것도 하지 않는 것이다. 아주 초보투자자일 경우 주식시장이 고평가 상황이 아님에도 매우 동떨어진 사건이 계기기 되어 주식시장이 크게 하락했을 때는(두껍고 긴 꼬리 현상), 아무 것도 하지 않고 그저 가만히 있는 것이 차선책이다. 가장 어리석은 행동은, 주식시장이 급락한 이후에 매도하는 것이다. 주식시장이 급락했으니까 매도하거나 주식시장이 급등했으니까 매수하는 사람은 절대로 투자자가 아니며, 투기자 중에서도 가장 어리석고 모자란 등급의 사람이다.

(사람은 발전하면 된다. 주가가 내려간 후 파는 것과 주가가 올라간 후 사는 것이 가장 주식시장에서 어리석은 이들의 행동이라는 것을 알고, 당장 가치투자를 공부할 것을 권한다.)

하지만 주식시장이 고평가되어 안 그래도 불균형 상태에(이 때는 높은 주가가 불균형 상태) 있는 경우에는, 두껍고 긴 꼬리 현상이 '울고 싶은데 매를 때려준' 경우이기 때문에, 주가회복이 생각보다 빠르지 않다. 이는 정상적으로 주가가 하락하고 싶던 차에, 크게 하락할 핑계를 만난 셈이기 때문이다.

상승폭에 비해서 하락이 과도할 경우에는 보다 빠르게 회복하며, 과도한 상승폭에 비해서 하락이 적을 경우에는 절대로 단기간에 회복하기가 어렵다.

한국 상장사들의 장기가치성장률은 10% 전후였으며, 그런 장기 추세를 감안하면(장기가치상승률이 1~1.5% 정도 하락한다 할지라도) 대략 4년 동안에 40~50% 정도의 종합주가지수 상승이 적정한 것이다. 이것은 이전 주식사이클의 고점보다 이번 사이클의 고점이 40~50% 정도 높은 것이 적당하며, 이전 주식사이클의 저점보다 이번 사이클의 저점이 40~50% 정도 높은 것이 적당하다는 뜻이다.

이전 고점보다 훨씬 높은(이를테면 100%) 고점을 형성한 후 두껍고 긴 꼬리가 발생할수록, 주식시장의 급락 정도와 하락기간은 크고 길 수 있다.

반대로 두껍고 긴 꼬리 현상으로 인해, 심지어는 이전 주식사이클의 저점보다 실질적으로 훨씬 낮은(40~50% 높아야 적당함에도, 이전 저점 이하로 하락) 저점까지 하락할수록, 주식시장의 회복시기는 빨리 올 수 있다.

(두껍고 긴 꼬리 현상, 블랙스완은 모두 우발적인 대형 변동성을 이야기하지만, 위 설명과 같이 우발적 대형 변동성보다 강력한 진리를 말하자면, 매우 큰 불균형 상태에서는 균형상태로 움직이려는 힘이 작용한다는 것이다.)

이제 지금까지 설명한 미스터마켓(단기편향성 포함), 두껍고 긴 꼬리 현상(블랙스완) 등 시장변동성을 역이용할 수 있는 역발상 계량가치투자의 방법론과 효용에 대해서 정리하고자 한다.

일단 역발상 투자의 기본적인 전략은, 중대한 변곡점에서 대중들의 전망과 반대로 투자하는 것이다. 역발상 투자의 투자원칙은 향후 기업의 실적이 급감하거나 심지어는 근본적으로 내재가치가 감소할 기업에 투자하는 것과는 아주 거리가 멀다. 오히려 정 반대라고 하겠다. 향후 기업의 실적이 감소하거나 기업가치가 감소할 기업에 투자하는 것은 아마추어 투자자들이다.

왜 그럴까.

아이러니컬하지만 대부분의 실적과 주가 변곡점에서 대중들의(아마추어 개인, 기관투자자들 모두) 전망은 거의 틀린다. 하락하는 실적이나 주가의 경우 그 정도가 심해질수록 그 추세의 길이는 길어질 것이라고(실제로 그렇지 않다.) 생각하며, 상승하는 실적이나 주가의 경우 그 정도가 클수록 상승의 정도가 더해질 것이라고(실제로 그렇지 않다.) 생각한다.

하지만 실제로는 아마추어 투자자들이 가장 좋게 전망하는(그래서 열심히 매수하는) 업종이나 기업은 슬슬 업황의 꼭지가 다가오는(주가가 천장에서 먼저 하락한 후 업황 꼭지가 이어진다.) 중인 경우가 많다. 또한, 아마추어 투자자들이 가장 나쁘게 전망하는(그래서 열심히 매도하는) 업종이나 기업은 슬슬 업황의 바닥이 다가오는(주가가 바닥에서 솟아오른 후 업황 바닥이 이어진다.) 경향이 있다.

그래서 심지어 역발상적이고 계량적인 가치투자에 매우 능했던 존 템플턴은 '바람직한 질문은, 가장 전망이 좋지 않은 주식이 무엇이냐고 묻는 것이다.'고 말하기도 했다. 전망이 가장 좋지 않은 곳들 중에서(비이성적 군중심리와 집단행동) 실제 합리적인 실적추정이 전망에 비해 좋은 곳을 찾는 것이, 역발상 투자의 기본 태도인 것이다. 그래서 역발상 투자의 기본 중의 기본은 군중에 휩쓸리지 않는 것이다.

이 글을 읽는 투자자들은 모두가 미래의 현명한 가치투자자들이다. 결코 부족해서 과거에 부화뇌동 투자손실을 본 것이 아니다. 스스로를 자책할 필요는 없다. 문제는 대중적인 투자자들, 군중들의 심리와 견해를 함께 공유하려는 유혹과 심리이다.

투자를 하면서 결코 남의 의견에서 동조와 위안을 삼으려고 하지 말라. 투자는 혼자 정확히 판단할 때 가장 많은 성과를 낼 수 있는 고독하고 정직한(분석과 판단, 냉정과 인내를 발휘하는 만큼 정직하게 수익으로 돌려주는) 페어플레이 경기이다. 분석과 판단, 냉정과 인내라는 대가 없이 그저 수익을 내고자(남의 말, 은밀한 자료, 뉴스 몇 개 등을 겨우 참조하는, 턱없이 적은 노력으로) 하는 불로소득을 노리는 어리석은 투자자들이 낸 손실은, 모두 가치투자체계를 익히고 정석대로 꾸준히 투자하는 사람들에게로 돌아간다.

주식투자를 전혀 모르고 주식은 위험하다고 입버릇처럼 말하는 보수적인 사람들은, 자전거와 수영을 배우지 못하고 자전거와 물을(둘 다 원리만 훈련하면 할 수 있다. 주식도 마찬가지다.) 무서워하는 사람들과 같다.

노력한 사람, 지식을 쌓은 사람이 돈을 버는 것은 업종 불문, 연령 불문, 자본금의 크기 불문의 진리이다. 자본금이 적어서, 가방끈이 짧아서 등은 주식투자 실패의 이유가 전혀 되지 않는다. 주식투자에 있어서 말도 안 되는 핑계를 대서는 곤란하다. 주식을 진지하게 생각하고, 재무손익과 사업내용, 내재가치 등 필요한 지식을 쌓으면 누구나 어느 정도 투자에 성공할 수 있지만, 그 과정이 귀찮고 진득하게 책을 읽고 생각을 정리하는 것이 싫었기 때문에 당연히 실패한 것이다.

대부분의 아마추어 투자자들이 투자체계를 철저히 익히지 않고, 대개 정보매매를 한다. 기업의 가치를 끌어올리는 요소가 무엇인지 알지 못하기 때문에 새로운 투자정보를 듣고 참고하는 것으로 어떤 기업이 좋아지고 나빠질지를 판단하는 것이다. (누구나 듣는 바로 그 하찮은 정보를 가지고 말이다.)

여러 가지 우발적인 사건과 단기적 정보에(뉴스나 공시 등) 과민 반응하는 대중들은 주식시장의 희생물이며, 이러한 과민반응(급등이나 급락)을 따라서 투자하면 당연히 실패하고, 역으로 투자하면 성공한다. 좋은 뉴스에 크게 상승한 주식을 따라서 매수하거나 나쁜 뉴스에 크게 하락한 주식을 단순히 놀라서(이미 하락했는데) 매도하는 행위는 패배자의 투자의사결정이다. 그런 어리석은 결정을 하지 않기 위해서는, 보수적이고 계량적인 수치에 근거하여 역발상 가치투자를 해야 한다.

한편, 일시적인 주가하락을 겪는 종목들에 대해서 역발상 가치투자자들이 하는 일은, 내재가치에 비해 저평가된 주식을 찾는 것이다. 내재가치에 비해 저평가된 주식을 구분할 수 있는 투자자의 경우 주가변동성은 친구이자 초과수익의 기회이며, 대중 투자자들이 선호하여 주가가 상승하는 종목을 따라서 매수하는 투기자라면 주가변동성은 적이자 손실의 위험이다.

여기서 기업가치에 비해 저평가된 주식이란, 유지가능한 실적에 비해 저평가된 주가를 말한다. 그러므로 일시적으로 실적이 하락한 종목들 중에서 유지가능한 실적을 판단하기 위한 지표들을 검토해야 하고, 저평가 여부를 알기 위한 지표를 검토해야 하는데, 이러한 판단의 형태는 '어떨 것 같다', '어떨 수 있다'는 애매한 식이 아니라, 수치화 즉 계량화해야 하는 것이다.

계량적인 지표들을 확인하고 활용하는 가치투자자의 강점

은 명확하다. 대중들이 매우 좋을 것 같다고 애매하게 생각하는 기업의 실적이 몇 퍼센트 정도 좋아질지 추정하고, 추정치에 비해 주가가 과도하게 상승했는지 판단할 수 있다. 반면, 대중들이 최악으로 생각하거나 소외시키는(무관심한) 업종에 속한 기업의 실적이 어느 정도나 하락할지 또한 과거 평균을 보면 어느 정도의 기간 내에 실적이 상승반전할 수 있는지 등을 추정하고, 추정치에 비해 주가가 과도하게 하락했는지 판단할 수 있는 것이다.

합리적인 사실 추정(시나리오)과 계량적 수치로 무장하면, 막연히 좋을 것 같아서 거품이 잔뜩 낀 종목에 매달리고 있거나, 막연히 망할 것 같아서 안 그래도 저평가된 종목을 투매(대량 매도)하고 있는 군중들보다, 높은 수익을 낼 수 있는 훨씬 유리한 위치에 있는 것이다.

계량적인 수치 확인은 두 가지로 볼 수 있다. 개별 주식이 얼마나 싸고 비싼지 확인하는 여러 가지 가치지표(애초에 싼 종목들을 걸러낼 수도 있다.), 개별 주식이 얼마나 재무손익적으로 탄탄하고 전망이 좋은지 확인하는 여러 가지 재무손익비율(애초에 일정 기준 이상의 종목들을 걸러낼 수도 있다.) 등이다.

관심업종들이나 관심기업들의 리스트를 항상 미리 보유하고 있는 경우, 보유 리스트 종목들 중 주가가 상당히 하락한 종목들이 발생하면(혹은 시장 전체의 충격으로 전 리스트가 하락하면) 보유 종목들의 재무손익 지표와 가치지표를 확인해서, 좋은 품질과 싼 주가의 조건을 동시에 충족하는 종목들에 투자할 수 있다.

혹은 시장 전체나 일부 업종의 주가가 크게 하락했을 때, 하락한 섹터(업종 혹은 시장 전체)에서 재무손익 지표와 가치지표 모두 일정한 기준을 두고 스크리닝해서, 좋은 품질과 싼 주가의 조건을 동시에 충족하는 종목들에 투자할 수 있다.

중요하고 다양한 재무손익 지표는 1부 3장 '2. 가치투자의 기본개념과 체계'와 3부 1장 '2. 기업활동의 품질지표, 주식 펀더멘털'에서, 가치지표들은 3부 3장에서 주로 정리했다.

한편, 역발상 계량가치투자자들이 가장 드라마틱한 수익률을 올릴 수 있는 구간은 경기변동형 혹은 성장형 기업의 일시적 실적 하락기이다. 업황이 순환함에 따라서(혹은 성장성이 일시 둔화됨에 따라서) 특정 기업의 수익이 자연적으로 감소하거나 일부 적자가 발생하고, 특히 직전 몇 년 동안 실적의 지속상승 기대감이 적지 않았기 때문에 최근의 수익감소에 대해 주가가 과도하게 하락한 경우, 역발상 계량가치투자자들은 실적 회복 잠재력을 철저히 검토한 후 투자에 성공하는 것이다.

실적이 악화된 기업의 반전 가능성은 크게 두 가지로 검토한다.

첫째, 지금까지의 장기 기업 히스토리를 숫자로 파악한다. 즉, 기본적인 재무손익비율(계량지표)이 과거 중장기간 동안 어떻게 변해왔는지 파악함으로써, 기업의 재무손익적 지속성을 검토한다. 여기서 탈락한 기업은 고민할 것 없이 투자제외 종목이다. 최소한 8년 정도 이상, 즉 두 번의 짧은 경기등락은 이겨내면서 조금씩이라도 성장해온 기업이 아니라면, 실적회복력이 평균 이상인 기업이라고 보기 어렵다.

둘째, 향후 기업의 실적 스토리를 숫자로 추정한다. 재무손익 추정을 가장 고급 수준으로 정교하게 하려면, 영업사이클을 고려하여 영업손익을 조정하고 유지가능한 이익 항목을 중심으로 영업외손익을 조정해서, 근본적인 당기순이익을 산출해야 한다. 하지만 이와 같은 고급실적조정기법은 기업활동의 프로세스와 수요시장과 원재료 시장의 등락현상을 선행적으로 설명해야 하는 복잡한 내용으로, 평가원의 정규교육으로 설명을 돌린다.

다만, 약식이지만 중요한 몇 가지 항목들에 대해 통찰력을 발휘하는 것만으로, 대략 중장기에 걸친 향후 기업의 실적 방향을 추정할 수 있다. (실적의 상승하락 방향, 그리고 어느 정도 수준으로 상승하락할지)

매출액, 비용, 현금흐름이라는 세 가지 항목을 검토함으로써 향후 개략적인 실적방향과 정도를 알 수 있다.

우선 매출액은 판매수량과 판매단가를 곱한 결과이기 때문에, 향후 3~5년간(몇 개월이 아니다. 그런 것은 추정할 가치가 크지 않다.) 판매수량이 과거의 증가율 대비 어느 정도 속도로 늘어날지, 판매단가는 과거 몇 년치와 같은 추세로 올릴 수 있을지 등을 합리적으로 추정해보는 것이다. 이런 추정을 위해서 간단하게라도 수요시장이 근본적으로 꾸준히 증가하고 있는지, 해당 수요시장으로 새로운 경쟁사가 더욱 추가될(진입할) 우려는 얼마나 큰지 등을 고민해보면 큰 도움이 될 것이다.

또한 비용이 과거 몇 년간 상승했던 수준과 비교해서 향후 어떤 수준의 증가율을 보일지 추정해야 한다. 영업관련 비용은 크게 매출원가와 판관비로 나눌 수 있는데, 일반적으로 매출원가의 매우 큰 부분을 차지하는 원재료비의 추세가 상승(이나 하락) 중이라면, 과거 장기적인 추세를 보아 어느 정도 기간을 전후로 상승(이나 하락) 추세가 꺾일지 추정해야 한다.

아울러, 기타 원재료비를 근본적으로 낮추거나 높일 정도로 외부 펀더멘털이 크게 변할 여지는 없는지 고민해보아야 한다. 예를 들면, 원재료 공급사의 수가 증가하여 공급량이 구조적으로 증가하면 원재료비가 내려가서 좋고, 원재료 공급사는 제한되거나 줄어들었는데 원재료의 활용처가 보다 넓어졌다면 원재료비가 올라가서 좋지 않다.

매출액과 비용의 향후 합리적인 방향(상승, 하락)과 그 정도를 추정하는 것으로는 약간 부족하며, 현금흐름 역시 확인할 필요가 있다. 여기서 현금흐름은 주로 영업활동 현금흐름을(이하 '영업현금흐름') 말하며, 당기순이익과 영업현금흐름을 비교하는 것이다. 발생주의(외상매출도 수입이라는 원칙)에 따라 계산된 당기순이익은 꾸준히 발생하면서도 실제로 현금흐름이 매우 적거나 적자인 기업은 실제로 위험한 기업이다. 매출액 대비 재고자산이나 매출액 대비 매출채권이 갑자기 증가하여 당기순이익 대비 영업현금흐름이 악화된 기업의 경우, 투자를 하기에 앞서서 향후 영업현금흐름이 회복될 것을 우선 검토해야 한다.

이상과 같이 향후의 매출액, 비용, 현금흐름 등을 검토 및 추정한다면, 과거 기업의 중장기적인 재무손익비율 추이 분석과 더불어서 향후 기업의 재무손익 방향을 합리적으로 추정할 수 있다.

한편, 기업의 과거 중장기적인 재무손익 추이나 향후 매출, 비용, 현금흐름 추정 등 실적에 대한 계량적 검토나, 기업이 얼마나 저평가되었는지 가치지표를 통한 계량적 검토 외에도, 기업의 가치에 영향을 미치는 각종 정보를 숫자로 이해할 필요가 있다.

예를 들면, 어떤 기업의 한 사업부문, 한 제품, 심지어는 한 제품의 수출시장 중 일부 국가 등에 문제가 생겼다는 뉴스가 나오면, 해당 기업의 주가가 급락하는 경우가 종종 있다. 그럴 경우 대중적 투자자들처럼 막연하게 실적이 나빠질 것 같다는 상상 속에서 투매를 해서는 곤란하다.

해당 사업부문이나 제품이 전체 이익에 기여하는 비율(매출액 비중 등), 심지어는 특정 제품의 수출국 중 한 국가에 비상사태가 발생한 경우에는 전체 매출액 대비 해당 국가에 대한 수출액 비중을 계산해야 할 것이다. 그 결과 전체 매출과 이익의 20%를 책임지는 제품의 내수와 수출비중이 50 대 50인데, 수출금액 전체를 기준으로 20% 물량을 수입하는 국가에 장기적인 비상사태가 생겨 수출이 원활하지 않을 것 같다면, 대략 이익이 2% 정도 줄어들 것으로 예상할 수 있다.(20% 비중 제품의 수출비중이 반이면 10%, 수출국 중 비중이 20%이면 10%의 20%인 2%이다.) 이때 주가가 20~30% 가량 하락했다면 너무 과도하게 하락한 것이며, 냉정한 계산은 어렵고 두려움은 커진 아마추어 투자자들이 주가를 일시적으로 급락시킨 것이다.

이는 유상증자 등이 일어날 때에도 마찬가지이다. 전체 발행주식수와 비교해서 4% 정도 주식수에 해당하는 제3자 배정 유상증자가 일어났다고 하면, 기존의 주주들은 대략 그 정도로 지분율이 희석된다고 생각하면 된다. 그러므로 주가가 4% 정도로 하락하는 것이 정상인 것이다. 또한 유상증자라는 것이 공짜로 주식을 받는 것이 아니라 자본을 납입하면서 주식을 받는 것이므로, 납입한 자본만큼의 현금이 향후 각종 자산에 투자되고 시간을 두고 그만큼 수익이 확대될 것을 감안하면, 기존 주주의 보유주식 가치감소분은 4%보다 훨씬 작다. 그런 상황에서 주가가 며칠에 걸쳐서 20% 이상 급락했다면, 가치하락분보다 주가하락이 지나친 것으로 볼 수 있다.

(물론 유상증자 없이 이익으로 재투자하는 것이 상책이고, 주주배정 유상증자가 중책이고, 삼자배정은 '대주주의 의도부터 별로 좋지 못한', 기존 주주에게는 대체로 불리한 하책인 것은 사실이다. 여기서는 과잉반응을 이용하는 계량적인 방법론에 포커스를 맞추고 있다.)

역발상 계량가치투자에서 성공할 확실성을 가장 높이는 마지막 방법으로, 단기편향적이고 과잉반응을 보이는 아마추어 투자자들이 군중심리에 의해 집단적인 과매도를 할 때, 크게 주가가 하락한 기업들의 향후 실적의 합리적인 추정치를 검토하고, 계량적인 가치지표에 의해 얼마나 저평가되었는지 판단하는 것 외에 한 가지를 더 설명하고자 한다.

그것은 역발상 투자가 단순히 대중적인 투자자들을 외면하는 것이 아니라, 대중의 생각이 어떠한지 이해하고 나서 그것을 역이용하기 위한 자신의 의견을 세워야 한다는 것이다.

역발상 투자가 대중적인 투자자들과 결과론적으로 다른 판단을 하는 것은 맞지만, 청개구리처럼 단순히 반대를 함으로써 성공하는 구조는 아니다. 만약 그렇게 단순하다면, 모든 대중 투자자들 한 명 한 명이 다른 대중투자자들과 그저 반대로 행함으로써 부를 얻게 될 것인데, 이는 논리적으로 모순이다. 왜냐하면 모두가 왼쪽으로 가기 때문에 나는 그저 오른쪽으로 가는 것만으로 돈을 번다면, 대중적 투자자들은 한꺼번에 모두 오른쪽으로 옮겨가게 될 것이다. (씁쓸한 진리를 알려주자면, 한국의 500만 개인투자자 전부와 모든 기관투자자, 한국 주식시장에 참여하는 모든 외국인 투자자들이 동시에 큰 수익률을 낼 수는 없다는 것이다. 이것이 바로 대한민국 주식투자 성공시리즈의 독자들이 한층 유리한 이유이다.)

역발상 투자가는 항상 전체가 아니라 일부에 해당하며, 일부가 큰 수익을 낸다. 예를 들어 군중이 왼쪽의 절벽 쪽으로 움직이는 이유는 그쪽으로 가야 할 것 같은 눈속임과 충동에 모두

가 속고 있기 때문이다. 눈속임과 충동에 속고 있는데 어떻게 오른쪽으로 갈 수 있겠는가. '누구나' 역발상투자를 할 수 있을 것 같겠지만, 대중적 투자자들과 함께 휩쓸리지 않기 위한 각종 계량적 도구, 가치투자 도구를 이해하고 또 투자를 할 때마다 이론을 실전에서 훈련하는 이 책의 독자들만이 역발상 투자에 성공할 수 있을 뿐이다.

단순히 청개구리처럼 반항하는 것이(유치원생도 그 정도는 할 수 있다.) 역발상투자자는 아니다.

대중적 투자자들이 어떤 생각을 가지고 있고, 그것은 어떤 주식시장의 눈속임(우발성, 일시적 실적하락, 기타 등등)으로 인한 것인지를 이해한 후, 주식시장의 눈속임에 속지 않고 실체(기업의 본질적 실적 추이와 현재 주가의 저평가 정도)를 분석함으로써 자신만의 독자적인 의견을 세워야 할 것이다.

자신만의 독립된 의견을 세우고 그것을 따르는 것을 훈련하다 보면, 때로는 자신의 의견이 대중들과 일치하기도 하고 정반대이기도 하고, 전혀 새로운 다른 방향의 결론이 나오기도 하는 것을 알게 될 것이다. 독자가 스스로 합리적으로 세운 답안이 바로 가장 최적의 답안이며, 다른 많은 사람들이 어떻게 생각하는지를 커닝해서 그것을 따라하는 것으로는 결코 돈을 벌 수 없음을 알아야 한다. (커닝해서 무조건 아무 생각없이 정반대로 하는 것으로도 지속적으로 투자에 성공할 수 없다. 역발상투자는 단순한 반대 개념이 아니다.)

3. 자산배분, 주식의 펀더멘털과 평균회귀의 법칙

투자자들은 시시각각 변하는 환경을 넘어서서 지속적으로 성공하는 포트폴리오를 구축해야 한다. 한 개 종목에 전 재산을 집중함으로써 비체계적 리스크가 극대화된 형태라든지, 인덱스펀드에 투자함으로써 기대수익률이 주식시장 전체의 수익률로 하락하는 형태가 아니라, 최고의 장기적인 투자수익률을 달성하기 위해 투자에 유망한 자산군들을 효과적으로 운용하는 형태가 바람직하다. 투자에 유망한 자산군 중 극히 일부가 전체 수익률을 좌우하지도 않고, 너무 분산된 포트폴리오에 가려서 뛰어난 수익률을 달성한 자산군이 무시되지도 않는, 균형 잡힌 포트폴리오가 필요한 것이다.

중장기적인 관점에서(4년 이상), 그리고 또한 초장기적인(수십 년 이상) 관점에서 모두 누적수익률이 가장 탁월한 자산은 주식이다. 기업은 지구상에 존재하는 모든 조직들 중에서 가장 수익 창출에 특화한 조직이며(애초에 우수한 자본수익률에 목을 매는 자본이 없었으면 기업이 존재할 수 있겠는가.) 외부환경이 어려우면 어려운 대로 변하면 변하는 대로 가장 빨리 적응하는(정부, 공공기관, 비영리조직에 비해서) 조직이기 때문이다.

또한, 그러한 기업에 투자하는 수단 중에서 채권투자자들이 감수하는 위험은 주식투자자들이 감수하는 위험보다(채권투자자보다 기업청산시 후순위) 작기 때문에, 결국 채권수익률보다 주식수익률이 장기적으로 앞설 수밖에 없다.

그러므로 주식자산을 주축으로 해서 중장기적인 포트폴리오를 구축하는 것이 가장 안전한(투자기간이 길어질수록 가격변동성보다 가치상승률이 중요해진다.) 포트폴리오 구성법이며, 다른 자산들로 일부 자본을 배분하여 주식의 가격변동성 등을 보완해야 한다.

예를 들어, 중심 자산에 해당하는 주식을 제외한 자산군들 각각의 비중은 전체 포트폴리오에서 일정 수준 이하로(예를 들어 20% 이하) 유지하는 것이 적당하다. 반대로 전체 포트폴리오에서 한 자리 수 정도의 비중을(예를 들면 5%) 차지하는 개별 자산은 전체 포트폴리오의 수익률을 끌어올리기에는 역부족이다.

한편, 투자대상이 되는 자산군은 매우 다양하지만, 크게 국내주식, 국내 채권, 선진국 주식과 이머징 국가의 주식, 국내 현금과 외국 통화 등으로 볼 수 있다. (물론, 국내 주식 안에서도 다양한 특성을 가진 산업 업종, 성장률과 시가총액의 수준이 다른 종목들 등으로 구분할 수 있다.)

다양한 투자대상 자산군들을 포트폴리오에 포함하는 기준, 혹은 포트폴리오에 포함하는 이유(근거)가 되는 것은 자산군별 정량적인 기대수익률과 위험의 정도, 그리고 자산군별 가격변동의 상관관계와 가격변동의 정도 등으로 볼 수 있다. 기본적으로 정량적인 기대수익률이 위험에 비해서 크기 때문에 높은 복리수익률을 제공해야만 좋은(개별적, 그 자체로) 투자자산이라고 할 수 있으며, 동시에 단기적으로 포트폴리오에 포함하고 있는 자산들이 서로 상관관계가 적거나 역의 방향으로 가격변동이 이루어져야 분산이 잘 되었다고 말할 수 있다.

단기적으로 자산들의 가격변동이 서로 상관관계가 적거나 역의 방향으로 이루어져야만, 포트폴리오 전체 차원에서 유사한 기대수익률을 유지하면서도 가격변동성으로 인한 거래손실에 최소한으로 노출되거나, 포트폴리오 전체 차원에서 유사한 가격변동성을 유지하면서도 기대수익률을 극대화할 수 있기 때문이다.

이는 얼핏 복잡할 것 같지만, 전혀 그렇지 않다. 장기적으로 가장 만족스러운 기대수익률을 가져다주면서도 위험도가 상대적으로 낮은 자산군, 예를 들면 다양한 가치계량 스타일의 국내주식자산을 포트폴리오의 중심 자산으로 선택했다면, 해당 자산군과 더불어 장기적인 기대수익률이 여타 자산군보다 높은 보완적인 자산군들을 선정할 수 있다. 이때 기대수익률이 마이너스 혹은 제로에 달하는 현금이나 예금에 비해서 채권 혹은 채권형 펀드를 선택하거나, 마찬가지의 이유로 외국통화에 비해서 해외주식 혹은 해외펀드(외국통화 표시) 등을 선택할 수 있으며, 보다 가까운 사례로 중심 자산과는 성격이 다른(가치계량 스타일이 다른) 국내주식자산도 있다.

위험(원금 자체의 손실 리스크)에 비해서 기대수익률이 비교적 큰 자산들의 리스트가 정리되었다면, 중심 자산의 가격변동과 완전히 똑같은 방향으로 가격이 변동하는 투자자산들은 포트폴리오의 후보자산에서 제외할 필요가 있다. 왜냐하면, 중심 자산의 가격이 중단기적으로 하락하거나 보합세를 보일 때 똑같이 가격이 하락하거나 보합세를 보이는 자산군들은, 분산효과가 전혀 없고 초과수익률을 올릴 기회도 없기 때문이다.

그러므로 투자자의 성향에 따라 그 보유비중은 조금씩 다를 수 있지만 채권형 펀드, 해외주식이나 해외펀드(외국통화 표시), 중심자산과 성격이 다른 가치계량 스타일의 국내주식(예를 들어 중심자산이 경기변동형 성장주라면, 경기방어형 성장주 혹은 경기방어형 배당주 등으로 보완) 등을 포트폴리오에 적당히 포함할 수 있다.

요컨대, 위와 같이 중심 자산군과 기타 자산군 등에서 중장기적으로 높은 기대수익률이 기대될수록 비중을 크게 가져가면서, 단기적으로 방향이 다르거나 단기적으로 반대인 가격변동성을 보여주는 자산으로 포트폴리오를 보완해야 한다. 또한 장기 수익률을 극대화하면서도 주가변동성을 최대한 수익의 기회로 활용할 수 있도록, 자산별로 적절한 기본 목표비중을(시장 변화에 따른 비율 재조정은 이후 리밸런싱 부분에서 설명) 결정하는 것도 중요하다.

중심자산을 규정하고, 중심자산의 수익률 변동을 보완해줄 수 있는 기타 자산들의 특성에 따라서 각 자산들의 기본 목표비중을 일정하게 정하게 되면, 포트폴리오의 해당 기준 혹은 범위를 지켜나가는 과정에서 자연스럽게 보다 향후 투자매력도가 높은 자산군들을 포함하게 되고, 향후 투자매력도가 낮은 자산군들을 제외하게 될 것이다.

한편, 주식시장의 각종 재무손익 지표들과 가치지표들은 주기적으로 호황이나 과열국면을 겪었다가도 불황이나 소외국면을 겪어 왔다. 그러므로 계량가치투자 포트폴리오를 구성하기 위해서 중심자산을 규정하고, 중심자산을 구성할 종목들을 선정할 경우 1차적으로 일반적인 경기등락과 주식시장 등락이라는 평균회귀의 법칙을 이해해서 단기 현상에 속지 않고, 2차적으로 중장기적인 미래에도 유지가능한 추세를 읽도록 노력해야 한다.

그것이 무슨 뜻인지 이해하기 위해서 우선 재무손익 지표들과 가치지표들 중 재무손익 지표들부터 설명한다.

그 중에서도 우선 1차적인 평균회귀의 법칙부터 설명하자면, 일정한 이익성장률 혹은 일정한 마진율을 보이는 기업의 실적은 경기의 전체적인 등락이나 업종의 업황등락에 따라서 때로는 높은 성장률과 마진율을 보이기도 하고 때로는 낮은 성장률과 마진율을 보이기도 한다는 점이다. 그렇기 때문에 가장 호황기에 보여준 실적을 바탕으로 해당 기업의 펀더멘털을 평가해서는 곤란하며, 가장 불황기의 수치 역시 별로 소용이 없고, 한두 번 이상의 호불황을 겪으면서 해당 기업의 평균적인 펀더멘털을(성장률이나 마진율 등) 수치로 이해하는 과정이 필요한 것이다.

기업의 과거 한두 차례 업종사이클을 살펴보아 평균적인 수치를 해당 기업의 펀더멘털로 이해하는 것은 대체로 맞아 떨어지는 편이나(통계적으로, 그리고 필자의 투자성과에 의해서) 다소 예외적인 경우들이 존재하기 때문에 한 가지를 더 살펴봐야 한다.

2차적으로 중장기적인 미래에도 유지가능한 추세 범위를 도출해야 하는데(기존 추세와 유사한 경우가 많지만 예외적인 경우를 대비), 이는 해당 기업이 과거 한두 차례 호불황을 겪어오는 도중의 업종 시장수요 및 경쟁구조와 최근의 업종 시장수요 및 경쟁구조가 다를 경우에 해당한다. 크게 보아 기업의 각종 펀더멘털은 업종의 시장수요가 성장세를 띠고 있느냐, 성숙 단계에 접어들었느냐, 쇠퇴기에 있느냐에 따라서 업종 전체의 매출액증가율이 영향을 받으며, 해당 업종 내의 경쟁구조가 강화되었는지 느슨해졌는지에 따라서 기업별 매출액증가율과 마진율이 영향을 받는다. 성장기에 있는 수요시장에서 경쟁구조마저 약할 때 개별 기업은 최고의 이익성장률과 마진율을 보이며, 쇠퇴기에 있는 수요시장에서 경쟁구조마저 강화될 때 개별기업은 매출액도 정체되거나 감소하게 되며 마진율 역시 하락하게 된다.

전체적인 미래 시장수요의 전망과, 업종의 최근 및 향후 경쟁구도를 살펴보아(이 부분은 '대한민국 주식투자 산업·업종분석' 중 1부 전체에서 다루고 있다.) 과거 한두 번의 호불황 사이클을 겪어오면서 근본적인 미래 시장수요의 전망과 업종의 향후 경쟁구도가 최근 들어 근본적으로 불리해지고 있을 경우, 과거 영업사이클보다 짧은 최근 2~3년간의 평균 지표를 기준으로 삼을 수 있을 것이고, 근본적으로 유리해지고 있을 경우에도 과거 영업사이클보다 짧은 최근 2~3년간의 평균 지표를 기준으로 삼을 수 있을 것이다.

일반적으로 평균회귀의 법칙을 고려하되, 본질적인 변화가 발생하고 있는 경우 최근의 수치를 더욱 감안하는 것이 재무손익 측면에서 펀더멘털을 파악하기 위한 것이라면, 가치지표들 역시 평균회귀의 법칙과 최근 트렌드를 더욱 중시해야 할 경우로 구분해서 이해할 수 있다.

주식시장은 주기적으로 다른 투자자산 대비 상대적인 수익률 기준으로 시장 전체가 과열되기도 하고 소외되기도 하며, 주식시장 내의 특정 업종들 역시 다른 업종들 대비 과열과 소외를 겪는다. 마찬가지로 개별 기업 차원에서도 주기적인 과열과 소외를 겪게 되는데, 이러한 결과 특정 기업들의 각종 가치지표(PER, PBR, PSR 등)들은 고평가로 높아졌다가도 저평가로 낮아지기도 하는 등 순환을 겪게 된다. 이는 재무손익 실적과 마찬가지로 가치지표들 역시 기본적으로 평균회귀 법칙을 따르는 것을 말하는 것이다. 이때 재무손익적 펀더멘털이 중장기적으로 순환하면서 일정하게 유지되는 경우, 가치지표들도 평균회귀 현상을 보이게 된다. 한편, 재무손익적 펀더멘털이 근본적으로 호전되거나(레벨업) 악화될 경우(레벨다운), 가치지표 역시 평균적인 상하단 범위(밴드)를 넘어서서 더욱 상승하거나 혹은 더욱 하락하게 된다.

물론, 특정 기업의 PBR이 1.0에서 2.0에 이르기까지 주기적인 등락을 겪으면서 순환한다고 하는 의미는, 12년 동안 세 번의 등락을 겪으면서 결국 평균적인 수치인 PBR 1.5로 수렴한다는 뜻이지, 결코 주가가 오르지 않고 순환한다는 뜻은 아니다. 대한민국 주식시장의 장기 평균 이익성장률인 10% 전후로만 이익과 자본이 성장하는 평균적인 기업을 가정하더라도 12년 동안 3.14배로 이익과 자본이 증가하므로, 똑같은 PBR이라도 주가는 당연히 3.14배 전후로 상승하는 것이다.

이 정도까지 읽으면서 눈치가 빠르거나 사전 지식이 많은 독자들이라면 눈치를 채었겠지만, 가치지표들의 중장기순환 평균수치보다 최근 2~3년 수치 추이를 더욱 중시해야 할 경우도, 역시 재무손익 펀더멘털이 근본적으로 변하는 것과 연관되어 있다.

주기적으로 업황등락에 따라서 재무손익 펀더멘털이 순환하는 대개 기업들의 경우 가치지표 역시 일정 범위를 왔다 갔다 하면서 주식시장의 주목과 소외를 받는 평균회귀 현상을 보인다. 그러나 재무손익 펀더멘털이 앞서 설명한 이유 등으로 근본적인 호전이나 악화를 겪으면서 레벨업 혹은 레벨다운이 되었을 경우, 당연히 펀더멘털 변화에 따라서 가치지표의 평균회귀 중심점도 상승하거나 하락하게 된다. 즉, PBR이 1.0에서 2.0 사이에서 순환하던 기업의 PBR이 1.5에서 3.0 사이로 순환하게 되거나, 혹은 0.6에서 1.2 사이로 순환하게 되는, 가치지표의 근본적인 상승/하락 현상이 생기는 것이다.

그러므로 재무손익지표가 최근 몇 년 동안 기존의(이전 한두 사이클의 호불황) 평균회귀 범위에서 벗어나서 근본적으로 변화를 겪을 경우에는(이런 경우는 대개의 경우가 아니며, 예외적인 변화 국면이다.) 그 방향에 따라서 가치지표의 평균회귀 범위 역시 상승하거나 하락하기 때문에, 이전 한두 사이클의 평균적인 가치지표 범위가 아닌, 최근 몇 년 간의 수치추이를 보다 비중 있게 감안할 필요가 있다.

한편, 아마추어 투자자들이(가치투자체계가 확립되지 않은 개인 및 기관투자자를 모두 통칭) 계량가치투자운용을 하면서 가장 중심이 되는 국내주식자산에 투자할 경우, 이 장에서 앞서 설명한 내용과 관련하여 특히 조심해야 할 두 가지를 정리한다.

우선 아마추어 투자자들의 경우, 재무손익 지표와(ROE, 매출액 영업이익률 등) 가치지표(PER, PBR, PEG 등, 추후 3부 3장 참조) 모두에 있어서 평균회귀의 법칙을 읽어야 할 때 그것을 읽지 못하는 경향이 있다.

예를 들면, 경기변동형 기업이 호황기에 이르러 최고 실적을 내는 시즌에 상당히 고평가된 주가로 매수하는 우를 범한다. 하지만, 그 당시에는 뉴스나 리포트에서 향후 실적이 훨씬 더 좋아질 것이라고 한껏 추켜세우고 포장하며, 심지어는 기업실적상승의 공로와 관심으로 인해 CEO의 낙관적이고 호기에 찬 인터뷰까지 실리고 있는 와중이다. 그렇기 때문에 아마추어 투자자들은 지금의 좋은 실적과 향후의 더 좋아질 실적에 비하면 지금 주가는 오히려 싼 것이라고 이미 세뇌당한 상태로, 결코 평균회귀의 원칙에 의해서 경기변동형 기업의 실적과 주가지표는 등락하게 마련이라는 것을 예상하지 못한다.

위 사례와 같이 평균회귀의 법칙을 이해하면 역발상투자로 큰 수익을 내거나 큰 손실을 사전에 방지할 수 있는데, 어느 정도의 지식과 경험을 쌓으면 사실 별로 어려운 일은 아니다. 공짜심리와 쉽게 돈을 벌려는 마음가짐을 버리고, 합리적인 이성으로 접근하여 특정 기업의 호재성 기사들에 혹하고 넘어가지만 않으면 된다. 공짜심리와 쉽게 돈을 벌려는 사람들이 불쌍하게도 금융시장 먹이사슬 피라미드에서 가장 아래쪽에 있기 때문에(시장을 뒷북으로 이해하고 뒷북 보고서를 쓰는 기관 역시, 수익은 내지만 기관들의 수익률 게임 중에서는 가장 아래쪽) 평균회귀의 법칙을 이해하면 먹이사슬 피라미드의 아랫단에서 탈출하게 된다. 이것은 주식만이 아니라 부동산, 금 등 모든 금융자산에서 공짜 점심이 없는 것은 매한가지이다.

이보다 조금 더 어려운 쪽이 추세가 바뀌는 구간에서 새로운 추세 범위를(새로운 평균회귀의 범위) 추정하고, 변화한 미래의 재무손익지표 범위와 가치지표 범위에 적응하여 투자하는 것이다.

크게 보아 수요시장의 성장단계 정도에 근본적인 변화가 있는가, 업계의 경쟁구조는 중장기적인 과거 경쟁강도에 비해서 최근 몇 년간 큰 변화가 있는가 등을 감안하여, 특정 기업의 근본적인 실적(매출액성장률과 각종 이익률)이 상향조정될지 하향조정될지를 대략 파악해야 하는 것이다. 그래서 상향조정될 것으로 추정된다면 최근 몇 년간의 상향된 실적을 기반으로 해당 기업의 펀더멘털을 이해하고 그에 맞는 가치지표 범위에 따라서(보다 높은 지표) 매수매도 범위를 정해야 할 것이다. 반대로 하향조정될 것으로 추정된다면 최근 몇 년간의 하향된 실적을 기반으로 해당 기업의 펀더멘털을 이해하고 그에 맞는 가치지표 범위에 따라서(보다 낮은 지표) 매수매도 범위를 정해야 할 것이다.

전체적인 사고과정은 복잡하지 않은 이 경우가 평균회귀의 법칙을 따르는 것보다 다소 어려운 이유는 두 가지 원인 때문이다. 첫째로, 평균회귀의 법칙은 일반적인 법칙이며 펀더멘털이 근본적으로 변하는 현상은 예외적이기 때문에 보다 덜 자주 겪게 되어 익숙하지 않다는 것이다. (하지만 주식투자를 하다가 보면 반드시 가끔 만나게 되어 있다.) 둘째로, 전적으로 계량적인 투자에 익숙한, 단순한 형태의 가치투자자들의 경우 과거 평균을 벗어나는 근본적인 재무손익 변화를 잘 받아들이지 않는다는 어려움이 있다. 즉, 때로는 평균회귀의 원칙을 벗어나서 근본적으로 평균이 상승하거나 내려가는 변화가 생기는데(우리나라의 섬유업종의 과거와 현재를 살펴보면 이해가 쉽다.) 변화에 보수적인 투자자들, 변화에 적응이 느린 투자자들의 경우 이를 파악하는데 생각보다 시간이 걸림으로써 잘못된 투자의사결정을 하는 경우가 종종 있다. 체질이 근본적으로 개선된 기업의 주가를 여전히 높게 보아 우량기업을 매수할 기회를 원천적으로 놓치거나, 체질이 근본적으로 약해진 기업의 주가를 여전히 싸게 보아 기업가치가 축소되고 있는 기업을 매도하지 못하고 손실을 누적시킬 수 있다.

가치지표의(PER 등) 배경에는 기업의 중장기적인 펀더멘털이 있고, 기업의 중장기적인 재무손익지표(비율 등) 뒤에는 근본적인 수익의 배경과 구조(시장수요와 업종 내 경쟁 등)가 있기 때문에, 숫자는 결과치일 뿐이라는 것을 이해하고, 과거의 숫자가 현재의 실제 세계와 미래를 만들어가거나 혹은 변화시킬 수는 없다는 한계를 알 필요가 있다.

정량적인(사업결과인 숫자) 원칙에 해당하는 평균회귀의 법칙과 정성적인(실제 사업환경) 분석에 해당하는 트렌드 변경(상향 및 하향) 분석은, 계량가치투자운용의 중심자산인 국내주식자산에(중장기적으로 높은 기대수익률) 투자할 때 기대수익률의 확실성을 더욱더 높여주고 손실위험을 극적으로 감소시켜 준다.

4. 해외 주식, 채권 등 기타 자산

적극적인 계량가치투자자의 포트폴리오에는 국내 주식만 있는 것이 아니다. 앞서 언급한 기타 자산들을 중심으로 어떤 자산들이 있으며 핵심적인 특징은 무엇인지 간단히 살펴보자.

계량가치투자자들은 전체 포트폴리오 수익률을 극대화하기 위해 기타 자산들의 특징과 역할을(국내 주식을 보완, 포트폴리오 수익률을 업그레이드) 살펴봄으로써, 서로 다른 기대수익률과 가격변동성을 가진 기타 자산들에 대해서 보다 효과적으로 포트폴리오를 배분할 수 있게 될 것이다. 국내 주식을 해외 주식으로 보완하고, 주식 자체를 채권(형 펀드)으로 보완하며, 기타 개별적으로 선호하는 자산들을 믹스하여 포트폴리오를 운용한다면, 개별 자산들의 가격변동성이 극대화될 때 자산 간의 비중 조절을 통해서 최종 포트폴리오 수익률을 극대화할 수 있을 것이다.

우선 국내주식 말고도 미국이나 유럽, 중국 등 다양한 국가의 주식에 투자할 수 있다. 다양한 국가의 주식에 투자할 때는 크게 해당 국가의 개별 종목에 투자할 수도 있고, 해당 국가의 주식이나 해당 국가를 포함하는 권역(이를테면 서유럽, 동남아 등)의 주식을 운용하는 펀드에 투자할 수도 있다. 또한, 펀드의 경우 원화로 최종 표시되는 펀드에 투자할 수도 있고, 외화로 표시되는 펀드에 투자할 수도 있다.

한편, 보다 근본적인 주식의 특성으로 미국의 경영학계나 월가 투자업계의 조사결과 발표에 따르면, 장기간에(100년~200년) 걸친 주식의 채권에 대한 초과수익률은 3~6% 정도에 이르며, 지난 수십 년간의 국내(대한민국) 주식자산의 연평균수익률이 약 10%에 이르는 것을 감안하면 대한민국 역시 그와 유사한 초과수익률을(채권 대비) 보이는 것을 알 수 있다.

참고로, 필자의 연구와 경험론에 따르면(필자는 투자, 재무를 공부했지만 학자가 아니라 투자자이기 때문에 경험도 매우 중시함) 자본시장이 성숙하고 기업활동이 현대화될수록 초과수익률이 보다 안정화되는 경향이 있다. 대한민국 역시 1인당 GDP가 상승하고 경제성장률이 하향평준화되며, 기업의 성장률은 다소 감소했지만 자본구조가 개선되고 이익률이 상승하는 등 자본시장이 서서히 성숙해가고 있으며 기업활동은 상당히 현대화되었다. 그에 따라서 4~7% 정도에 이르는 신흥시장의 주식자산 초과수익률 단계에서, 3~6% 정도에 이르는 선진시장의 주식자산 초과수익률 단계로 옮겨오고 있는 것으로 보인다.

기본적으로 해외주식은 국내주식과 공통점을 가지는데, 모두 해당 국가의 채권수익률을 상회하는 장기수익률을 기대할 수 있으며, 모두 해당 국가의(그리고 글로벌 차원의) 인플레이션으로 인한 자산가치 하락을 헷지하는(비즈니스는 인플레를 반영하여 제품, 서비스 가격을 책정) 등 투자자산으로써 명확한 강점을 갖고 있다는 점이다.

다만, 해외주식은 국내주식과 같은 공통적인 약점과 고유의 추가적인 어려움들이 있는데, 채권에 비해서 후순위 권리에(자본총계) 해당하는 주주의 지위로 인해, 기업의 경영 및 수익창출 상황이 근본적으로 악화될 경우 채권자들에 비해서 주식투자자들의 손실이 크다는 약점이 있다. (다만 이러한 약점, 즉 펀더멘털 손실 및 상장폐지 비율까지 고려하더라도 여전히 평균적으로 채권보다 상당한 초과수익률이 있다.)

해외주식의 추가적인 어려움들이란 다름 아닌 정보취득의 상대적인 어려움과 환율로 인한 최종수익률의 변동성이다.
아무래도 해외국가의 주식 혹은 펀드의 경우, 국내주식이나 펀드(펀드도 결국인 개별 주식들에 투자한 것이므로)에 비해서 개별 종목들의 정보수집에 어려움이 있을 수 있다. 그러한 어려움의 범위는 투자자의 전문성과 투입할 수 있는 시간 등에 따라 다르지만, 대체로 1차적 정보(IR 담당과의 통화, 제품과 서비스를 볼 수 있는 매장 방문, 사전 약속 후 기업탐방 등)를 자주 그리고 깊게 취득하기 어려운 것은 물론이고, 일부 투자자의 경우 2차적 정보(2차적으로 가공되어 이미 공개된 각종 보고서, 뉴스, 발표자료 등) 역시 자주 그리고 깊게 취득하기 어려울 수 있다.

이런 어려움은 전문성과 시간이 모두 허락하는 투자자의 경우, 아무리 해외주식이라고 해도 자신이 잘 아는 몇몇 업종 내의 유망기업들을 차례로 분석해나감으로써 정석대로 해결할 수 있다. 또한 전문성도 부족하고 시간도 허락하지 않는 투자자의 경우, 투자를 원하는 해외국가(혹은 국가들이나 특정 섹터)의 주식을 포함하는 펀드를 통해 간접투자를 할 수 있다. 국내 주식은 반드시 직접 투자하되, 혹 해외주식을 간접 투자한다해도 문제는 없다.

국내 주식만큼 개별 종목들에 대해 확신이 서지 않을 경우 간접투자가 심리적으로 오히려 나을 수도 있다. 다만, 해당 국가나 섹터 펀드에 대한 경력이 충분하고 운용능력이(수익률) 있고 자주 바뀌지 않는 등(펀드보고서에 운용인력의 리스트와 과거 경력을 기재) 펀드의 운용인력을 철저히 점검, 관찰하는 노고는 필요하다.

해외주식에 투자할 때는 정보취득의 상대적인 어려움 외에도 환율로 인한 최종수익률의 변동성이 문제가 될 수 있다. 여기서는 필수적인 두 가지 조언과 투자자에 따라 다를 수 있는 선택지를 한 가지 정리한다.

우선, 필수적인 것은 해외주식에 투자할 때는 해당 국가의 통화가치가 하락하는 국가는 피해야 한다는 원칙이다. 통화가치가 하락할 우려가 있는 국가는 정부의 지출이 과도하고, 경상수지가 적자이며 외화차입이 많고, 저축률은 낮은 국가이다. 이런 국가는 향후 통화가치가 하락할 가능성이 높기 때문에 주식 외의 형태로도 별로 투자하기를 권하지 않는다.

정부 지출이 과다해서 정부의 부채가 크게 증가하고 있으며, 수출에 비해서 수입이 많아서 화폐가치가 하락할 수 있는 나라는 피하라는 뜻이다.

또한, 정치나 군사적으로 큰 변혁을 겪고 있거나 격렬한 터널을 통과하고 있는 국가에는 가능하면 투자를 피하라는 것이다. 정치적으로 안정되지 않고 군부정치나 왕정에서 민주주의로 옮겨가기 위한 진통을(투쟁과 내전 등) 겪고 있는 나라, 마찬가지로 항상 인접국과의 국지전 공포에 시달리고 있으며, 역사를 살펴보면 때때로 규모가 있는 전쟁도 불사했던 국가들의 경우 언제 사건사고가 발생하여 화폐가치가 하락할지 아무도 모르는 것이다.

위에서 열거한 일부 불안정한 국가들을 제외하고 안정적인 해외주식으로 한정하여 분산투자한다고 가정할 때, 환율로 인한 최종수익률의 변동성에 대응하기 위해 투자자의 성향에 따라서 조금 다른 선택지들을 마지막으로 정리한다.

그것은 주로 펀드의 경우에 해당하는데, 해당 해외국가의 통화 혹은 달러 기축통화를 기반으로 해외펀드에 투자할 것이냐, 해외통화를 일정한 수준으로 헷지하여 국내통화(원화)로 표시하는 펀드에 투자할 것이냐의 선택이다. 이것은 외환변동에 전혀 노출되기 싫어하는 투자자라면 국내통화로 표시하는 펀드에 투자하면 되고, 외환의 변동성마저(즉, 해외투자자산의 가격변동성) 투자자산군의 비중조절의 기회로 활용하려는 투자자의 경우 해외국가의 통화 혹은 달러 기축통화로(대부분 달러) 표시하는 펀드에 투자하면 된다. 투자자가 프로(가치투자체계를 익힌 개인, 기관투자자)이고 다수의 국가 혹은 다수의 해외섹터에 걸쳐서 분산투자를 한다면, 다양한 해외주식에 다양한 해외통화로 직접투자를 하는 방법과 해외통화로 표시되는(헷지도 비용이 들고 수익률을 감소시키므로 해외통화 표시 펀드가 낫다.) 펀드들에 분산투자하는 방법도 충분히 좋다.

아이러니컬하게도, 국내 주식시장의 상승과는 전혀 동인이 다른 해외 주식시장의 상승과, 국내 통화의 가치등락과는 다른 방향으로 움직이는 해외 통화의 가치는 이중적인 변동성을 제공함으로써, 포트폴리오의 최종수익률이 더욱 좋아지도록 기여하는 것이다.

(자웅동체로 존재하는 종보다 효과적인 역할분담을 위해 암수로 나뉜 종이 더욱 번성하고, 오랜 세월 기능변화가 없는 종보다 환경에 유리한 돌연변이가 진화에 기여하는 종이 더욱 번성하는 자연의 섭리는, 기업경영에 있어서나 투자성과에 있어서도 의미심장하다.)

한편, 해외주식에 펀드를 통해서 혹은 직접투자를(대형증권사별로 직접투자가 가능한 나라를 쉽게 알아볼 수 있다.) 통해서 투자하기 위해서는, 관심이 있는 특정 국가 혹은 국가권역, 예컨대 동남아, 남미, 중동 및 북아프리카, 동유럽, 서유럽, 북미 등에 대한 지식과 정보를 어느 정도 이상은 쌓아야 한다.

개인투자자 차원에서 보다 다양한 국가를 직접적, 혹은 간접적으로 경험하기 위해 어렵지 않은 방법을 간단히 정리한다.

기본적으로 온라인에서 쉽게 살펴볼 수 있는 각종 연구소 자료와 웹기반 정보를 1차 정보로, 해당 국가의 산업이나 일반

개요에 대한 책과 여행을(경험 및 탐방의 개념) 2차 정보로 볼 수 있다.

다양한 국가의 기본정보를 싣고 있는 사이트인 코트라에서는 국가별로 정치와 외교 등 일반개요, 주요 산업 및 경제상황, 문화와 역사 등 기본적인 내용을 잘 참조할 수 있다. 그 외에도 관심 국가를 개별적으로 검색하다보면, 해당 국가의 홍보사이트와 기타 유용한 자료를 얻을 수 있는 다양한 웹사이트를 발견할 수 있을 것이다.

2차적으로 접근하기 위한 정보로 책이나 여행을 꼽았는데, 드물기는 하겠지만(중국에 대한 책은 상당히 많지만 국가별로 천차만별이다.) 혹시라도 관심국가의 경제, 사회, 문화 등을 정리한 책이 있으면 큰 도움이 된다. 관심국가를 포함한 권역(동남아, 동유럽 등)에 대한 책도 충분히 좋다.

또 하나의 2차적인 정보로서 직접경험에 해당하는 여행의 경우 가능한 일반적인 휴가보다는(휴양지에서 쉬기만 하는) 며칠이라도 더 길게 머무르면서 이것저것 경험하면 좋을 것이다. 제한된 시간을 최대한으로 활용하면서 그 나라를(주식투자자이니 산업, 경제와 문화양식을 중심으로) 어느 정도 이해하려면 그 나라 중심도시의 번화가에는 꼭 들러야 한다. 한국의 서울이나 부산, 기타 경기도의 대형 위성도시, 인천 등과 비교하면서 어느 정도의 단계에 있는지 피부로 느껴보는 것이 좋다. 또한 백화점과 대형 할인마트는 다양한 품목을 볼 수 있고 또한 소비문화의 수준을 볼 수 있으니 꼭 가보아야 한다. 기타 그 나라 사람들의 문화와

생활양식을 잘 느낄 수 있는 관광지나 옛 도시를(현 중심지가 아니라) 직접 체험하면 좋을 것이다.

개인투자자의 경우 위와 같이 직접적, 간접적으로 지식을 쌓은 국가와 권역을 하나씩 늘려나가면서, 최근 몇 분기 동안 혹은 일 년 이상 주가지수가 크게 폭락하여 매력적인 수준에 이른 나라(혹은 권역)의 주식시장에 유의미한 비중으로 투자한 펀드를 알아보고, 해당 펀드에 시간을 두고 천천히 분할매수를 하면 향후 기대수익률이 좋을 것이다. (상황을 잘 알 수 있는 국내 주식은 펀드보다는 직접 가치투자를 하는 것이 가장 복리수익률이 좋다. 필자도 국내와 중국, 미국 정도의 주식은 직접투자를 한다.)

다음으로 채권을 살펴보자. 해외주식이건 국내주식이건 결국 주식일 뿐이다. 주식자산은 중장기적으로 항상 상승해왔고, 이론적으로(주식 프리미엄이론) 실물적으로(기업경영활동의 수익성) 또 경험적으로(과거 장기간의 통계) 다른 자산들보다 훨씬 빠른(단지 몇 퍼센트 초과복리수익률의 결과는 엄청나다.) 수익증가율을 보일 수밖에 없다. 다만 블랙스완 같은 우발적 사건을 제외하고 말하더라도, 주식의 가격변동성은 다른 자산들의 가격변동성보다 정도가 크고 짧은 시간 동안에 자주 일어나는 편이다.

아마 이런 특성 때문에 단기투자로 접근한 대부분의 아마추어투자자들이 주식으로 자산을 잃고 시장에 질려서 나가는 것 같다. 이는 주식으로 어렵지 않게 돈을 벌 수 있는 방법인 '공부하면서 인내심있게 투자하는 정석적인 방법'과는 정반대의 방법으로(애초에 잃을 수밖에 없는 방법) 몇 번 시도해보고는 자산의 일부를 잃고 이내 포기하는 꼴이다. 아는 것이 없는데 쉽게 돈을 벌고자 하는 욕망을 가진 사람들을 동정하기보다는, 조금이라도 배우고자 하면서 확실하게 돈을 벌고자 옳은 방법론으로 노력하는 사람들에게 항상 박수를 보내고 성공하기를 바라는 사람으로서, 주식시장이 안타까운 것이 아니라 인간의 나약한 본성이 참으로 안타깝다고 느낀다.

(이에 다시 한번 특별히 재미가 있지도 않고 유머감각도 없는 필자의 '대한민국 주식투자 성공시리즈'를 읽고 배움을 채워나가는 독자들에게 크게 감사하며, 진심으로 성공을 기원하는 바이다.)

다시 본론으로 돌아와서 채권의 가장 큰 특징은 초장기적으로는 일정 수준 이상의(주식보다는 낮지만) 수익률을 보여주면서도, 중기적으로는 금리의 변동에 따라서 수익률이 변한다는 것이다.

주식의 경우 금리를 확실히 내리면 주가는 오르지만, 금리의 바닥에서 금리가 찔끔찔끔 오를 때도 주가는 오른다. 주식이 내리는 것은 대체로 금리가 너무 높은 수준이거나, 금리의 고점에서 금리를 미진하게 내리는 경우이다. 주식자산의 중기적인 주가등락은 수학처럼 공식대로 금리와 반응하는 것이 아니라, 실물경기와 금리정책의 작용반작용 때문에 등락하는 것이기 때문이다. (하지만 이는 중기적인 등락에 대한 것이며, 주식자산의 장기상승률은 이 모든 것을 극복하고 초과수익률을 기록한다.)

조금 어렵게 느껴지겠지만 원리를 듣고 나면 어렵지 않다. 경기가 매우 어려울 때 금리를 화끈하게 내리고 나면 우선 경기개선의 기대감으로 주가가 크게 오르고 사후적으로 경기가 바닥을 친다. 경기가 바닥을 치고 서서히 상승하면서 정부가 기준금리를 조금씩 찔끔찔끔 올릴 때는, 경기가 그만큼 개선가능성이 크다는 점과 조금씩 올리는 금리상승률보다 경기개선 속도 증가율이 크다는 점 등으로 주가가 추가적으로 오른다.

이후 경기는 과열되고 금리가 최고치로 솟으면, 금리가 높다는 것과 경기가 더 오를 곳이 없는 고점이라는 판단에 주가가 먼저 크게 하락하고 이어 경기가 천장을 치고 내려온다. 이때 경기가 침체되는 것을 과소평가하고 금리를 찔끔찔끔 내리면 주식은 추가적으로 하락한다. (한편, 경기과열시 금리를 올리지 않으면 인플레이션으로 더 큰 일이 생긴다. 오히려 금리를 올려야 할 때 올리지 않는 것이 더 큰 폭탄을 키우는 것이다. 주식이건 부동산이건 과도한 거품은 빼내야 장기적인 상승이 가능하다.)

그런데 채권은 주식자산처럼 금리에 대해서 복합적으로(다소 융통성 있게) 움직이는 것이 아니라, 매우 교과서적으로 움직인다. 금리가 상승하면 채권가격이 하락하며(채권형 펀드의 수익률이 하락할 수 있으며), 금리가 내리면 채권가격이(채권형 펀드 수익률도 마찬가지) 상승한다. 금리가 상승하면 투자자는 손해를 입을 것이고, 금리가 하락하면 투자자는 이익을 얻을 것이다.

바로 여기, 금리변화에 따라서 채권 및 채권형 펀드의 경우 주식자산과 가격변동성이 반대인 기간이 생긴다는 점에서, 채권에 대한 분산투자는 주식자산의 수익률을 중기적으로 보완하게 되어, 포트폴리오 최종수익률에 상당히 기여할 수 있다. 경기가 과열되고 인플레이션 현상이 일어나고 있으며 정부가 이에 대응하기 위해 금리를 상당 수준까지 끌어올렸을 때 향후 금리하락을 대비하여 채권 혹은 채권형 펀드의 비중을 서서히 늘려나가는 편이 좋은 것이다. 정부가 위기의식을 느껴 금리를 화끈하게 내리고 경기가 최악의 터널을 벗어날 것으로 기대되면(벗어나면 이미 늦었다.) 향후 금리가 오를 것을 대비해서 채권 혹은 채권형 펀드의 비중을 미리미리 줄이는 것이 좋을 것이다.

이제까지 국내주식을 중심으로, 해외주식, 채권 등의 기타자산을 간단히 살펴보았다. 해외주식의 경우 선진국 주식과 신흥국 주식으로 추가적인 분산투자를 할 수 있을 것이며, 채권(및 채권형 펀드)의 경우 국내 채권 자산과 해외 채권 자산으로 나누어 분산투자할 수 있을 것이다.

기타 자산 중에서, 일반적으로 무시되지 않는 국내 현금과 외국통화에 대해서는 본서에서 어느 정도 무시할 생각이다. 국내 주식의 하락을 국내 채권 자산으로 헷지할 수 있으며, 국내 채권 자산은 일정 수준 이상의 수익률도 존재한다. 반면에, 현금의 경우 실질금리를 감안하면 마이너스 수익률이므로, 중장기적인 수익률 효과를 감안하면 별다른 현금비중 없이 채권 자산만으로도 훌륭한 포트폴리오가 되기 때문이다. (물론 현금자산을 포함해서 크게 나쁠 것은 없다. 채권 자산의 기본수익률을 고려하고, 주식자산과 때로는 반대로 움직이는 가격변동성을 생각하면, 현금자산보다 장점이 많다고 말한 것일 뿐이다.)

외국의 통화도 국내 통화가치가 하락할 때 수익기회를 주지만, 해외 주식이나 펀드 역시 마찬가지 수익기회를 주면서도 장기수익률이 현금(외국 통화)보다 훨씬 낮기 때문에 언급을 생략한다. 또한 해외 주식자산의 가격변동시 초과수익을 위한 외화자산 역시, 해외 채권 자산(채권 및 채권형 펀드)이 충분히 그 역할을 수행할 수 있기 때문에 특별히 필요하지는 않다.
(물론, 해외시장의 금리변동을 모니터하기도 힘들고, 채권 자산 역시 금리에 따라 수익률이 변동하므로 보다 더 변동성이 없고 확실한, 그러나 중장기수익률이 마이너스인 해외 통화 자체를 선호할 경우, 포트폴리오에 포함해도 좋을 것이다.)

지금까지 가치계량포트폴리오의 중심자산인 국내주식과 포트폴리오 전체의 수익률과 초과수익기회를 증가시키고 가격변동성을 줄여줄 기타 유망한 투자자산들을 대체로 살펴보았다.
이제 자산운용과 리밸런싱 개념을 설명하고, 이해할 때가 되었다.

5. 자산운용과 리밸런싱

성공적인 계량가치투자운용을 위한 원칙은, 장기적으로 뛰어난 수익률을 보일 중심자산과 함께 중심자산의 가격변동성을 보완하고 초과수익률의 기회를 줄 기타 자산에 대해서, 장기적인 자산배분 전략대로 투자하고, 주기적인 시장등락에 대응하여 자산별 비중을 조절(리밸런싱 개념을 포함)하는 전술을 따르는 것이다.

즉, 주기적으로 찾아오는 비효율적이고 불균형 상태의 시장상황에서 향후 균형상태로 회귀할 경우 가장 유리해질 투자자산들의 비중을 확대하는 적극적인 운용전술은 물론, 시장이 점차 균형상태로 접근하는 과정에서 원칙적인 자산배분 비율로 다시 조정하는(리밸런싱) 운용전략을, 냉정하고 인내심있게 구사하는 것이다.

다만, 기본을 지키는 운용전략과 수익기회를 살리는 운용전술 사이에서 가장 중요한 것은, 아무리 좋은 수익기회가 보인다고 하더라도, 애초에 계량가치포트폴리오의 운용 원칙을(각 자산별 비중, 매수매도 원칙 등) 훼손하거나 애초의 목표수익률 범위에서 과도하게 벗어나지 않는 것이 중요하다. (그러므로 본질적으로 전략이 우선하며, 욕심과 두려움을 억제해야 한다.)

왜냐하면 주식시장의 등락이건 금리나 환율의 순환이건 업황의 순환이건 간에, 합리적이고 현명한 기대와 다르게 드물지만 불균형 상태가 생각보다 오래 지속될 수 있기 때문이다.

(하지만 중력의 힘을 이길 수 없듯이, 금리가 과도하게 높으면 결국 주가가 떨어질 수밖에 없고, 기업들의 태반이 심한 적자일 정도로 업종 경쟁이 너무 심하면 일부 기업이나 사업부가 철수함으로써 경쟁이 완화되는 등 금융시장의 불균형 상태 역시 반드시 해소된다.)

그러므로 개별 투자자산들로부터 애초에 어느 정도의 수익률을 어떤 계기를(업황순환, 금리등락, 주식과 반대 방향의 가격변동 등) 통해 기대하고 있는지, 그리고 개별 투자자산들을 어떤 비중으로 조합하고 서로 보완하여, 가격변동을 이용하고 손실위험을 최소화할 것인지 원칙과 전략을 우선 설정하고, 그 범위 내에서 전술을 융통성 있게 사용해야 할 것이다.

그 과정에서 리밸런싱은(욕심과 공포로 인해 우왕좌왕하지 않게 하는 도구) 균형잡힌 포트폴리오를 위한 핵심적인 역할을 하게 된다. 애초에 투자자산별로 대체적인 배분비율 범위(기계적으로 한 가지 수치를 정하기보다 범위를 정하는 편이 현명하다.)를 정하고 포트폴리오를 구축한 이후, 주식시장이나 거시경제의 상태가 많이 변하면서 특정 자산의 가격이 많이 상승하고, 다른 자산의 가격이 많이 내려갈 수(최소한 상대적으로 덜 오를 수) 있다.

이때 정기적으로 리밸런싱을 해주지 않으면, 가격이 과도하게 오른 투자자산의 비중이 전체 포트폴리오 내에서 매우 커지게 되며, 이때 해당 투자자산의 비중이 큰 것만 문제가 되는 것이 아니라, 과도하게 가격이 상승해서 '향후 가격하락이 확실시되는 투자자산'의 비중이 크다는 것이 문제가 되는 것이다.

기술적분석으로 투자하는 개인투자자나 기관투자자 혹은 기술적분석의 데이터 신호에 자동적으로 매수매도하는 퀀트자본 등은 최근 가격상승세가 가속화하고 있는 주식 종목이나 주식시장 지수자체를 매수하게 되어 단기적인 주가꼭지를 만들고(오히려 이후 하락하게 되고), 반대로 최근 가격하락세가 가속화하고 있는 종목이나 시장 자체를 매도 또는 공매도하게 되어 단기적인 주가바닥을 만드는 경우가 있다.

이 경우가 바로 두 배로 위험한 상황인데, 향후 가격하락의 위험이 있을 정도로 가격이 상승한 종목들의 비중을 점점 확대하는(이른바, 오를수록 더 매수하는 불타기) 행동으로 인해 예상손실의 (실제로 닥칠 손실) 크기는 걷잡을 수 없이 커지게 된다. 종목 혹은 시장의 주가는 내릴 것이고 가격이 하락할 종목의 비중은 이미 너무 커져 있기 때문이다.

계량가치투자운용의 리밸런싱 개념을 공감하기 쉽게 다소 최근의 예를 들어 설명하자면, 2007년도의 강세장이 적당할 것 같다.

2007년도 하반기에 접어들면서 국내 주식시장(코스피의 비중이 90% 초과, 절대적)의 PBR은 1.5를 넘어 1.6도 초과하고 있었는데, 국내 주식시장 전체의 장기 가치상승률(약 9~11%)에 비해서 너무 고평가된 상황이었다. 또한, 위험자산인 주식시장 전체의 할인율(PER의 역수)은 무위험자산인 국고채 금리와 맞닿을 정도로 낮았고, 주식시장 전체의 시가총액은 대한민국 GDP와 비교해도 역사적으로 높은 비율에 가까이 치솟았다.

(주식시장을 평가하는 방식에 대해서는 '대한민국 주식투자 다이어리' 양식, ㈜한국주식가치평가원 홈페이지의 '증권시장 평가' 무료회원 게시글, 평가원의 교육 등을 참조)

실제로 필자는 이 당시 국내 주식시장의 PBR이 1.5를 초과하고 기타 지표들이 확실한 고평가를 가리킬 때부터, 지속적으로 국내 주식의 비중을 줄인 결과, 종합주가지수 2000을 처음으로 넘어섰을 때는 주식비중을 많이 줄인 상태라서 시장에서 일시적으로 소외되기는 했다. 사실 소외상태가 길게는 1년 전후까지 길어지더라도 별로 상관하지 않고 원칙대로 조절된 자산별 비중을 유지하려고 했으나, 운 좋게도 고평가 시장의 하락 신호탄은 미국에서 먼저 터지고, 국내 시장에 바로 옮겨붙었다.

필자는 시장 타이밍 예측을 잘 하지 못한다. 왜냐하면 타이밍에 관심이 없기 때문이고, 타이밍을 짧은 기간 범위에서 정교하게 잡기 위한 차트 흐름, 주식시장의 수급, 거시경제의 작고 연속된 이벤트들에 별로 신경을 쓰지 않기 때문이다. 대신에 주식시장이 싼지 비싼지 판단은 꽤 정확하게 하는 편인데, 이런 지식과 판단은 인내심 있는 투자자에게 큰 수익을 주지만 인내심 없는 투기자에게는 별로 쓸모없는 지식일 것이다.

(왜냐하면 주식시장이 싸다는 말이 조만간에 주식시장이 오를 것이라는 말은 아니기 때문이다. 그 시기를 알 수가 없다. 대략 늦어도 대부분 6개월에서 2년 내에는 승부가 좋은 쪽으로 났었다고 경험적으로 알 뿐이다.)

계량가치투자운용의 리밸런싱 전략전술은 타이밍을 알 수 없고 타이밍이 중요하지 않다(알 수 없으니 중요하지 않다.)는 전제 하에 '불균형 상태에 있는 현재'에 '균형 상태의 미래'를 대비하는 방식이다. 그러므로 2008년 10월에 들어서면서 주식시장의 PBR이 0.9 이하로 떨어지고 할인율은(주식자산의 수익률) 10%까지 상승하는 등 채권 자산보다 주식 자산의 투자매력도가 급격하게 증가했을 때, 리밸런싱을 위해 주식비중을 서서히 늘려갔다. 이후 주가는 추가적으로 떨어져서 일시적으로 900선(코스피)을 깨고 내려가기도 했으나 다시 상승을 시작했다. 비로소 1200선을 넘어서 상승할 때쯤, 전체 포트폴리오에서 국내 주식의 목표비중을 완전히 채웠으며 이후 느긋하게 시장등락을 지켜볼 수 있었다. (바닥을 알 수 없으니 일찍 매수를 시작하고 바닥을 지나서까지 매수를 계속할 수밖에 없었다.)

한편, 한국 주식시장의 장기 수익률은 대략 10% 전후로 볼 수 있다. 다만, 그 안에서 우량한 종목들을 싸게 매수하고 영구 보유할 경우 장기투자로 갈수록 대략적으로 15~22% 범위 내로 연평균수익률이 수렴할 것이다. 하지만, 주기적으로 시장이 등락하고 금리가 순환하며 환율이 등락하는 중기적 변동성을 이용하여, 지금까지 너무 유리했으며 고평가되었기 때문에 향후 불리해질 자산의 비중을 줄이고, 지금까지 너무 불리했으며 저평가되었기 때문에 향후 유리해질 자산의 비중을 늘릴 경우, 연평균 기대수익률은 위 기본수익률에 5%~15%가 더해질 것이다.

리밸런싱은 그런 자산배분 효과를 자동적으로 일으키는 현명한 포트폴리오 운용도구인 것이다. 중단기적인 수익률 성과가 과도하기 때문에 비중이 극적으로 늘어난 자산을 줄이고, 손실이 과도하기 때문에 비중이 형편없이 줄어든 자산을 늘리는(기본적인 펀더멘털을 항상 검토한다는 전제 하에) 과정에서, 아이러니컬하게도 미래수익을 지향하면서도 위험손실을 줄인다. 가격상승 가능성이 확률적으로 큰 자산을 늘림으로써 미래지향적으로 자산을 배분하게 되며, 고평가된 자산의 비중을 줄임으로써 위험손실을 효과적으로 축소하게 된다.

덤으로, 냉정하고 인내심 있는 리밸런싱 과정 자체가 심리적으로 이행하기 어려운 역발상 투자를 이미 포함하고 있는 것이다. 기본적으로 투자에 성공하기 위해서는 역발상 투자전략을 어느 정도 구사해야 하는데, 그렇기 위해서는 다수의 여론과 주류에서 벗어나는 것에 대해서 거리낌이 없어야 한다.

예를 들면, 어렵게 생각하는 집안어른이 포함된 가족모임이나 상사들이 포함된 동료집단 등에서 모든 사람이 특정 정치가를 지지하거나 욕할 때, 혼자 그 정치가에 대한 반대 의견을 조곤조곤 주장할 수 있겠는가. 그리고 같은 모임에서 한국 대 외국의 축구나 야구경기가 하고 있을 때, 모두가 한국팀을 무조건적으로 응원할 때, 외국의 특정 선수를 가리키면서 국적을 떠나서 저 선수는 어떤 포지션, 어떤 공격능력이(혹 방어능력) 매우 뛰어나서 응원하고 싶다며, 그 외국 선수의 플레이를 이따금씩 소리내어 응원할 수 있겠는가. 그리고 위에서 예를 든 모든 사례에서, 자신의 생각이 남과 비슷하건 다르건 혹은 애초에 관심이 없건, 그 어떤 상황이든지간에 위와 같이 진지하게 주장하고 말할 수 있겠는가. (셀프 테스트 차원에서)

그렇게 할 수 있을 정도로 남의 의견에 거리낌이 없고 독자적인 의견을 제시하는데 심리적 제한이 전혀 없는 사람이라면, 뛰어난 역발상투자자가 될 소질이 농후하다. 하지만 그렇게 거리낌 없이 행할 수 없는 사람이라면, 자신의 심리적 한계를 극복하기 위해서 순수한 역발상투자자라기보다는 계량적이고 정량적인 기준을 통해 역발상 투자자가 될 필요가 있다.

각종 투자자산의 비중 범위를 사전에 정해 놓는 것은 기본이고, 특히 국내외 투자자산의 경우 비중을 확대하거나 줄여나가야 할 금리나 환율 등의 조건, 비싸고 싼 것을 판단하는 몇 가지 가치지표, 좋은 기업과 나쁜 기업을 가르는 핵심적인 몇 가지 재무손익지표 등을 사전에 정해 놓아야 한다. 그래야 특정 자산의 실적과 가격이 단기적으로 과도하게 올라갈 때 해당 자산에 대한 욕심으로 추가투자를 하는(최악의 대응) 대신 비중축소를 할 수 있기 때문이다. 더불어 특정 자산의 실적과 가격이 단기적으로 과도하게 하락할 때 두려움으로 인해 잘못된 손절매를 하는(최악의 대응) 대신에 추가투자를 할 수 있을 것이다.

뉴스와 각종 리포트, 다른 투자자들이 특정 종목을 욕하거나 칭송할 때, 반대로 행동하기 어려운 보통 심장을 가진 투자자들에게 사전에 정한 조건에 따른 리밸런싱은 역발상 투자를 위한 비교적 손쉬운 도구가 된다.

마지막으로 자산운용과 리밸런싱에서 두 가지만 더 기억하자. 주식시장과 똑같은 방향, 똑같은 정도로 움직이는 자산을 가지려면 인덱스를 사면 된다. 하지만, 이 책의 독자들은 인덱스펀드를 들기에는 너무 많이 왔으며 너무 똑똑하다.

그리고 비싸지 않은 수익성장주, 경기불황기의 경기변동형 기업, 장기적인 펀더멘털이 확실한 소형성장주 등 국내주식에 대한 다양하고 효과적인 투자전략을 기본으로, 선진국과 이머징 국가 등에 대한 적극적인 해외주식(혹 해외펀드) 분산투자, 주가급락에 이어지는 경기불황과 국내외 금리인하에 대비한 일정 수준 이상의 채권 자산 등이면 훌륭한 포트폴리오의 기본 골격이 갖추어졌는데, 왜 인덱스를 사겠는가.

투자자들은 자신이 무슨 일을 하는지 알고 있기만 하다면, 인덱스가 아니라 자신의 포트폴리오를 구축하는 것이 압도적으로 유리하다.

좋은 기업을 고르며, 싼 가격을 확인하고 나서야 투자하므로 어떻게 시장평균을 이기지 않을 수 있겠는가. 복수 국가에 대하여 해외주식이나 펀드에 투자하며(국내통화가 아니라 해외통화로 표시되는), 각 국가별 자산들 중 중기적으로(2~4년) 성과가 가장 좋은 자산의 비중을 줄이고 가장 성과가 나쁜 자산의 비중을 늘리는데, 어떻게 국내 주식에만 투자하는 투자자보다 수익률이 낮지 않겠는가. (장기적으로 모두 상승하지만, 중단기적으로 가격변동성이 다른 국내주식과 국외주식 투자를 함께 하는데 말이다.)

또한, 주식시장이 고평가 상황에서 급락하기 전에, 보유 중인 채권 자산의 투자수익률은 부진하지만 투자매력도가(향후 금리 인하로 인한 기대수익률) 크게 상승한 상황에서, 주식자산의 비중을 줄이게 되는데 어떻게 인덱스투자자들보다 성과가 떨어질 수 있을까.

(특정 자산 비중의 확대, 주기적인 리밸런싱 등 자신이 하는 행동의 의미를 아는 투자자의 대응은, 연평균 약 10%에 해당하는 주식시장 자체의 수익률보다 훨씬 크면서도 안전한 초과수익을 반영구적으로 누리게 된다.)

6. 가치투자 스타일 및 섹터별 성과순환

이번에는 계량가치투자 포트폴리오의 중심 자산인 국내 주식과 관련해서, 성과 순환 현상과 효과적인 운용을 설명한다.

주식투자자가 계량가치투자 포트폴리오를 운용하다보면, 특정 주식들이 중기적으로 큰 성과를 낼 때가 있을 것이다. 예를 들면, 보유하고 있는 다양한 종목들 중 최근 1~2년간 특히 소형성장주의 수익률이 매우 높았다든지, 몇몇 경기변동형 기업들의 수익률이 탁월했다든지, 평균적인 수익성장성과 높은 배당성향을 지닌 성숙한 우량기업들이 갑자기 높은 수익률을 보였다든지 하는 경우이다.

대개 기업들은 장기적으로 유지가능한 이익성장률이 있게 마련이고, 해당 이익성장률을 압도할 정도로 최근 1~2년간 주가가 급등했다면 이는 시장의 평가치(PER, PBR, PSR 등) 자체가 크게 상승한 것으로 볼 수 있다. 주식시장 전체의 상승장 끝물만 PER의 축제가 발생하는 것이 아니다. (실적 상승률보다 PER 상승률이 높은 고평가 상황을 말한다.)

특정 섹터의 종목들 역시 해당 섹터에 대한 주식시장의 관심이 마무리되기 직전에 PER의 축제가 시작되는 것이다.

현명하고자 노력하는 주식투자자라면 그리고 이 책을 읽는 독자라면, 직전 과거에 최고의 성과를 보여준 섹터에 추가적인 자금을 투자함으로써 비중을 더욱 높이는 잘못을 범하지는 않아야 한다. 왜냐하면 어떤 투자스타일이건 어떤 섹터의 종목이 건 간에, 해당 투자스타일과 해당 섹터의 장기적인 이익상승률 만큼만 주가가 상승하는 것이 균형 상태이며, 최근 몇 년간 그 보다 빠르게 지속적으로 주가가 높게 올랐다면 이내 주가가 빠 질 것이 확실하기 때문이다. (장기적인 이익상승률과 장기적인 주가상승률은 사실 동일하고, 또 동일해야 하기에)

반대로, 계량가치투자 포트폴리오를 운용하다보면, 특정 주 식들이 중기적으로 부진한 성과를(손실) 낼 때가 있을 것이다.

다시 한번 말하지만 어떤 섹터에 속해 있건 간에, 기업별로 장기적으로 유지가능한 이익성장률이 있게 마련이고, 해당 이 익성장률보다 크게 부진하게 최근 1~2년간 주가가 급락했다 면 이는 시장의 평가치(PER, PBR, PSR 등) 자체가 크게 하락한 것 으로 볼 수 있다. 주식시장 전체의 하락장 끝물만 PER의 공포 가 발생하는 것이 아니다. (본격적인 하락기에는 실적과 PER이 동시에 하 락하지만, 하락장 끝물에는 실적하락은 멈추어도 PER이 하락하는 저평가 상황이 된 다.)

특정 섹터의 종목들 역시 해당 섹터에 대한 주식시장의 관심 이 서서히 생기기 전에 PER의 공포가 마무리되는 것이다.

역시 현명한 주식투자자라면, 직전 과거에 매우 낮은 성과 를 보여준 섹터에서 대거 투자자금을 회수함으로써(손실확정) 저 평가된 자산의 비중을 더욱 낮추는 잘못을 범하지는 않아야 한 다. 좋은 기업을 비싸지 않게, 그리고 가장 소외된 타이밍에 투자했던 '탐정 같은' 가치투자대가 필립 피셔조차도 매수한 후 3년간은 수익률이 좋지 않아도 지켜본다고 했다. 왜냐하면 어떤 투자스타일이건 어떤 섹터의 종목이건 간에, 해당 투자스타일과 해당 섹터의 장기적인 이익상승률만큼만 주가가 상승하는 것이 균형 상태이며, 그 속도에 비해 주가가 별로 오르지 못했거나 오히려 높은 손실을 기록했다면, 이내 주가가 상승할 것이 확실하기 때문이다.

(항상 펀더멘털이 훼손되지 않았음을 확인해야 한다. 펀더멘털이 그대로라면 일시적인 실적과 주가의 급락은 향후 기대수익률을 높여줄 뿐이다.)

쉽게 말해서 관성의 법칙에 따라서 특정 스타일의 종목들만 계속 가치성장속도보다 훨씬 빠르게 주가가 오를 것이라는 욕심, 기대, 환상을 버리고, 특정 스타일의 종목들만 가치성장속도보다 훨씬 부진하게 주가가 보합상태를 보이거나 하락할 것이라는 공포, 우려를 버리라는 것이다.

존 템플턴은 '가장 전망이 최악인 곳을 묻고 찾아라. 최고의 기대수익률이 있다.'고 말했다. 마찬가지로 주식의 특정 섹터에서 실적과 주가의 방향은, 해당 섹터에서 투자자들이 가장 큰 성과를 내고 가장 낙관적으로 변하면서 앞다투어 매수할 때 급격한 하락을 앞두고 있고, 해당 섹터에서 투자자들이 가장 부진한 성과를 내고 가장 비관적으로 변하면서 매도할 때 커다란 상승을 앞두고 있는 것이다.

그러므로 자신의 계량가치투자 포트폴리오에 포함된 종목들의 비중을 조절함에 있어서, 향후 전반적인 경기가 회복할 것이 기대될 경우(현재 경기 전반이 최악의 터널을 지나고 있을 경우) 경기변동형 기업, 소형성장주 등 실적과 주가의 변동성이 큰 섹터의 비중을 늘려야 한다. 반대로 전반적인 경기가 수축될 것으로 예상될 경우(현재 경기과열과 인플레이션 우려가 클 경우) 경기방어형 주식, 배당성향이 평균 이상인 대형주 등 실적과 주가의 변동성이 적은 섹터의 비중을 늘려야 한다.

또한, 몇몇 업종의 실적과 주가가 과거 몇 년에 비해서 크게 개선되어 단숨에 높은 수익률을 달성했을 경우, 몇 년 치 수익률을 단숨에 올린 호황업종의 투자비중을 조금씩 줄여나갈 필요가 있다. 그 대신 현재 대중적 투자자들의 전망은 가장 어둡지만, 실제로는 불황의 터널을 벗어날 조짐이 보이는 업종들의 비중을 늘려야 한다.

위와 같이 다양한 스타일과 섹터에 속한 종목들에 대해서 전략적으로 비중을 조절하다 보면(주식자산 내에서의 리밸런싱), 단기적으로 고평가된 자산의 비중을 낮추어감으로써(일시에 매도하는 것은 아니다.) 손실위험을 낮추게 되고, 저평가 상태를 벗어날 것이 확실한 자산의 비중을 높여감으로써(일시에 매수하는 것도 아니다.) 기대수익률을 높이게 된다.

이때 세 가지가 중요하다.

첫째, 수요시장의 견고함, 업종 경쟁구도의 정도, 업종 내 기업의 경쟁력과 위치 등 항상 기업의 근본적인 펀더멘털을 검토하여 그다지 변함이 없다는 것을 확인해야 한다. 근본 펀더멘털은 유지만 해도 좋다. 혹시 예외적인 경우로 근본 펀더멘털이 더 좋아진다면 한꺼번에 몇 루타, 즉 몇 백%의 수익률을 낼 절호의 기회이다. 반면에 예외적으로 근본 펀더멘털이 악화된다면 해당 기업의 장기적인 이익성장률, 마진율 범위, 가치지표 범위(PER, PBR 등) 등이 모두 근본적으로 하락하는 것으로, 단순한 주가변동성이 아니라 손실위험을 입을 수 있다. (적정주가 자체가 하락하여 주가변동의 상단선, 하단선 자체가 내려가므로)

둘째, 기업의 근본 펀더멘털에 비해서 가치지표가 싼 편임을 확인해야 한다. 이에 대해서는 3부 3장에서 주 내용을 다룬다.

셋째, 좋은 기업들이 저평가인 상태가 전부인 것은 아니며, 그러한 종목들, 업종들 중에서 변곡점이 상대적으로 임박한(전망이 그 중에서도 가장 최악인, 실적이 더 내려갈 곳이 없는 바닥인, 업종 전체의 사활노력이 필사적인 등등) 종목들의 비중을 먼저 늘려나가라. 실적이나 업황의 변곡점에 대한 대략적인 감과(실적하락률의 둔화 정도로 판단) 계산(해당 업종 업황등락길이의 대략적인 파악)은, 기업이나 업종의 과거 호불황 사이클을 두세 번만 역추적하거나 겪었다면 그렇게 어렵지 않다. 그럼에도 불구하고 모든 것이 불확실해 보인다면 최고의 대응전략은 당연히 '저평가된 업종들이나 종목들에 대한 균등 비율 투자'가 되겠다.

이상의 설명을 구체화하면, 장기적인 수익성장률이 10%인 기업들의 단기적인 수익성장률과 주가상승률이 매년 30%~40%가 넘을 때를 조심하고, 장기적인 수익성장률이

20%인 기업들의 단기적인 수익성장이 멈추고 주가가 급락할 때에 용기를 내라는 것으로 마무리할 수 있다. 그리고 변곡점을 비교적 알아볼 수 있다면 인내심이 덜 필요할 것이고, 변곡점을 알아볼 수 없다면 천천히 매수를 확대하고 천천히 매도를 확대하는 등 인내심을 발휘해야 할 것이다. (알아볼 수 없는데 인내심도 없다면 수익률이 불확실해진다. 다소 인내심을 발휘하여 수익률을 확고하게 하라.)

한편, 수익이 비교적 빠른 속도로 증가하여 '투자자에게' 노다지인 기업일수록, 대체로 중기적인 주가변동성이 큰 편이다. (그러므로 주가변동성에 따른 베타를 가지고 가치평가를 하는 CAPM은 역시 틀렸다.)

왜냐하면 지속적인 수익성장성으로 주가상승 속도도 장기적으로 빠른데다가, 수익성장률이 높은 기업일수록 성장률이 일시적으로 둔화되었다가 회복하기까지 주가는 크게 등락하기 때문이다. (저성장 주식보다는, 고성장 우량주에 대한 기대감과 실망감이 크기 때문이다.)

위와 관련하여 독자들에게 두 가지 유용한 정보를 주려고 한다.

첫째, 시장평균보다(한국의 경우 대략 10%) 훨씬 느리게 이익이 성장하며 배당성향이 높은 전형적인 성숙기업일 경우 장기투자수익률은 다소 낮은 편이지만 주가변동성 역시 일반적으로

적으며, 이익이 꾸준하게 평균 이상으로 성장하는 중대형 우량기업의 경우 장기투자수익률이 시장평균보다(인덱스) 높으면서 주가변동성 역시 그 이상이라는 점이다.

또한, 이익이 고속으로 성장하는 중소형성장주들의 장기투자수익률이 가장 큰 대신에 주가변동성은 가장 크며, 그 중에서도 특히 소형성장주의 수익률과 변동성이 가장 크다.

그러므로 다양한 성장률과 변동성을 가지고 있는 주식스타일들 중에서 주가변동성을 감내할 수 있는 자신의 투자성향을 고려하여, 두 가지 이상의 스타일을 선정할 필요가 있다. (그래야 중기적인 주식시장의 큰 상승장과 하락장에서 서로 비중을 조절할 수가 있지 않겠는가. 한편, 수익성장성이 좋은 저평가우량주에 대해서는 '대한민국 주식투자 저평가우량주'를 참고하기 바란다.)

둘째로, 상관관계가 낮은 업종들에 분산투자할 경우 업종 간 업황등락 및 주가등락 시기가 중기적으로 다르기 때문에, 특정 시기에 전체 주식자산의 수익률이 낮아지는 것을 막고, 수익률이 천장으로 향하고 있는 업종과 바닥으로 향하고 있는 업종 간에 비중조절을 함으로써 초과수익률을 올릴 수 있다는 것이다.

(다만, 아쉽고도 확실한 것은 주식시장의 짧은 3~5년 정도의 한 사이클마다, 업종등락의 순서가 정확히 꼭 같지 않다는 점이다. 그러므로 수학공식과 같은 매너리즘에 빠져서는 아무 것도 이룰 수 없다.)

요컨대, 다양한 성장률과 주가변동성을 보이는 섹터에 분산투자하고, 업황등락의 주기와 시기가 일치하지 않는 다양한 업종에 분산투자할 경우, 중기적인 리밸런싱을 통해 포트폴리오 내 종목들 전체의 연평균 수익성장률보다 훨씬 높은 연평균수익률을 확실히, 그리고 지속적으로 올리게 될 것이다.

예를 들어 포트폴리오 내 종목들 전체의 장기적인 연평균 순이익성장률이 15%라고 했을 때, 모든 종목들을 매수 후 보유할 경우 장기 투자수익률 역시 15%가 될 것이다. 하지만 섹터와 업종 별로 주가가 상당히 상승하고 하락하는 중요 국면마다 리밸런싱을 해준다면, 15% 연평균 수익률에 초과수익률 5~15% 정도를 더할 수 있을 것이다.

2장 계량가치투자운용 프로세스 및 개별 종목 투자

1. 주식 중심의 분산투자와 리밸런싱

　계량가치투자 포트폴리오 운용은 자산배분과 리밸런싱, 종목선택 등의 단계적 차원에서 이루어지는 것이다. 포트폴리오 전체의 기대수익률을 극대화하고 손실위험, 가격변동성 등을 일정 범위 이내로 제한하기 위해서, 매력적인 기대수익률과 낮은 손실위험, 그리고 다양한 가격변동성(운용성과의 진화, 발전의 단초는 여기에 있다.)을 가지는 각종 자산들에 분산투자 해야 한다.
　또한, 해당 자산들의 상호간 특성(가격변동성의 방향이 반대이거나 혹은 무관한)에 기반하여 금융시장의 주요 등락 국면마다 현명하게 리밸런싱을 함으로써 미래의 고수익기회를 발굴하고 포트폴리오 전체의 밸류에이션을 매력적인(가치 대비 싼) 수준으로 유지해야 한다.
　더불어, 가치 대비 저평가된 종목들을 개별적으로 선정하고 매수하되, 여러 가지 측면에서 비이성적으로 저평가된(주식시장에 이성이 돌아올 때 내재가치까지 주가가 상승할 것이 기대되는) 종목들을 발굴하기 위해서 역발상 관점을 지녀야 한다.
　우선 주식 중심의 자산배분, 분산투자의 중요성 대해서 살펴보자.

포트폴리오의 성과는 세 가지로 볼 수 있다. (개별 종목도 사실 마찬가지이다.)

연평균 기대수익률 극대화, 손실위험 최소화, 가격변동성 최소화 혹은 역이용이다. 연평균 기대수익률이 클수록 우수한 포트폴리오이며, 손실위험이 작을수록 우수한 포트폴리오이다. 그리고 투자자의 자산운용수익률 선호형태에 따라 다른데, 가격변동성을 최소화하는 것을 목적으로 하거나, 가격변동성을 그대로 용인하면서 오히려 가격변동성을 역이용하여 초과수익률을 올리는 것을 목적으로 할 수 있다. 다만, 가격변동성을 최소화하는 것을 목적으로 할 경우 포트폴리오의 수익률변동성은 최소화되지만 연평균 기대수익률이 낮아지게 된다.

그러므로 본서에서는 적정한 수준의 분산투자로 포트폴리오 전체의 가격변동성을 일정 수준으로 통제하면서도, 개별 자산의 가격변동성은 있는 그대로를 용인하면서 적정 범위를 크게 벗어난 가격을 오히려 적극적인 초과수익률의 기회로 삼는 방향으로 설명할 것이다. (중장기적인 누적수익률 차이가 어마어마하기 때문이다.)

개별 자산의 가격변동성이 상당하더라도, 중단기적으로 자산 간 가격상관성이 낮거나 심지어는 반대방향이라면, 개별 자산들이 모여 있는 전체 포트폴리오의 가격변동성은 일정 수준으로 통제될 수 있다는 것을 이해하자.

이상 포트폴리오의 세 가지 성과목표, 즉 연평균 기대수익률을 극대화하고, 손실위험을 최소화하며, 일정 범위 내의 가격 변동성을 역이용하기 위해서는, 포트폴리오 운용의 세 가지 과제를 해내야 한다.

첫째, 연평균 기대수익률이 가장 높은 중심자산을(혹은 중심자산들을) 정책적으로 정하고 둘째, 해당 자산의 손실위험이 거의 없도록 철저히 분석하고 저평가된 가격으로 매수하며 셋째, 중심자산과의 가격변동성을 보완하면서 포트폴리오의 초과수익 기회를 극대화할 기타 자산들에 분산투자해야 한다.

첫째 과제로, 연평균 기대수익률이 가장 높은 중심자산 및 종목들을 정책적으로 정해야 하는데, 일반적인 투자포트폴리오와 마찬가지로 계량가치투자운용에서도 당연히 국내주식자산이 이에 해당한다.

미국, 유럽, 일본뿐 아니라 한국에 이르기까지 일반적으로 주식, 채권 상품이 오래 거래되어온 국가들의 초장기적인 연구자료를 보면 주식, 채권(회사채, 국채 순), 현금 등의 일정한 순으로 장기수익률이 좋았다. 주식, 회사채와 국채 등의 불확실성을 차례대로 살펴보면 이러한 장기수익률 불균형이 이해된다.

국가가 망해서 채권이자와 원금을 지급하지 못할 확률은 매우 낮으며, 기업이 망해서 채권이자와 원금을 지급하지 못할 확률은 그보다는 높지만 전체 기업 중 그런 기업의 비율은 극히 낮다.

한편, 기업이 망할 경우 부채 투자자들에게(여기에 회사채투자자가 포함) 우선적으로 상환하고 남은 것이 있으면 자본총계 투자자들에게(주식을 소유한 주주) 돌려준다는 주주의 후순위 권리와, 기업이 망하지 않더라도 장기적인 기업경쟁력, 수익창출력 등 펀더멘털이 훼손될 경우 근본적으로 자본총계, 주식의 가치가 하락한다는 손실위험 등을 감안하면 왜 주식수익률이 높은지 알 수 있다. (기업의 장기 펀더멘털에 이상이 없으면, 청산시 선순위 후순위는 의미가 없다. 펀더멘털이 양호한 대부분의 상장기업은 계속기업으로 존재하지 청산할 일이 없다.)

금융자산은 결국 인간이 만들고 인간이 맡기기 때문에 인간의 본성이 깊이 내재되어 있는데, 그런 모든 금융자산에는 불확실할수록 그리고 위험이 있을수록 불확실성과 위험의 정도에 비해서 더 높은 할인율(리스크)을 요구하는 경향이 있다. 예를 들면 망할 확률이 8%인 기업에 대해서 10%의 금리로(부도예상률과 대출금리 차이를 2% 가정) 은행에서 대출을 해준다고 했을 때, 망할 확률이 12%인 기업에 대해서는 대출을 아예 해주지 않거나 혹은 14%보다 훨씬 높은 금리로 대출해줄 것이다.

즉, 국가가 망할 평균적인 확률과 상장사가 망할 평균적인 확률의 차이보다 국채와 사채의 수익률 차이가 조금 더 크다. 그것은 상장사가 망할 평균적인 확률은 얼마 되지 않아도, 어떤 기업이 망할지 모른다는 기본적인 가정 및 불확실성 때문에, 채권투자자들이 회사채에서 더 높은 수익률을 요구하기 때문이다. (여기에서 기업의 재무구조와 현금흐름을 살피고 분석할 수 있는 투자자는 압도적인 우위에 있다.)

또한, 주식의 장기 가치상승률(장기적으로는 반드시 주가상승률이 자본총계 증가율, 혹 순이익 증가율에 수렴한다.)은 우리나라를 포함한 주요 국가의 장기통계를 보면 명목수익률 9~13% 정도로(대한민국 장기 명목수익률은 대략 10% 정도) 매우 높지만, 국채나 사채와 달리 일정한 이자를 지급하는 것이 아니라 순이익의 변동성이 크다는 점, 기업이 쓰러졌을 때 채권보다 후순위라는 점 때문에 상당한 할인율을 받는다.

무슨 말인가 하면, 주식자산의 가치는 근본적으로 향후 창출할 모든 현금흐름을 현재가치로 할인한 후 합산하는 과정을 거치는데, 이때 미래의 현금흐름을 현재가치로 할인할 때 적용하는 할인율이 필요 이상으로 높은 측면이 있다는 것이다.

(이것을 주식 리스크 프리미엄이라고 한다. 일어날 수 없는 일이지만 만약 주식 리스크 프리미엄이 없어진다면, 한 기업에 대한 회사채투자와 주식투자의 수익률 차가 사라질 것이다.)

국고채보다 회사채가 위험한 것은 맞지만 그 위험도보다 수익률 차가 더 크다. 여기서 회사채 투자자의 위험이란, 기업청산시 채권자 몫도 받지 못할 손실위험으로 실제로 전체 회사채 시장에서 이런 경우가 발생할 비율은 매우 낮다. 그러나 그런 경우가 실제로 발생할 비율보다도 발생할까 우려하는 비율이 훨씬 더 크기 때문에(쓰나미와 태풍이 주기적으로 한 번 발생한 후에는, 발생 전보다 더 발생비율을 크게 느끼는 인간심리의 근본적인 결함) 불확실성을 감수하는 데 대한 대가로 회사채의 수익률이(실제로 채권자가 원금을 못 받는 경우까지 감안한 평균수익률이) 높은 것이다.

또한, 회사채보다 주식자산이 위험한 것은 맞지만 그 위험도보다 수익률 차이가 더 크다. 여기서 주식자산(자본총계) 투자자의 위험이란, 기업의 펀더멘털 하락으로 내재가치가 하락하거나, 기업청산시 후순위인 주주 몫을 받지 못하는 등 손실위험을(기업의 장기 펀더멘털에 별 이상이 없는 경우 이런 검토는 필요 없다.) 말한다. 실제로 기업이 청산되고 주주 몫을 받지 못하는 극히 드문 경우와, 기업의 펀더멘털 하락으로 내재가치가 하락하는 일부의 경우들을 모두 포함한다 해도, 주식의 장기수익률이 회사채의 장기수익률보다 압도적으로 높은 것이다.

어떤 기업의 주식가치가 하락할지 그리고 보유종목의 향후 주식가치가 하락할지에 대한 불확실성 때문에, 그러한 위험을 실제 확률보다 훨씬 크게 느끼는 인간본성의 결함으로 주식자산의 할인율은 항상(역사 이래) 국고채와 회사채보다 높은 수준을 유지해왔다. 그리고 앞으로도 영구적으로 유지될 것으로 보이는데, 왜냐하면 손실위험을 감안한 회사채와 주식의 할인율이 완전하게 적정해지려면, 투자시장에 참가한 모든 주체들(개인과 기관 등 100% 모두)이 개별 기업들의 회사채와 주식자산의 손실위험을 투명하게 분석하고 판단할 정도로 전문적이어야 하기 때문이다. 그것은 영구적으로 불가능하다.

(아마추어가 보기에는 분석하기 어렵고 불투명해 보이거나, 자산의 체감 불확실성과 체감 손실위험이 높다. 하지만 실제로 전문가가 보면 전혀 그렇지 않은 자산들이 매우 많고, 해당 자산들은 실제로 생각보다는 손실위험이 훨씬 낮을 경우가 많다.

여기서 전문가와 아마추어의 투자수익률 차가 벌어지는 것이다.)

결국, 실제의 리스크(원금손실 가능성)를 감안하더라도 리스크 감안 최종수익률에 있어서, 주식자산의 장기 기대수익률은 회사채를 압도하고, 회사채는 국고채를 앞서며(하지만 안정성과 확실성 면에서는 국고채가 위이다.) 현금은 기대수익률이 마이너스로 장기 보유가치는 없다. 그러므로 손실위험을 감안한 기대수익률 측면에서 주식 자산이 계량가치투자 포트폴리오의 중심 자산이 되어야 하는 것이다.

다만, 인플레이션 대비 초과수익률이 미미하거나 없는 국고채 자산을 제외하고 회사채와 주식 자산을 비교하면, 회사채의 경우 총자산의 공정가액(처분 가정)이 각종 채권자의 몫(쉽게 생각하면 실질부채)보다도 감소하는 손실위험 가능성을 점검해야 하며, 주식 자산의 경우 기업의 장기 펀더멘털이 훼손되었는지 여부를 검토할 필요가 있다.

장기 기대수익률이 높은 자산이 주식 자산이므로 계량가치 포트폴리오의 중심 자산으로 삼되, 주식 자산의 손실위험을 극적인 수준으로 낮추기 위해서는, '투자자가 설정한 기준 이상의 우수한 기업'을 '해당 기업의 적정가치보다 싸게 매수'하면 된다.

각종 재무손익비율과 각종 가치지표의 구체적인 리스트와 개요 설명 등은 본서의 다른 장에서 확인하고 이해하기 바란다.

한편, 장기 기대수익률이 가장 높으면서 기대수익률에 비해서 손실위험이 매우 낮고, 낮은 손실위험 자체를 기업분석과 가치평가체계에 의해 극소화할 수 있는(가격변동성은 어쩔 수 없지만, 손실위험은 거의 대비할 수 있다.) 주식 자산을 중심 자산으로 삼는다면, 어떤 기타 자산으로 분산투자를 해야 하는지. 혹은 기타 자산들에 분산투자는 꼭 해야 하는지 등을 생각해보자.

주식 자산군에만 집중할 경우 포트폴리오의 수익률은 어떻게 될까. 물론 장기 수익률은 좋을 것이다. 하지만 중기적으로 주식시장이 하락세에 있을 때는 그 전에 매도한 후 아무 것도 하지 못하고 충분히 시장이 하락하기를 기다리기만 해야 할 것이다. 사실 그것도 충분히 좋은 것이다. 장기 복리수익률이 15% 전후의 기업들로 구성된 포트폴리오의 경우, 시장이 고평가되었을 때 보유종목들의 상당비중을 매도하고 시장이 저평가되었을 때 다시 한껏 매수한다면, 포트폴리오의 연평균 수익률은 15%보다 훨씬 높다. 하지만, 주식시장이 좋지 않은 수익률을 오래 보이거나 큰 폭의 하락장세에 있을 때 상대적으로 이익을 내는 자산, 혹은 하락을 상대적으로 훨씬 덜 겪는 자산이 있다면 어떨까. 주식시장이 고평가상황일 때 보유종목들의 비중을 줄여서 그런 자산의 비중을 다소 늘렸다면, 주식시장이 크게 하락할 때 (주식자산만 가지고 있는 경우보다) 훨씬 높은 이중적인 수익률이 발생하지 않겠는가. 주식시장이 크게 하락할 동안에 해당 기타 자산으로 말미암아 포트폴리오의 수익률이 오히려 상승하고(자산이 오히려 늘고), 이윽고 주식시장이 저평가되었을 때 주식자산만 보유했을 때보다 훨씬 늘어난(하락장 때) 자산으로 매우 저평가된 매력적인 주식 종목들을 훨씬 많이(주식수, 지분율 등) 매수할 수 있지 않겠는가.

그런 일이 실제로 발생한다. 아주 단순하게 생각하면, 채권형 펀드나 달러베이스 해외펀드, 달러 등 기타 자산을 주식시장 고점에서 일정 비중 이상 미리 준비하면 된다. 주식시장이 크게 하락하고 경기가 위축되면서 어쩔 수 없이 정부가 금리를 낮추기 시작한다. 또한 외국인이 주식시장에서 매도세를 이어나가면서 환율이 상승하게 된다. 개별 요소마다 조금씩 다르기는 하지만 금리 하락은 채권형 펀드의 수익률을 올려주고, 달러베이스 해외펀드나 달러 등 외환자산은 환율이 상승하면서 원화환산 수익률이 상승하게 된다.

하지만 장기적으로 높은 수익률을 보다 확실한 방법으로 얻고자 계량가치포트폴리오를 운용하려는 개인투자자 및 기관투자자들의 경우, 보다 심층적인 접근이 요구된다.

장기적으로 포트폴리오를 통해 목표 누적수익률(돌려말하면 연복리수익률)을 창출하려면 기본적으로 포트폴리오 내에 장기 기대수익률이 떨어지는 자산의 비율이 높아서는 곤란하며, 사실 없는 편이 가장 좋다. 그런 면에서는 현금보다는 채권이, 채권보다는 해외 주식이 좋다.

그런데 국내 주식시장이 크게 하락하는 하락장에서는 대개 환율이 상승하고, 글로벌 차원에서 주식시장이 동조하면서 주요 국가들이 전반적으로 하락장을 겪을 경우에는 경기와 금융시장을 조속히 회생시키기 위해서 기준금리가 낮아진다. 그러므로 포트폴리오의 중심자산이 특히 성과가 좋지 않을 때(손실 위험과는 무관하다. 가격하락을 겪을 때를 말한다.) 그와 무관한 성과 혹은 반대의 성과를 내는 자산이 있으면, 큰 의미의 가격변동성이 발생할 때마다 오히려 초과수익률 기회를 얻게 되어, 포트폴리오 전체적으로 초과수익률이 발생하게 될 것이다.

그러므로 기본적으로는 국내 주식과 마찬가지의 성질, 즉 장기 기대수익률이 높으면서도, 국내 주식시장이 대세하락기에 있어서 환율이 상승할 때 원화환산 수익률이 상승할 수 있는 외화 표시 해외주식 및 펀드가 기타 자산으로 적합하다.

또한 보조적으로, 국내주식시장은 물론 해외주식시장 역시 글로벌 차원에서 동조현상을 겪으면서 본격적인 약세장으로 접어들 때가 있기 때문에, 경기위축과 약세장 기간 동안 상대적인 수익률을 누릴 수 있는 국내외 채권 및 채권형 펀드도 포트폴리오 내에 편입할 필요가 있다. 다만, 국고채, 회사채, 채권형 펀드 등을 막론하고 장기 기대수익률이 국내주식시장 및 해외주식시장 등에 비해 매우 낮기 때문에, 국내외 주식시장이 모두 고평가되어 있거나, 최소한 국내 주식시장이 고평가된 상황에서 비중을 늘릴 필요가 있다. 주식시장 자체가 고평가된 상황이 아니라, 저평가되었거나 적정 수준에서 등락하고 있는 경우라면 채권 자산의 경우 비중을 적게 가져가도 무방하다.

요컨대, 가치투자 측면에서 개별 주식 종목의 고수익, 저위험은 장기적으로 높은 가치상승률을 보장하는 우량한 종목을 내재가치보다 싸게 매수하는 것이지만, 계량가치포트폴리오의 고수익, 저위험은 장기적으로 높은 가치상승률이 기대되지만 중요 시장등락 국면에서 다른 가격변동성(방향과 크기)을 보이는 자산들을 조합함으로써 달성된다.

 개별 종목 차원에서의 고수익, 저위험 가치투자전략과, 포트폴리오 차원에서의 계량가치투자운용 전략을 결합할 경우, 주식투자에서 변동성과 불확실성을 최소화할 수 있다. 실전에서 활용할 수 있는 임계치 이상의 가치투자 지식과 약간의 인내심만 있으면, 사실 누구나 계량가치투자 포트폴리오 운용을 통해서 작은 부자가 될 수 있다.

 (공부도 하지 않고, 투자자본을 모으는 노력도 없이 급히 부채를 지고, 올해 혹은 내년까지 큰 수익을 내려는 등 비현실적인 도둑놈 심보만 부리지 않는다면, 누구나 작은 주식부자가 될 수 있다. 이는 결코 거짓말이나 과장이 아니다.)

 높은 가치상승률이 기대되지만 중요 시장등락 국면에서 다른 가격변동성(방향과 크기)을 보이는 자산들을 조합한 고수익, 저위험의 계량가치투자 포트폴리오에서, 리밸런싱의(개념 자체는 누구에게나 쉽지만) 합리적인 전략 혹은 방법론을 간단히 정리한다.

 우선 리밸런싱의 기본 개념은 포트폴리오의 균형을(균형을 유지함으로써 수익률은 오르고 가격변동은 적어진다.) 유지하기 위한 것으로, 결코 오르는 시장을 따라가거나 상승하는 종목의 비중을 더 실어서는 안 된다. 극히 예외적인(중기적인 기간 단위에서는 있을 수 없는)

경우에 한 국가의 장기 펀더멘털(일시적 GDP성장률 상승 따위가 아니라 장기성장동력)이 상승하여 주식시장의 가격 상승률보다 주식시장 전체의 가치상승률이 높은 경우가 있겠지만, 현실적으로 십 년에 한 번 있을까 말까 한(십 년마다가 아니라 있을까 말까) 그런 경우를 제외하면 대부분의 경우 시장을 따라가거나 상승하는 종목을 따라가는 경우는 두 가지 실제 손실위험을 수반한다. 첫째, 가치 대비 높은 가격을 따라감으로써 손실위험이 상승한다. 둘째, 가치 대비 가격이 높아 손실위험이 높은 종목이나 자산의 비중이 포트폴리오 내에서 점차 높아지면서(오르는 가격을 따라 매수하므로) 포트폴리오 자체의 미래 손실위험 확률이 높아진다.

다음으로, 내재가치보다 가격이 크게 오른 종목과 자산의 비중을 점차 줄이고 내재가치보다 가격이 크게 내린 종목과 자산의 비중을 점차 늘려나가는 등, 리밸런싱의 큰 방향에서는 맞을지라도 다소 심각한 문제가 되는 경우가 있다. 그것은 역발상 투자의 포지션이 너무 담대해서 추세 전환 혹은 불균형상태의 해소가 늦어질수록 초조해지는 과도한 베팅을 말한다.

본래 개별 종목 하나에 전 재산을 집중하지 않고 포트폴리오를 구성하여 분산투자하는 이유는, 개별 종목들에 대한 투자아이디어의 실현 시간이 빠르고 느린 상황에 끌려다니면서 초조해지지 않기 위한 목적도 있는 것이다. 한두 종목에 투자한 경우, 투자아이디어가 실현되기를 기다리다가 초조함에 못 이기고 손실을 보고 중간에 팔았더니, 주가가 그제야 오르더라는 누군가의 한탄을 자신이 직접 겪게 될 것이다. 하지만, 다양한 업종에 걸쳐서 십여 종목 이상에 투자한 계량가치투자자의 경우, 업황 개선이나 시장의 재평가가 먼저 온 종목들로부터 수익을 회수해서 다음 번 업황개선이나 시장의 재평가가 기대되는 복수의 종목들에 비중을 더할 수 있다. (물론 그런 상황에 있는 새로운 종목을 발굴할 수도 있다.)

한쪽 방향의 과도한 추세에 대해서 역발상 투자의 포지션을 가지는 것은 좋으나 너무 과도한 베팅, 이를테면 국내주식이 고평가되었다는 판단에 상대적으로 저평가된 해외주식이나 펀드 및 국내외 채권형 펀드 등의 비중을 80% 넘게 가져가고, 국내주식의 비중을 20% 미만으로 줄이는 베팅은 프로가 아니면 금지사항이다.

그 정도로 과도한 베팅의 경우는, 주식시장에 대한 정교한 가치평가, 국면 전환을 대략 추정할 정도의 국내외 거시경제 분석, 국면 전환이 늦어질 수 있는 몇 가지 합리적인 시나리오와 시나리오별 대응책 마련 등이 가능한 프로 가치투자자가 아니면, 금지사항이다.

왜냐하면 중기적인 방향은 맞더라도 그 비중이 지나치게 크면, 기다리는 시기가 길어질수록, 국면전환에 이르기 전에 반대추세를 가장한 일시적인 시장변화가 자주 발생할수록, 투자 포지션을 자주 재조정하게 되어 리밸런싱의 일관성을 잃는 것은 물론이고 장기 수익률 목표와도 맞지 않는 포트폴리오(자산별 비중 조절)로 변하기 때문이다.

한편, 투자자 별로 기대수익률 극대화, 손실위험 최소화, 가격변동성 역이용 극대화 등 포트폴리오 성과요인 별로 중요하게 생각하는 비중이 서로 다르다. 그렇기 때문에 자산별로 적정한 비율을 누가 대신 정해줄 수는 없으며, 필자 역시 그것을 정해줄 수는 없다. (물론 필자가 운용하는 포트폴리오의 비중을 설명할 수는 있겠지만, 다양한 가치투자스타일 중 하나일 뿐으로 교과서가 될 수는 없다. 이와 관련해서 대략적인 적극적, 보수적, 평균적 수치를 4부에서 정리해 놓았다.)

평균적인 투자자들 수준에서 적당하다고 알려진 수치는 국내주식과 해외펀드 등 주식자산의 비중이 기본적으로 60~70%이고, 채권형 펀드와 현금 등이 기본적으로 30~40%이며, 여기서 국내주식시장이 고평가되거나 저평가되었을 경우 투자자의 기대수익률, 가격변동을 감내하는 정도에 따라서 주식자산의 비중을 10~20% 정도 가감할 수 있을 것이다.

보다 프로투자자들(실전가치투자체계를 익힌 개인, 기관투자자들)의 경우 국내외 주식자산의 기본비중을 80%, 채권형 자산의 비중을 20% 정도로 가져가되, 국내 주식시장이 확실히 저평가되었을 경우 주식자산의 비중을 100%에 가깝게, 국내 주식시장이 확실히 고평가되었을 경우 국내주식자산의 비중을 40% 이하로 가져갈 수 있을 것이다.

마지막으로 리밸런싱 과정에서 갑자기 새로운 자산군 및 종목들에 대한 투자아이디어가 떠올랐을 경우에는 매우 신중해야 한다. 구관이 명관이라는 말이 괜히 생긴 것이 아니다. 지금 보유하고 있는 포트폴리오에 포함된 자산들은 최초 매수시 충분히 검토한 것이며, 보유 기간 동안 실질가치와 가격변동을 꾸준히 살펴온 자산들이다. 그에 반해 이제 갑자기 흥미가 생긴(만약 뉴스나 증권리포트에서 읽은 종목이나 섹터라면 최악의 선택이다.) 자산의 경우, 마음부터 끌리고 있기 때문에 충분히 검토하지도 않은 채로 포트폴리오에 편입하게 될 위험이 있다.

다만 예외가 있다면, 기존 포트폴리오에는 편입하지 않았지만 지속적으로 관심을 가졌던 종목이나 시장, 섹터가 이제야 비로소 투자매력도가 크게 상승한 경우 정도라고 하겠다.

예를 들면, 필자의 경우 주로 국내 주식을 통해서 장기적인 누적수익률을 극대화해왔기 때문에, 해외 주식의 경우는 중국이나 미국, 일본 정도가 아니면 직접투자를 하지 않는 편이다. 그런데 2007년 하반기에 국내 주식시장이 너무 고평가되어 주식자산의 비중을 상당히 줄인 이후 리먼 브러더스(이 사건을 예상하지는 못했지만, 본래 고평가 주식시장은 언젠가 '울고 싶은데 뺨 맞는 일'이 어떻게든 생기기 마련이다.) 사건이 터졌다. 주식시장의 저점을 찾는 능력 따위는 필자에게 없기에 국내 주식시장의 PBR이 0.9 이하로 떨어진 2008년 10월~11월부터 서서히 매수를 시작해서 '대한민국 주식투자 완벽가이드'에서 설명한대로 필자는 2009년 초에 집중적으로 국내 주식비중을 높였다.

그 때 지속적으로 관심을 갖던 유가가 30~40달러 정도로 떨어져서 러시아펀드가 고점에서 1/7토막 이상으로 하락한 것을 알게 되었는데, 여러 모로 검토한 결과 중기적으로 유가상승을 확신하고 러시아펀드에 간접투자하여 약 80달러까지 유가가 회복했을 때 해당 펀드를 전액 정리했다. 비중 자체는 크지 않았지만, 상당히 만족스러웠던 국내주식자산의 수익률에 비해서도 기간 대비 훨씬 고수익률을 올릴 수 있었다. 기존에 가격변동성이 크면서도 장기적으로 수요가 탄탄한 원자재로 알고 추적하고 있었던 유가에 대해서, 갑작스럽게 찾아온 좋은 투자기회를 살리게 된 것이다.

그 외에 갑자기 수면 위로 떠오르면서 과거에 주목을 받았던 희토류라든지, 비트코인 등은 투자를 통한 수익은커녕, 애초에 관심조차 없었다. 보수적인 관점에서 오래도록 존재해온 투자자산들 중에서, 장기가치상승률이 높거나(주식) 혹은 확실하게 가격이 크게 순환함으로써 거래의 기회라도(원자재) 주는 경우에 한하여, 관심을 기울이고 있는 탓이다.

요컨대, 리밸런싱의 기본은 추세를 추종하는 것이 아니라, 과도한 추세로 인한 포트폴리오의 불균형 상태를 균형상태로 조정하는 것이며, 기본적으로 역발상 포지션을 가지지만 그 정도가 지나치지 않아야 한다. 또한 새로운 투자 아이디어에 관심을 주기 보다는 기존의 투자 아이디어에 집중하는 편이 더욱 좋으며, 예외적으로 투자자의 상식 속에 항상 존재하던 매력적인 투자기회가 왔을 경우에만 투자검토를 할 만하다.

이와 같은 리밸런싱 원칙과 전략들은, 기본적으로 계량가치투자 포트폴리오의 기대수익률을 높이면서 가격변동성을 적극적으로 활용하기 위해서, 장기적인 자산배분 원칙을 준수하는 것을 최우선적으로 하기 때문이다. 리밸런싱을 통해서 기존의 목표수익률 외에도 때때로 보너스 수익률을 받을 수는 있지만, 보너스 수익률을 극대화하기 위해서 포트폴리오의 자산배분 원칙을 어기면 오히려 포트폴리오의 최종수익률을 달성하지 못할 경우와 가능성이 크다.

2. 종목 차원의 기대수익률과 확실한 수익기회

　기본적으로 투자수익률이 극대화되는 종목과 투자기회란, 좋은 종목을 충분히 싼 가격에 매수한 경우이며, 평균 이하의 종목을 가치보다 훨씬 낮은 가격에 매수한 경우는 그 뒤를 잇는다. 물론, 좋은 종목이건 평균 이하의 종목이건 가치보다 비싸게 산 경우는, 매수를 하자마자 곧바로 몇 십 퍼센트(비싸게 산 만큼) 손실을 본 것이다.

　여기서 좋은 종목이란 정량적으로 재무손익비율 추이가 좋고, 정성적으로 사업구조와 경쟁력 등 펀더멘털이 좋은 종목을 말한다. 이런 종목들은 향후 예상되는 현금흐름이 양호하며, 미래 현금흐름에 비해서 싼 가격으로 매수할 경우 중장기적으로 높은 누적수익률을 제공한다. 즉, 단기적으로 주가가 내재가치까지 상승할 경우에도 주가변동성으로 인한 수익을 올릴 수 있지만, 1~2년간 주가가 상승하지 않더라도 동 기간 동안 기업가치가 상승함으로써 내재가치가 더욱 높아졌기 때문에, 어차피 기대수익률이 흘러간 시간만큼 높아지기 때문이다.

　한편, PER, PBR, PSR 등 상대적 가치평가 결과 싼 가격 자체로 접근함으로써, 훨씬 헐값에 매수할 수만 있다면 성장률과 수익성이 낮은 평균 이하의 종목들 역시 좋은 수익률을 낼 투자기회이기는 하다. 하지만 기대수익률을 언제까지 올릴지 확신할 수 없는 것이 주식투자이기 때문에, 성장률과 수익성이 낮은 종목들의 경우 보유기간이 길어질수록, 낮은 가치성장률로 인해 중장기 투자수익률이 훼손될(단순한 주가변동이 아니라, 내재가치의 정체로 인해 투자기간의 시간손실) 수도 있는 것이다. 그래서 벤저민 그레이엄은 평균 이하의 종목을 내재가치보다 훨씬 낮은 주가로 투자할 때는, 상당한 수준으로 분산투자를 하여(수십 개 종목), 50% 수익률을 올리면 매도하거나(복리가치상승률이 낮으므로) 보유기간이 2년이 넘으면(저성장 기업의 경우 오래 투자할수록 손실이므로) 매도했다.

기대수익률을 확보할 수 있는 경우는, 좋은 종목이 싸게 거래되거나 평균 이하의 종목이 더욱더 헐값에 거래되는 경우이지만, 그런 저평가 상황을 보다 확실하게 찾기 위한 수익기회로는 개괄적으로 역발상 투자, 기타 세부적으로 유동성 문제와 시장의 비효율성 등이 있다.

수익기회를 확실하게 찾기 위한 개괄적인 접근법으로, 역발상 투자전략이 있다. 주식시장이 어떤 업종이나 특정 기업에 대해서 오래도록 소외시키는 경우, 그 원인이 실적이 되었든 연속된 악재가 되었든 지간에 오랫동안 소외되었고 저평가되었다는 것 자체가 하나의 투자기회가 된다. (물론 언제 어떻게 시장의 관심을 다시 받을지, 촉매가 될 합리적인 시나리오와 대략적인 시기를 파악하면 더 좋다.)

개인투자자와 기관투자자를 가리지 않고 아마추어투자자들이 외면하고, 대다수의 수익을 내지 못하는 추세추종 투자자(사실 투자자)들도 외면하는 종목은, 장기 펀더멘털만 괜찮다면 '언제', '어떤 계기로' 오를지 먼저 아는 투자자가 모든 수익을 가져간다. 혹은 인내심 있는 투자자가 결국 수익을 가져간다. 사실 계기는 중요하지 않은 경우도 많은데, 오를 종목은 어떻게든 핑계를 갖다붙이고 오르게 마련이기 때문이다.

(반면, 주가가 내려야 할 정도로 고평가된 기업이나 주식은 '어떤 형태, 어떤 계기로든지 뺨을 맞고 당장 울 준비'가 되어 있다.)

광의적으로는 역발상 투자 아이디어에 포함될 경우로, 유동성이 부족하여 주가가 낮은 기업에 확실한 저평가 투자기회가 있을 수 있다.

기본적으로 상장사와 비상장사 간의 유동성 차이는 밸류에이션에서 중요한 의미를 가진다. 하지만 사실 상장사 간의 유동성 차이는 별 의미가 없다. (조 단위 운용자산을 굴리는 기관투자자에게도 밸류에이션 상 의미는 없지만, 운용인력들에게 유동성이 낮은 종목의 매수매도가 번거롭기는 하다.)

그럼에도 불구하고 큰 이슈 하나 없이 꾸준히 성장하는 소형주, 특정 업계가 커다란 실적 위축기를 맞고 주가가 상당히 하락하고 상대적으로 유동성이 작아진 중형주 등, 주식시장의 관심이 없어서 유동성이 낮은 경우는 오히려 매수하기에 좋은 상황일 수 있다. 소형주가 시장의 주목 혹은 재평가를 받아 주가가 오르면서 유동성이 확대된다든지, 고진감래 끝에 업황이 개선되면서 중형주의 실적하락이 멈추고 주가가 크게 오르면서 유동성이 확대되기 때문이다. 이 경우 매수할 때는 유동성이 낮아서 번거롭고 귀찮게 분할매수를 해야 할 수 있지만 매도할 때는 활발한 유동성으로 인해 원하는 만큼 매도할 수 있을 것이다.

또한, 주식시장의 비효율성을 역이용하면 좋은 종목을 싸게 살 수 있다. 주식시장이 비효율적으로 작동하는 업종이나 종목들의 경우 상대적으로 가치와 가격의 사이가 벌어져 있으며, 그 결과 기대수익률이 높게 된다.

예를 들면, 시가총액이 작으면 주식투자자들의 총 거래액이 작아서 거래수수료가 적고, 지주사는 자회사들에 비해 분석노고가 많이 든다. 그러한 이유로, 기관투자자의 수익구조상 리포트를 작성하고 매수를 추천할 여지가 적은 소형주, 복잡한 지주사, 우선주 등은 주식시장에 관련정보도 적으며 비효율적인 주가로 거래된다.

국내외 투자기관의 애널리스트들이 관심을 갖고 리포트를 쓰지 않고, 주식시장에서 상당한 비중을 차지하는 국내외 기관투자자들이 지분을 매수하지 않은 종목들의 경우, 정보 부재와 주식시장의 비효율성으로 인해, 때때로 높은 가치에 비해서 주가가 매우 낮은 경우가 있다. 그런 경우는 가치투자자들이 가장 좋아하는 투자기회 중 하나이다.

3. 종목별 가치계량 수익손실관리

주식 종목의 주가가 내재가치 혹은 내재가치 이상으로 상승하는 기간은 매우 짧다. 보유기간 전체 중에 몇 퍼센트밖에 안 되는 기간 동안 대부분의 수익률이 발생하는 것이다. 그러므로 주가가 상당폭 상승했을 때 매수하거나 상당폭 이미 하락한 후에 매도하는 것은 주식투자에서 가장 어리석은 일이다.

기본적으로 하락이 최대한 진행되어 투자자들이 심리적으로 포기상태에 있고 매도가 빗발칠 때 분할매수를 진행해야 하고, 과도한 상승으로 투자자들이 투기자로 변해 있고 단순히 주가가 상승한다는 것만으로 매수가 빗발칠 때 분할매도를 진행해야 한다.

그러나 포트폴리오를 운용하다 보면 한두 개의 종목에 집중투자를 할 때와는 달리 합리적인 기대수익률과 최대치로 감내할 수 있는 주가하락률(가치투자에 손실률은 없다. 주가변동일 뿐이므로 하락률이다.) 등을 미리 계량적인 기준으로 정해놓을 필요가 있다. 꼭 그대로 매수매도를 진행하기 위한 기준이라기보다는, 최소한 어느 정도 선으로 주가가 상승했고 어느 정도까지 빠지고 있는지 합리적으로 비교하기 위한 계량적 기준의 의미를 지닌다.

예를 들면, 합리적인 기대수익률의 크기를(%) 2 정도로 보면, 최대한으로 감내할 수 있는 하락률을(%) 1 정도로 잡을 수 있다.

여기서 감내할 수 있는 하락률이란, 어차피 내재가치보다 싸게 매수했기 때문에 추가적으로 주가가 하락해도 단순히 주가가 내려간 것일 뿐 손실위험이 있는 것은 아니다. 그러므로 감내할 수 있는 하락률이란, 포트폴리오 전체의 수익률을 일정 범위 내에서 유지하기 위한 심리적 장치 정도로 생각하면 된다.

즉, 내재가치보다 싸게 매수했으므로 대부분의 종목이 언젠가는 플러스의 수익률(내재가치에 주가가 접근하면서)을 보이겠지만, 보유하고 있는 종목들의 평균적인 기대수익률을 2 정도, 심리적으로 감내할 수 있는 최대 하락률을 1 정도로 잡으면, 적정주가에 도달한 기업들이 2 정도로 상승할 때, 예상 외로 타이밍이 좋지 않아 추가로 주가가 하락한 기업들이 최대 1 정도로 하락하리라 예상할 수 있는 것이다.

이는 주식시장이 순환하면서 타이밍상 포트폴리오의 수익률이 가장 좋지 않을 때에도 대략 플러스의 수익률을 유지할 수 있는 조건, 즉 주가변동성에 대한 계량적인 심리의 기준이 될 수 있다.

계량가치투자 포트폴리오에서는 계량적인 수치도 많이 보겠지만, 기본적으로 가치투자 방식으로 좋은 기업을 선정하고 가치평가 결과 내재가치보다 싸게 매수한다고 하면, 주가변동성이 있을 뿐 손실위험은 거의 없기 때문에, 감내할 수 있는 주가 하락률보다 기대수익률이 몇 배수 이상 커야 할 의무나 필요는 없다. 그래서 비교적 현실적인 수치인 2대 1을 사례로 들었다.

(불확실성을 기본적으로 깔고 있는 기술적 분석, 차트투자의 경우 항상 기대수익

률이 몇 배수 이상은 되어야 할 것이다.)

일반적으로 가치투자자들의 계량적인 안전마진 수치는 40% 정도를 충분하게 인식한다. (30%도 만족스럽지만 다양한 가치투자 운용스타일을 보면 30%를 누구나 충분하게 느끼는 것은 아니다.)

평균 이상의 기업 펀더멘털과 가치성장률을 지닌(우리나라로 치면 장기 기준으로 10% 이상) 종목을 매수할 때 계량적으로 40% 정도를 안전마진으로 가져가고자 한다면, 제 가치가 100원인 주식을 60원 이하로 매수하고자 하는 것이다. 40%의 안전마진을 확보하고 60원으로 매수한 주식이 제 가격인 100원으로 가격이 상승하면 주가상승률은 약 67% 정도이다. (60원 곱하기 1.67은 약 100원)

앞서 정한 수익률과 하락률의 심리적인 계량비율 조건을 적용하면, 합리적인 기대수익률이 67%일 때, 최대한 감내할 수 있는 주가하락률(더욱 저평가되었으므로 분명히 반등하겠지만)은 그 반 정도인 33%정도로 볼 수 있다. 제 가치가 100원인 주식을 60원으로 매수했는데, 약 33% 추가적으로 주가가 하락할 경우 주가는 40원에 이른다. 제 가치가 100원인 주식이 60원까지 하락했다가 다시 40원까지 하락할 일이 그다지 없을 것이라는 판단이 든다면, 제 가격의 40% 정도를 안전마진으로 확보하고 매수하면서(60원으로 매수) 기대수익률과 최대 하락률을 2대 1 정도로 잡은 것이 무리는 아니라고 볼 수 있다. (100원짜리 기업이 40원까지 떨어지면 너무 빅 세일인 셈이다. 더 신나야 마땅하다.)

이는 충분한 수의 이런 종목들을 포트폴리오 내에서 운용한다는 전제 하의 이야기이다. 한 종목을 60원에 사서 40원까지 떨어지는 것은 상당히 고통스럽겠지만, 60원에 매수한 여러 종목들 중 반 정도는 일시적으로 40원까지 주가가 하락하는 동안에, 반 정도는 100원까지 올라갈 것을 생각하면, 포트폴리오 차원에서 충분히 주가변동성을 감내할 만한 것이다.

한편, 벤저민 그레이엄이나 월터 슐로스를 닮고자 하는 투자자가, 주식시장 평균보다 펀더멘털이 다소 약할지라도 재무적으로 안정적이며 수익을 꾸준히 내기만 하는 기업들을 어쨌든 매우 싸게 매수하고 싶다고 한다면(이런 계량가치포트폴리오의 장기수익률도 실제로 주식시장 전체보다 1.5배까지는 연평균수익률이 높을 수 있다.), 우량한 기업이 아닐 수도 있는 종목들에 대해서 보수적으로 안전마진을 60%까지 잡고자 한다고 가정하자.

제 가치가 100원인 주식을 40원에 매수하여 안전마진 60%를 확보했을 경우, 우량한 기업이 아닐 수도 있다는 점을 감안하여 제 가치인 100원까지가 아니라 제 가치의 80%에 해당하는 80원까지만 주가가 상승해도 얼른 매도할 것이라고 하자. (실제로 벤저민 그레이엄은 2류 이하의 기업들을 매우 헐값에 매수한 후 50% 이상의 수익률을 올린 후, 제 가치에 이르기 전에 매도하곤 했다.)

얼마나 시간이 걸릴지 알기가 어려워서 그렇지 40원으로 매수한 주식이 80원까지 상승할 경우 기대수익률은 100%이다.(안 그래도 1류가 아닌 기업의 펀더멘털이 더 악화되거나 상장폐지가 될 경우를 제외하고는, 실제로 주가는 상승한다.) 그렇다면 40원에서 추가적으로 하락해도 심리적으로 감내할만한 하락률인 50%를 적용하면, 주가가 20원에까지 이른다. 즉, 100원짜리 주식을 40원에 사서 80원까지 주가가 오르면 최종적으로 매도할 것인데, 중간에 20원까지 주가가 하락해도 심리적으로 감내할 수 있다는 이야기이다.

제 가치가 100원인 주식이 40원까지 하락했다가 다시 20원까지 하락할 일이 그다지 없을 것이라는 판단이 든다면, 제 가격의 60% 정도를 안전마진으로 확보하고 매수하면서 기대수익률과 최대 하락률을 2대 1 정도로 잡은 것이 무리는 아니라고 볼 수 있다. (100원짜리 기업이 20원까지 떨어지는 일은 둘 중에 하나다. 너무 싸졌거나, 일부의 경우겠지만 기업의 펀더멘털이 약해진 경우이다. 심지어는 상장폐지 사례도 아주 드물게 나올 수 있다. 그래도 그레이엄의 조언대로 분산투자했다면 걱정할 일은 없다.)

이는 충분한 수의 이런 종목들을 포트폴리오 내에서 운용한다는 전제 하의 이야기이다. 한 종목을 40원에 사서 20원까지 떨어지는 것은 상당히 고통스럽겠지만, 40원에 매수한 여러 종목들 중 반 정도는 일시적으로 20원까지 주가가 하락하는 동안에, 반 정도는 80원까지 올라갈 것은 생각하면, 포트폴리오 차원에서 충분히 주가변동성을 감내할 만한 것이다.

마지막으로 워렌 버핏이나 필립 피셔 스타일을 닮고자 하는 가치투자자로, 비교적 높은 수익성장률을(경기변동형, 경기방어형과 무관하게 장기평균 수치가) 꾸준하게 유지할 수 있는 우량주를 선호하는 경우를 가정해 보자. (이 경우는 위 두 경우와 매우 다르다.)

이 투자자가 선호하는 주식의 경우 적정가치에 매수하고 보유하는 전략으로도 대략 연평균수익률이 15%에서 25%까지 나올 수 있는, 우량기업(스노우볼 혹은 성장주)에 해당한다.

이런 기업들은 제 가격에 매수할 수 있다는 것만 해도 감지덕지이다. 웬만해서는 주가가 떨어지지 않는 이런 종목들은 주식시장 전체가 하락하거나, 소속 업종이나 해당 기업에 돌발악재가 발생할 때 매수기회가 간신히 발생한다. 그러므로 20%에서 30%의 안전마진으로도 충분히 매수할 가치가 있다.

그리고 결정적인 점은 이러한 종목들에 주로 투자하는 투자자나 포트폴리오의 경우, 가능하면 낮은 수준의 주가에서 조금이라도 많은 주식수, 혹은 지분율을 확보하는 게 관건이다. (그만큼 좋은 기업이므로)

그러므로 심리적으로 감내할만한 주가하락률 따위는 없다. 다시 말하지만 이런 종목들은 펀더멘털 자체를 스스로 유지하고 개선하는 강력한 경쟁력과 경제적 해자(이익을 지키는 성벽과 해자, 방패 등을 은유)를 갖추고 있기 때문에, 펀더멘털이 유지되는 한 주가가 하락하면 하락할수록 다른 투자자산들을 매도해서라도 보다 더 많은 지분율을 확보해야 한다.

이런 종목을 보는 눈을 기르는 것이 어렵고, 이런 종목을 싸게 살 기회를 기다리는 인내가 어렵다 뿐이지, 이런 종목들은 계량가치투자 포트폴리오에 있어서 반영구적으로 마르지 않는 깊고 넓은 오아시스 같은 역할을 한다.

한편, 개별 종목에 대한 기대수익률과 최대 감내 하락률을 합리적이고 계량적인 수치로 정하고 포트폴리오 전체의 주가 변동성을 심리적으로 통제하는 과정에서, 잡초를 뽑고 꽃을 심는 행위로 포트폴리오 수익률을 지속적으로 끌어올려야 하는데, 과연 잡초와 꽃은 어떤 종목일까. 기술적 분석에 의한 포트폴리오라고 한다면 분명이 가격이 오르는 주식을 꽃이라 하고, 가격이 내리는 주식을 잡초라고 할 것이다.

하지만 계량가치투자운용에서는 그렇지 않다.
내재가치보다 싸게 매수한 후 펀더멘털이 훼손되지 않으면서 주가가 오른 종목들은 '분할매도해야 할 꽃'이며, 내재가치보다 싸게 매수한 후 펀더멘털이 훼손되지 않았지만 주가가 더 싸게 하락한 종목들은 '추가매수해야 할 꽃'이다.
반면에, 내재가치보다 싸게 매수한 후 펀더멘털이 훼손되어 내재가치 자체가 많이 하락하여 주가가 오히려 비싸진 종목들은, '즉시 매도해야 할 잡초'이며, 내재가치보다 싸게 매수한 후 펀더멘털이 훼손되어 내재가치가 하락했지만 아직까지는 여전히 주가가 더 싼 종목들은 '주가상승시 매도해야 할 잡초'에 해당한다.
가치투자의 관점에서 펀더멘털을 분석하고, 계량적인 관점에서 주가를 평가하여, 펀더멘털과 적정주가와의 관계에 따라서 꽃과 잡초를 잘 구분해야 할 것이다.

앞서 설명한 바와 같이 투자자 개인 별로 혹은 각 투자운용

기관 별로, 개별 종목들에 대한 기대수익률과 최대 감내 하락률을 합리적이고 계량적인 비율로 정하여, 개별 종목들의 집합체인 포트폴리오 전체의 주가변동성 범위를 심리적인 한계치 내로 제한하면, 시장의 등락과 수익률의 변곡점에서 심리적인 압박을 다소 피할 수 있다.

또한, 펀더멘털이 악화되고 내재가치 자체가 하락하는 예외적인 경우가 발생하는 것을 가능하면 빨리 알아채고, 하락한 내재가치보다 주가가 오히려 높을 경우 즉시 매도하고, 하락한 내재가치보다 아직까지는 주가가 낮을 경우 내재가치에 도달하는 즉시 매도해야 한다. 펀더멘털이 악화되는 개별 종목들, 즉 잡초들을 늦지 않게 뽑아냄으로써 포트폴리오 전체의 손실 위험을 최소화해야 할 것이다.

/3부/

계량가치투자 포트폴리오 실전 성공전략 전술

1장 종합적인 리스크 통제와 주식 펀더멘털

1. 손실위험과 가격변동성에 대한 양적, 질적 통제

앞서 살펴본 바와 같이 계량가치투자 포트폴리오의 주력 자산은 주로 국내 주식과 일부 해외 주식이며, 주력 자산을 보완하기 위한 자산은 채권 자산 등으로 볼 수 있다. 또한, 주력 자산 중 해외 주식 역시 국내 주식과 가격변동성 방향이 다르기 때문에 초과수익률을 위해 포트폴리오 내에 편입한다는 것을 감안하면, 가장 주된 투자자산은 역시 국내 주식이다.

이번에는 포트폴리오 전체의 특성(수익률, 리스크 등)을 좌우하는 주력 투자자산인 국내 주식에 대한 수익률과 리스크 통제를 알아본다.

계량가치투자 포트폴리오의 수익률은 끌어올리고 리스크는 끌어내기 위해서 계량적으로 통제할 수 있는 것은 무엇일까.

그것은 앞서 말했듯이 '손실위험으로 인한 잠재손실'과 '가격변동성으로 인한 수익률 변동'이다. (손실위험과 가격변동성 모두 어느 정도 통제할 수 있다.)

손실위험과 가격변동성의 개념과 양적인 통제, 손실위험과 가격변동성에 대한 질적인 통제 순으로 정리한다.

손실위험이란, 가격변동성과는 달리 기업이나 업종의 펀더멘털이(업종 내 경쟁구도가 구조적으로 강화되거나, 업종이 사양산업화되는 등) 근본적으로 훼손되어 내재가치가 하락할 경우에 발생한다. 그러므로 자본자산가격결정모형의(CAPM) 베타와는 전혀 상관이 없다.

펀더멘털의 훼손으로 인해 내재가치가 하락하는 정도는(이하 '펀더멘털의 하락'이라고 하자.) 주식을 매수한 후 보유하고 있는 현재 주가와 비교해서, 아직 주가보다는 높은 수준이지만 펀더멘털이 하락한 경우와, 주가보다도 낮은 수준까지 펀더멘털이 하락한 경우, 그리고 부도 및 상장폐지 등 극단적으로 펀더멘털이 하락한 경우 등으로 나눌 수 있다. 다만, 손실위험관리에 있어서 정도의 차이는 있지만 이 세 가지 경우 모두, 단순 주가변동을 넘어서서 기대수익률 자체가 근본적으로 하락한 경우이므로(내재가치까지가 기대수익률이었으나 내재가치가 하락했으므로) 보다 큰 개념의 손실위험 범위에 드는 것이다.

다음으로 손실위험과는 전혀 다른 개념인 가격변동성이란, 크게 세 가지로(발생가능한 경우) 생각해볼 수 있다.

첫째, 주식시장이 상승하거나 하락할 때 주식시장 대비 몇 배수 정도로 주가가 상승하거나 하락하는 경향이 있는가(3~5년의 시장 사이클과 업황사이클이 일치하는 태반의 경기변동형 종목들) 둘째, 주식시장과는 무관하게 종목이 속한 업종의 업황변동성의 사이클 주기 및 진폭이 어느 정도인가(조선업처럼 사이클이 길고 진폭이 클수록 가격변동성 극대화) 셋째, 해당 업종이나 기업에 닥친 갑작스런(그야말로 예고되지 않은 테마, 자연재해, 기타 사건) 이슈와 사건사고로 해당 업종이나 기업의 주가가 얼마나 등락하는가 등이다.

경영학 이론에서 말하는 베타 혹은 베타계수를 아주 간단하고 쉽게 설명하면, 주식시장의 주가등락폭에 대한 특정 종목의 상대적인 주가등락폭 정도로 대략 설명할 수 있다. 그런데 주식시장의 사이클보다 업종사이클이 길거나, 서로(시장과 업종 간에) 사이클이 맞지 않으면, 짧은 기간의 베타계수가 설명하는 내용은 신뢰할 수 없다. 예를 들면, 주식시장이 크게 상승하지도 하락하지도 않는데 조선업의 업황이 크게 변동할 경우와, 주식시장이 크게 상승하거나 하락하는데 조선업의 업황은 연속적인 침체기일 경우에는 베타가 전혀 다르다.

(어떤 때는 조선업의 베타가 높고, 다른 때는 조선업의 베타가 작다고 할 수 있겠는가? 사실 그렇지 않다. 조선업의 업종사이클이 장기는 20~30년, 단기는 7~8년 정도가 될 뿐으로, 주식시장 사이클과 동행하기도 하고 엇갈리기도 하는 것이다.)

혹은 갑자기(그 이전의 5~7년 동안은 그런 적이 없는데) 대선주자 때문에 1~2년간 주가가 들썩인 종목과, 일본 대지진과 쓰나미 때문에 커다란 반사효과를 누리게 되어 주가가 먼저 크게 상승하고 실적이 뒤따른 종목 같은 경우, 베타가 매우 크게 나온다. 그런데 향후에는 그럴 일이 없다. (주식시장의 순환과 전혀 무관한 우연적 사건들이다.) 그런데 베타가 어떻게 개별 종목의 주가가 주식시장의 종합주가지수와 비교해서 얼마나 더, 혹은 얼마나 덜 움직이는가를 충분히 설명하는 지표가 될 수 있겠는가.

(충분하지는 않다. 어떨 때는 고베타였던 종목이 어떨 때는 저베타가 되기도 하는 경우가 종종 있다. 안랩같이 대선테마라든지 기타 특이한 사유로 주식시장의 주목을 받았던 예외적인 종목들은 베타를 통해 주가변동성을 파악할 수 없다.)

그러나 앞서 설명한 세 가지의 주가변동성 중 첫 번째에 해당하는 것(두 번째와 세 번째의 경우는 아닐지라도), 즉 주식시장이 등락했을 때 상대적으로 얼마나 개별 종목의 주가가 등락했는지 정도만큼은 베타를 통해서 어느 정도 파악할 수 있을 것이다.

그러므로 기본적으로 베타가 큰 종목들이 주가등락의 진폭이 상대적으로 크며, 그렇기 때문에 주식시장의 큰 상승세와 하락세가 순환하는 동안에 베타가 큰 종목들로 큰 수익률을 낼 수 있다는 것은 사실이다.

시장이 매우 싸고 투자심리가 얼어붙었다는(바닥 자체를 예견할 수는 없으니) 판단이 될 때는 실적등락폭과 베타가 높아서 가장 비참하게 주가가 하락한 평균 펀더멘털 이상의 기업들을 매수하고, 시장이 매우 비싸고 투자심리가 대중들에게 옮겨붙어 열광적이라고(천정 수치 자체를 미리 알 수 없으니) 판단될 때는 실적등락폭과 베타가 높아서 가장 화려하게 주가가 상승한 기업들을 매도하는 것은, 동서고금을 막론하고 인내심을 수익률로 정확히 바꾸는 정석 투자방법이다. (이론적으로, 그리고 충분한 경험들로 확실히 그렇게 말할 수 있다.)

 밸류에이션에서는 효용이 전혀 없지만, 주식시장의 큰 등락 시기에 효과적으로 매수매도함으로써 큰 효용을 볼 수 있는, 다소 쓸모 있는 지표가 베타이기도 하다.

 이어서 설명할 가격변동성의 범위는, 베타는 물론 그 이상의 것도 포함하는(개별 종목이나 업종에만 영향을 주는 갑작스런 테마, 자연재해로 인한 주가변동 등 둘째, 셋째 가격변동성 개념까지) 개념으로 설명한다. 왜냐하면, 실제로 보유 중인 포트폴리오 내 종목들의 가격변동성은 첫째(주식시장과 연동) 형태 외에도 둘째, 셋째 형태의 가격변동성을 모두 포함하기 때문이다.
 (어느 정도 경력의 투자자라면, 시장과 무관하게 테마에 섞이거나, 시장 방향과 상관없이 업황이 순환하는 경험을 해보았을 것이다.)

 계량가치투자 포트폴리오에서 손실위험과 가격변동성은 양적으로도 통제가 가능하고, 질적으로도 통제가 가능하다. 초보자일수록 우선 양적으로 충분히 통제하고 다음으로 질적으로도 통제하는 수순을 거쳐야 하며, 프로일수록 우선 질적으로 상당한 수준을 통제했다면 양적인 통제는 투자자 성향에 따라 자유로운 옵션(엄격하거나 느슨하거나)을 따를 수 있다.

 손실위험과 가격변동성에 대한 양적인 통제는, 하나의 업종과 개별 종목에 대해 주식 자산 대비 편입비율 범위를 두는 것이다.

포트폴리오 내 개별 종목의 수가 늘어날수록 리스크는 감소하지만 기대수익률이 하락(좋은 종목들이라 할지라도 평준화)하고, 포트폴리오 내 개별 종목의 수가 줄어들수록 기대수익률은 상승(좋은 종목들일 경우)하지만 리스크는 증가한다.

수학적으로 개체수가 4개일 경우 70% 이상, 8개일 경우 80% 이상, 15개일 경우 90% 이상의 리스크가 감소한다.

개체수를 종목이라고 볼 수도 있지만, 업종의 다양성으로 볼 수도 있다.

그러므로 계량가치투자 포트폴리오를 운용하고자 하는 개인투자자와(주 수입원이 따로 있건, 전업투자자이건 무관) 크지 않은 자산을 운용하는 자문사, 크지 않은 법인자금을 운용하는 투자 및 재무부서에게는 아래와 같이 포트폴리오를 구성할 것을 제안한다. (포트폴리오의 집중투자를 하고자 할 경우는, 아래보다 더욱 적은 수에 집중해야 할 것이다.)

계량가치투자 포트폴리오 중 상당히 집중된 형태로는, 최소 4개의 경기변동형 업종(4개 업종 정도가 되어야 업종별 가격변동 리스크의 70%이상이 감소)과 2개의 경기방어형 업종(1개의 업종으로는 예상 외 변수를 만날 리스크 존재)으로 업종을 분산하고, 각 업종 별로 평균 이상의 펀더멘털을 보이는 두 개 이상의 종목을 구성하여, 전체적으로 6개 이상의 업종과 12개 이상의 종목으로 운용할 수 있다.

계량가치투자 포트폴리오 중 어느 정도 분산된 형태로는, 업종 분산으로 리스크를 80% 감소시키기 위해서 8개 이상의 업종(경기변동형 업종 5개 이상)으로 구성하고, 업종별로 평균 2~3개 종목을 편입하여, 전체적으로 8개 이상의 업종과 24개 정도의 종목으로 운용할 수 있다.

대개 포트폴리오의 장점을 살리면서도 어느 정도 집중적인 투자를 하기 위해서는 15개에서 20개 사이의 종목이 평균적이므로, 위에서 언급한 대로 6~8개, 혹은 그 이상의 업종과 15개에서 20개 사이의 종목으로 분산투자하면 투자성과가 상당히 좋을 것이다.

(다만, 중대형 운용사의 펀드들 중 규모가 상당히 큰 경우에는, 보다 많은 수의 종목들이 필요할 것이다.)

위와 같이 업황등락의 기간이나 시기가 서로 다른 여러 업종에 걸쳐서, 한 업종에 한 종목이 아니라 복수의 종목에 걸쳐서 분산투자하는 것이 계량가치투자 포트폴리오의 정석이다. 그러한 분산투자의 성과는, 업종별로 다른 실적순환과 주가 등락에 대응함으로써 초과수익을 올릴 수 있는 것이다. 또한, 개별 종목에 갑작스럽고 특수한 이벤트가(펀더멘털과 전혀 무관한) 발생했을 경우 해당 종목의 주가가 급등할 시 매도하여 다른 저평가된 종목들의 비중을 늘리거나, 해당 종목의 주가가 급락할 시 다른 고평가된 종목들을 매도하여 급락한 종목을 추가로 매수할 수 있는 기회로 삼을 수 있다.

급등하는 편이든 급락하는 편이든 간에, 상관관계가 낮은 업종과 종목의 효과적인 분산투자는 계량가치투자 포트폴리오의 초과수익률을 견고하게 해 주는 성과이다.

한편, 손실위험에 대한 질적인 통제는 주식의 펀더멘털을 충분히 검토하는 것이다. 주식의 펀더멘털이란 크게 두 가지 측면으로 나뉜다. 종목이 속한 업종의 수요시장은 견고한지, 업종의 근본적인 경쟁구도는 바람직한지(경쟁이 과열되지 않는지), 업종 내 기업의 시장점유율 순위는 어떤지 등에 해당하는 정성적인 측면과, 안정성, 수익성, 활동성, 성장성 등 여러 측면에서 장기적인 재무손익비율 추이는 어떠한지에 해당하는 정량적인 측면 등이다.

기업분석 능력이 있는 투자자가 특정 종목에 대해서 위와 같이 정성적인 측면과 정량적인 측면을 충분히 검토할 경우, 손실위험은(실제로 기업의 내재가치가 하락할 위험) 최소화된다고 할 수 있다. 가치투자자의 지식내공과 투자경험이 깊어질수록 기업분석의 결과 손실위험은 점점 제로에 수렴한다.

(워렌 버핏뿐만이 아니라 숙련된 가치투자자일수록 알지 못하는 기업에는 투자하지 않으며, 충분히 알고 투자한 기업에는 거의 성공한다.)

주식의 펀더멘털을 검토하기 위한 수치와 기준 등에 대해서는 바로 다음 장에서 자세히 다룰 예정이다.

가격변동성에 대한 질적인 통제는 주식의 적정가치 범위를 평가하여, 그보다 가능하면 낮은 주가로 매수하는 것이다. 개별 종목에 대해서 안전마진을 확보하고 싸게 매수하는 것도 중요하지만, 포트폴리오 전체에 포함된 모든 종목들이 안전마진을 확보하고 싸게 매수된 종목들일 경우, 주가변동성에 대한 포트폴리오의 방어력과 대응력은 매우 거대해진다. (안전해진다는 말이다.)

사실, 가격변동성에 대한 질적인 통제 요소인 밸류에이션 능력이 뛰어날수록, 양적인 통제 요소인 종목 분산 요건을 조금 완화해도 좋다. 즉, 12~24개 정도가 적당한 계량가치투자 포트폴리오의 구성 종목 수이며, 15~20개 종목이 평균적인 종목 수라고 설명했지만, 밸류에이션에 상당히 자신있는 투자자일 경우 12~15개 종목들로 압축해도 좋다.

즉, 확실한 안전마진을(합리적인 내재가치 계산) 크게 확보한(내재가치보다 주가가 매우 낮을 때 매수) 저평가 상태로 모든 종목들을 매수할 경우, 포트폴리오 전체의 가격변동성에 대한 통제력은 유지한 채로 전체적인 기대수익률은 훨씬 더 높일 수 있다.

주식의 내재가치와 안전마진에 대한 개념과 일반적인 공식 등에 대해서는 3부 3장에서 구체적으로 다룰 것이며, 2부 1장. '1. 베타의 한계와 안전마진' 부분을 다시 참조하면 좋을 것이다.

이상, 계량가치투자 포트폴리오의 수익률은 끌어올리고 리스크는 끌어내기 위해서, '손실위험으로 인한 잠재손실' 과 '가격변동성으로 인한 수익률 변동' 등 두 가지 요소를 양적으로 통제하는 법과 질적으로 통제하는 법을 소개했다.

특히 동시에 손실위험과 가격변동성을 양적으로 통제하기 위해, 독자들께 자신에게 적합한 최적의 업종분산과 종목분산 범위를 제시했다. 또한 손실위험의 질적인 통제가 펀더멘털 검토이며, 가격변동성의 질적인 통제가 밸류에이션(가치평가)이라는 것을 설명했다.

이후 바로 다음 장에서 설명할 손실위험의 질적인 통제를 위한 펀더멘털 검토법과, 가격변동성의 질적인 통제를 위한 밸류에이션 공식을 3부 3장에서 추후 참조하여, 계량가치투자 포트폴리오 전체 차원에서 손실위험과 가격변동성에 대한 양적, 질적 통제력을 극대화하기 바란다.

2. 기업활동의 품질지표, 주식 펀더멘털

계량가치투자 포트폴리오를 위한 기업 요건은 몇 달 후 기업이 어떻게 망하든 말든 오늘 상한가만 가면 되는 차트투자와는 다르다. 기본적으로 가치투자를 바탕에 두고 있기 때문에, 기업의 일부 소유권을 가지되 소유권 가치보다 싸게 매수해서 비싸게 매도하는 것이다. 그러므로 보유기간 중에(차티스트보다 오래 보유) 소유권 가치가 하락하거나 폭락하면 곤란하므로, 투자기업에 대해서 어느 정도의 펀더멘털, 즉 일정 수준의 품질이 요구된다.

1부 3장 '2. 가치투자의 기본개념과 체계'에서 안정성, 수익성, 활동성, 성장성 등의 체계를 개략 설명했다. 기본적으로 한 기업의 펀더멘털을 수치적으로 판단하기 위해서는 안정성, 수익성, 활동성, 성장성 등의 순서로 기업의 투자매력도를 판단할 수 있다.(기억을 되살리기 위해 다시 읽어도 좋다.)

다만, 여기서는 손실위험을 낮추기 위해서 기업 펀더멘털을 검토할 때, 기업의 손실위험을 좌우하는 핵심적인 몇 가지 지표를 중심으로 정리한다.

우선 가치투자에 있어서 모든 재무손익비율들 중에서 주주에게 가장 중요한 비율은 장기적인 자기자본이익률(ROE)과 장기적인 총자산이익률(ROA) 추이이다.

은행에 예금을 한 예금자에게 이자율이 중요하듯이, 자본총계(혹은 그 일부)에 투자하고 당기순이익(혹은 그 일부)을 소유하는 주식투자자에게는 ROE가 가장 중요하다. 예컨대, ROE가 20% 정도로 높은 기업은(매년 그렇다기보다는 평균적인 수치가) 대체로 투자원금에 대해서 20%의 수익률을 제공하는 뛰어난 기업인 것이다.

참고로 대한민국 주식시장 전체의(모든 상장사들의 총합) 장기적인 ROE는 대략 10% 전후이며, ROE가 10%를 초과하면 한국 상장사 평균 이상의 기업이고 10% 미만이면 상장사 평균 이하의 기업이라고 보면 대략 맞다. 물론 ROE가 7%인 기업도, 평균적으로 꾸준하게 해당 수치를 유지하기만 한다면, 3% 전후의 예금금리나 국고채 수익률에 비해서 훨씬 탁월한 투자대상이다. 임대수익률이 저 정도인 빌딩을 생각해보라. (지역 별로 편차는 있지만, 전국 상업용 부동산의 임대수익률은 중장기적으로 3~6% 범위를 순환한다.)

그때그때 기업의 실적에 따라서 ROE는 변할 수 있다. 단기적인 수치가 아니라 장기적인 ROE 추이가 특히 중요한 이유는, 근본적인 기업경쟁력의 단계 상승이나 단계 하락이 아니라, 단순한 국내외 경기등락이나 해당 업종의 업황순환에 따른 ROE 변화의 경우 의미가 없기 때문이다. 그래서 업황주기가 특수한 업종을 제외하면 3~5년을 대략 한 번의 주기로 보고, 두 번 이상의(자료가 없으면 한 번 정도) 주기에 걸쳐서 ROE의 평균적인 흐름을 검토할 필요가 있다.

ROA는 총자산이 얼마나 많은 이익을 내고 있나 측정하는 지표인데, ROE와 더불어 살펴볼 필요가 있다. 왜냐하면 저금리로 대량의 부채를 지고 있는 기업의 경우, 총자산의 이익률인 ROA 자체는 낮아도, 자본총계의 이익률인(자본총계가 작고 부채가 많으므로) ROE는 높을 수 있기 때문이다. ROE가 높은데 ROA는 낮은 경우가 왜 문제가 되는가 하면, 부채비율이 과도한 경우 금리가 오르면 이자비용이 과도할 수 있고 영업이 일시적으로 침체될 경우 과도한 부채가 독이 될 수 있기 때문이다. 이 외에도 ROA가 낮은 경우 비즈니스 자체(기업 전체인 총자산)의 수익률이 떨어진다는 기본적인 한계가 있다.

자기자본이익률(ROE), 총자산이익률(ROA) 등의 투자수익률이 평균보다 좋은 기업이라면, 재무상태와 이익의 질, 현금흐름 등을 살펴볼 수 있다.

우선 회사채 투자자뿐만 아니라 주식투자자들 역시 재무상태가 충분히 좋은 기업들에 투자해야 한다.

재무상태의 안정성과 관련된 다양한 비율 중에서 가장 핵심적인 부채비율과 순부채비율만 간단히 설명한다.
중장기적으로 너무 큰 레버리지(부채)를 일으킨 기업은, 기본적인 재무구조나 업황이 불황일 때의 영업 안정성 등 모든 측면에서 좋지 않기 때문에, 부채비율이 업종평균보다 좋아야(낮아야) 한다. 업종 별로 비즈니스 모델 상 적정한 비율이 다를 수 있기 때문에 일괄적으로 적용하기는 어려우나, 대체로 부채비율은 100% 이하가 안전하고 200%를 넘어가면 부채의 질을 따로 검토해보아야 한다.

또한, 영업부채(매입채무 등)를 제외하고 실제로 이자를 지불해야 하는 금융부채 위주의 부채비율을 순부채비율이라고 하며, 순부채비율 역시 업종평균보다 좋아야(낮아야) 한다. 30% 이하는 안전한 수치이지만, 그보다 다소 높더라도 실질 이자비용(이자비용-이자수익)보다 영업이익이 몇 배나 크다면 별 문제는 없다.

부채비율과 순부채비율의 공식은 아래와 같다.

* 부채비율 = (부채총계÷자본총계)×100(%)
* 순부채비율 = {(이자발생부채−현금및예금)÷자본총계}×100(%)

어느 정도의 안정성이 확보된 기업의 경우, 회사채 투자자는 이제 마음을 놓고 투자할 수 있을 것이다. 하지만 주식투자자는 꼭 살펴보아야 할 종목의 특성이 있는데, 그것은 이익과 현금흐름이다. 우선 이익부터 살펴보자.

주식투자자는 기업이 창출하는 순이익에 대해서 마치 예금이자와 같이 자신의 몫으로 여길 수 있다. (배당으로 받을 수도 있고, 기업내에 유보해서 기업가치가 상승한 만큼 주가가 오르기도 한다.) 또한, 상장사의 요건은 최소한의 이익을 지속적으로 내는 계속기업이지, 연속된 적자로 청산여부를 검토해야 하는 극히 예외적인 부실기업이 아니다.

주식투자자가 기업의 자산 중 소유하는 자본총계는, 기업 청산 시 회사채 투자자가 부채를 회수한 이후에 남은 자산 중에서 가져가는 것이며, 주식투자자가 기업의 손익에서 소유하는 이익은, 회사채 투자자가 이자수익을 거둔 이후에 남은 이익(순이익)에 해당하기 때문에, 필연적으로 주식투자자는 이익과 자본의 꾸준한 성장을 원하게 된다. (회사채 투자자는 원금과 이자만 받을 수 있으면 족하다.)

주식투자자가 일반적으로 투자해서 수익을 낼 수 있는 기업들은 정도의 차이가 있을 뿐(저성장 기업, 성숙성장기업, 성장기업, 고성장기업 등) 모두 어느 정도는 성장하는 기업이다. 기업의 성장은 이익의 성장과 그에 따른 자본총계의 성장 등을 말한다.

가장 핵심적인 이익의 성장만 간단히 정리한다.

장기적으로 이익이 성장하기 위해서 가장 좋은 것은 매출액(판매수량×판매단가) 자체가 증가하는 것이다.

매출액 성장 중의 최고는 시장의 수요가 지속적으로 성장하거나 수요시장을 점점 넓혀나가면서 판매량이 증가하는 경우이다. 그 다음으로 좋은 경우는 시장은 성숙 혹은 정체되었지만, 어떻게든 경쟁사보다 높은 경쟁우위로 시장점유율을 늘려나가면서 판매량을 늘려가는 것이다. 그 다음은 시장도 성숙, 정체되고 시장점유율도 그저 유지되고 있어서 판매량이 도저히 증가할 수 없지만, 판매단가를 인상함으로써 매출액을 증가시키는 경우인데, 이 경우는 사실 성장이라고 할 수 없다. 왜냐하면 가격인상만으로 매출을 향상시키는 것은 소비자와 경쟁사 및 잠재적 경쟁사들의 저항이 만만치 않아, 오래 갈 수 없기 때문이다.

그래도 위 상황들은 이익을 근본적으로 늘릴 수 있도록 매출액 자체가 늘어나는 경우이다. 매출액이 증가하지 못하면서 비용을 절감하여 이익을 늘려나가는 기업은 이익이 성장하지 않는, 혹은 성장하지 않을 기업으로 볼 수 있다. 비용을 절감하는 데는 한계가 있고, 비용에는 연구개발비, 광고홍보비, 각종 수수료 등 기업의 이익창출을 위해서 반드시 필요한 비용 항목들도 있기 때문이다.

위와 같이 판매수량의 확대와 판매단가의 인상 등으로 매출액을 늘리고, 비용을 줄여나가면서 지속적으로 이익을 키워가는 기업이라면 주식투자자들의 투자자금을 크게 복리로 불려줄 기업이다.

구체적인 수치로 표현하면, 장기적인 순이익성장률(업황등락을 고려해서 5년 이상 누적성장률을 연 단위로 환산)이 10% 정도가 되면 대한민국 평균 상장사 정도라고 할 수 있다. 이 이상의 조건으로 기업을 선정 혹은 스크리닝하면 이익성장률이 평균 이상인 기업을 뽑아낼 수 있다.

다만 매출액 성장률, 영업이익 성장률, 순이익 성장률 같은 성장률 수치나, 영업이익률, 매출액순이익률 같은 마진율 등은 10년 정도의 역사적 수치를 살펴보는 것이 좋다. 대개 성장률이나 마진율 등은 3~5년간의 실적순환을 거치면서 수치가 좋아졌다가 나빠졌다가 하기 때문이고, 두어 번의 실적순환을 거치면서 기업의 장기 성장률과 마진율에 변화가 생길 수 있기 때문이다.

(대개의 우량기업은 기업이 크게 성장하면서, 성장률은 둔화되고 마진율은 좋아지거나 유지하는 편이다.)

이익의 기본적인 성장성과 마진율 등을 살펴보았으면 영업현금흐름을 살펴보아야 한다. 앞서 말한 영업이익이나 당기순이익은 발생주의 회계에 따른 이익이며, 외상매출 등이 발생해도 실제 이익으로 잡는 방식이다. 반면에 현금의 유출입만을 인식하는 현금주의 회계에 따라, 영업부문에서 실제로 발생한 현금흐름을 영업현금흐름이라고 한다.

재고나 매출채권 등을 과다계상함으로써 실제로 발생하지 않은 가공의 매출을 발생시키거나 이익을 늘리는 것을 분식회계라고 하는데, 영업현금흐름과 당기순이익을 장기적으로 비교하여 당기순이익에 비해서 영업현금흐름이 지속적으로 크게 감소하고 있거나 심지어는 마이너스가 지속되는 경우에는 분식회계를 의심하거나, 기타 이익회수능력에 문제가 있다고 할 수 있다.

그러므로 영업현금흐름은 최소한 양수를 유지해야 하며, 중장기적으로 당기순이익보다 크면 좋고, 거의 유사하거나 조금 적더라도 큰 상관은 없지만, 당기순이익보다 훨씬 수치가 적거나 심지어 음수인 경우는 해당 기업의 재무제표와 영업상황을 보다 꼼꼼하게 검토해야 할 것이다.

특히 당기순이익은 꾸준히 증가하고 있거나 크게 변동이 없는데 반해, 영업현금흐름이 지속적으로 크게 감소하고 있으며, 영업현금흐름의 감소가 운전자본의 증가 때문이라면, 상당한 문제라고 할 수 있다. 운전자본을 구성하는 영업관련 핵심 재무제표 항목은 매출채권, 재고자산, 매입채무 등이며, 간단하게 매출채권과 재고자산의 합에서 매입채무를 뺀 것으로 이해하면 된다.

매출채권, 재고자산 등은 매출액 대비 일정 수준의 비율로 유지되는(혹은 감소되는) 것이 좋은데, 이 두 항목의 수치가 크게 증가함으로써 운전자본이 증가하면 좋지 않다. 매입채무는 매출액 대비 일정 수준의 비율로 유지되는(혹은 증가하는) 편이 좋은데, 오히려 이 항목의 수치가 크게 줄어듦으로써 운전자본이 증가한다면, 다소 적신호라고 할 수 있다.

제품과 서비스 판매에 문제는 없는지, 판매대금을 받는 조건이 점점 악화되고 있는지(어음의 만기조건이 연장되는지), 구매대금을 지급하는 조건이 점점 악화되고 있는지(보다 빨리 지급해주어야 하는지) 등을 검토하여, 현재까지 증가한 운전자본이 다시 적정수준으로 돌아갈 수 있는지, 혹은 최소한 추가적으로 운전자본이 증가할 우려는 없는지 등을 확인할 필요가 있다.

투자자에게 가장 중요한 기업의 자본수익률(투자수익률), 재무적인 안전성과 만족스러운 이익 성장률, 안정적인 현금흐름 등을 간단히 살펴보았다.

그런데 기업의 사이즈도 손실위험을 줄이기 위해서 검토가 필요하다.

우선 기업의 업력이 너무 짧고, 기업 사이즈가 너무 작으면 위험하다. 예를 들면, 시가총액이 300억도 되지 않고 순이익이 20억도 되지 않는 기업들의 경우, 아무리 해당 업종에서 현재 이익을 내고 있다고 해도 자본력이 있는 경쟁사가 진입할 경우 언제든지 이익이 훼손될 수 있다. 또한 법인을 설립한 지 (상장이 아니라) 8년이 넘지 않는(6년 미만 등) 경우 기업이 경기등락과 업황순환을 견딜힘이 있는지 충분히 알 수가 없다. 최소한 두 번의 경기등락은 거치면서 해당 기업의 시장점유율과 각종 이익률(영업이익률, 순이익률)을 지켜왔는지 알 필요가 있기 때문이다.

게다가 해당 기업의 조직 구조도 아직 벤처기업의 형태를 벗어나지 못했다면 더욱 기업의 미래에 대해서 추정(역사가 짧고, 초소형기업의 미래추정은 주관적일 수밖에 없다.)할 수밖에 없다. 즉, 단지 기술개발력과 몇 가지 아이템만을 가지고 기업을 세우고 납품을 하면서 실적을 내고 상장한 기업의 경우, 충분한 영업능력이나 유통능력이 결여될 수 있다. 영업력과 유통능력이 부족하기 때문에 몇 개 기업에 대한 납품으로 겨우겨우 실적을 내는 기업 같은 경우, 해당 수요처가 다른 경쟁사를 공급사로 선택하거나 공급량을 분산하는 경우 큰 타격을 입게 된다.

기본적으로 기업 자신의 미래 수익을 위해서 수요시장에 맞는 제품을 기획하는 체계적인 능력, 해당 제품을 연구개발 및 대량생산하는 능력(혹은 최적 생산 아웃소싱), 직접 수요처를 늘릴 수 있는 충분한 영업능력을 갖추는 것, 넓은 범위와 다양한(복수의) 유통채널에 걸친 유통능력 등이 필요한 것이다.

처음부터 이런 것을 모두 갖춘 기업은 없으나, 성장주 투자자인 필립 피셔도 최소한 이 정도의 기본 요건은 갖춘 기업들에 투자했으며, 독자들 역시 소형성장주를 선호할지라도 이 정도 기본 요건은 갖춘 기업에 투자해야 하며, 최소한 이 정도 요건을 갖추어 나가고 있는 추세가 보이는(영업 및 유통 담당 이사를 외부에서 영입, 조직을 확충한다든지, 수요처를 지속적으로 늘려나간다든지) 기업에 투자해야 한다.

1부 3장에서 안정성, 수익성, 활동성, 성장성 재무손익비율들을 정리한 데 이어, 이번 3부 1장에서는 손실위험을 최소화하기 위해 기업펀더멘털과 관련된 핵심적인 몇 가지 지표와 항목들을 살펴보았다.
계량가치투자가 장기적으로 가장 성공적일 수 있는 기본적인 이유는 좋은 기업에 싼 가격으로 투자하기 때문인데, 좋은 기업을 선정하는 핵심 정량 항목들 위주로 설명했으므로, 충분히 참고하여 손실위험이 최소화된 좋은 종목들로 관심종목 리스트(혹은 투자후보 유니버스)를 구성하기 바란다.
(기타 핵심적인 재무제표 항목과 재무손익비율 용어 설명은 본서의 부록을 참조)

혹시나 추가적으로 투자자에게 중요한 재무제표 항목들, 재무손익비율 항목들, 각종 가치평가지표와 투자공식 등을 빠짐없이 이해하고, 지표의 요소나 공식의 구성을 살펴보고, 실제 투자에서 응용, 활용하기 위한 심층적인 설명을 읽고자 한다면, '대한민국 주식투자 재무제표·재무비율·투자공식'이 큰 도움이 될 것이다.

2장 주식 세그먼트별 성과순환과 역발상 계량가치투자

1. 다양한 주식 세그먼트와 세그먼트별 주가등락추이

주식시장의 투자주체들 간에는 정보의 비대칭성은 물론, 같은 정보들을 바탕으로 할지라도 크게 차이나는 분석능력, 주식시장의 등락에 대응하는 심리적 대응 능력 등의 차이가 난다. 또한 모든 다양한 투자주체들이 모인 주식시장 자체가, 어떤 종목에는 과열된 관심을 보이는 반면 어떤 종목의 경우는 존재조차도 잊는 등 개별 종목들에 대해서 효율적이지 않을 뿐 아니라, 종합주가지수 자체도 업황등락의 흐름을 알지 못하고 단지 실적을 추종할 뿐으로 '고평가된 체로 위험한 상승'을 하고, '저평가된 체로 비정상적인 하락'을 하기도 하는 등 효율적이지 않다.

분명하게 말하지만 주식시장은 매우 자주 비효율성을 보이는 자유거래시장이다. 불과 1~2년 후면 회복되기 시작할 경기의 흐름에도 불구하고 최근의 불황에 급급하여 주가가 과도하게 내려가고, 향후 경기하락은 시간문제일 뿐 이미 경기가 과열되어 정점에 이르렀는데도 최근의 호황에는 주가가 과도하게 상승하는 '어리석은 주식시장'에 대해서, 효율적 시장이라고 아직도 이런저런 이야기나 공식을 써내려가는 것을 보면 안쓰럽기까지 하다.

주식시장이 정말 효율적이라면 주식시장 상장사 전체의 장기 이익성장률만큼 주가가 꾸준히(비효율적으로 등락하는 것이 아니라 꾸준히 매끄러운 곡선을 그리면서) 올라야 한다. 우리나라로 치면 종합주가지수가 매년 대략 10%씩만 올라야 한다. 더 올라도 안 되고 덜 올라도 안 된다. 경기가 나쁠 때와 경기가 좋을 때의 이익성장률을 모두 고려하여 누적적인 평균성장률을 보면 그 정도 주가상승률을 보여야 하는데, 경기가 좋지 않으면 주가는 폭락하고 경기가 좋아지면 주가는 폭등한다. 매년 10%씩 상승하는 것이 아니라, 오르고 내리는 폭이 수십 퍼센트에 달할 정도로 매우 큰 주식시장의(주식시장은 별도의 전능한 존재가 아니라, 사실 시장참여자 전체의 합과 같다.) 조울증과 변덕증, 그리고 미래를 보지 못하는 우둔함 등에 대해서 '비효율적 시장의 폭락과 폭등'이라는 단어 외에 어떤 단어가 적합할지 찾아내기 어렵다.

주식시장에 참가하는 대부분의 개인투자자는 전문성이 부족한데다가 남들이 벌 때 더욱 욕심을 내고 과도하게 매수하고(끝물에 도달할수록 투자열기가 발동하고), 남들이 잃고 망연자실할 때 더욱 공포심에 투매를(바닥에 도달할수록 주식을 팔고 시장을 완전히 떠나고 싶어지며) 한다.

더욱이 주식시장에 참가하는 대부분의 기관투자자들도 사실 별다를 게 없이 마찬가지인데다가, 기관투자자들의 극히 일부에 해당하는 진정한 전문가들이 운용하는 일부 펀드조차 가장 비중을 늘려야 할 때 썰물처럼 환매가 이어지고, 가장 비중을 줄여야 할 때 밀물처럼 자금을 들어오기 때문에, 현명한 투자 포지션을 유지하기 어렵다.

주식시장을 구성하는 투자자 전체의 평균 수준이 욕심과 두려움이라는 거대한 무의식적 힘에 사로잡혀 있는데, 도대체 무슨 재주로 주식시장이 효율적일 수 있단 말인가. 주식시장은 사람과 동떨어져서 존재하는 이론상의 잘 짜인 판타지 랜드가 아니다. 주식시장은 스마트하며 전능하므로 시장과 싸우지 말라고 말하는 자칭 투자전문가들이 종종 있는데, 이는 참으로 어리석은 말이다. 주식시장은 투자자와는 별도로 잘 짜인 시스템이 아니라, 실제로 주식시장에 참가하는 모든 투자자들의 평균(어느 분야든, 평균의 실체는 항상 사람들이 생각하는 것보다 낮다.) 수준을 가지는 시스템이다. 다수가 사고자 하면 주식시장이 오르고, 다수가 팔고자하면 주식시장이 내린다. 즉, 주식시장은 절대로 효율적이지 않고, 주식시장의 매수매도 행동수준은 정확히 모든 투자주체들의 가중평균 수준 정도에 해당한다. 투자에 있어서만큼은 현명한 대중이란 존재하지 않고, 항상 적은 비율의 현명한 가치투자자들만이 성공할 수 있었고, 또 앞으로도 그럴 것이다. 역으로 생각해서, 과연 대다수의 대중적 투자자들 모두에게 투자지혜가 있었으면, 다수가 부자가 될 수 있을까? 결코 대중은 부자가 될 수 없다. 대중들 중에서 부자가 되려고 하는 욕망에 그치지 않고 부자가 되기 위한 기술을 공부하는 부지런한 사람들만이 부자가 될 뿐이다.

그러므로 주식시장에서는 대중적인 아마추어투자자(개인, 기관 등)들의 눈이 어디로 쏠렸느냐에 따라서 해당 부문의 주가가 중단기적으로 크게 상승하기도 하고, 중단기적으로 소외되고 주가가 하락하기도 한다.

대중적인 투자자들의 눈이 쏠리는 단위 구성을 일반적으로 세그먼트라고 하고, 하나의 세그먼트 내 종목들은 비슷한 시기에 수익률과 손실률이 함께 움직이는 등 비슷한 가격변동 특성을 가지고 있다.

그러므로 주식시장의 여러 가지 세그먼트 중 어느 세그먼트를 선호하고 소외시키느냐에 따라서 중단기적으로 수익률 등락의 차이가 크게 벌어지기도 하고, 세그먼트 별로 근본적인 수익률 차이가 나기도 한다. 어떤 세그먼트는 본질적으로 주식시장 참가자들의 눈에 잘 띄는데 다른 세그먼트는 잘 안 보이는 등, 여러 가지 차이점이 원인이 되기도 한다.

크게 거시적인 기준에 의한 세그먼트, 미시적 기준에 의한 세그먼트 등으로 이분할 수도 있고, 가치투자 스타일 별 세그먼트, 기업의 펀더멘털 수준별 세그먼트 등으로 분류할 수도 있다.

우선 거시적인 측면의 세그먼트를 살펴보자.
거시적으로 경기의 호불황 혹은 원자재와 금리 변화 등 외부 주요 지표의 등락에 따라서, 실적과 주가의 큰 변화를 겪는 업종과 그렇지 않은 업종으로 나눌 수 있다.

대한민국에서 가장 큰 변화를 겪는(민감도가 매우 큰) 업종들로 철강과 비철금속, 화학섬유 및 의류, 건설 및 시멘트, 항공운송과 해상운송, 석유화학과 조선, 자동차와 자동차부품, 제지 등의 업종을 꼽을 수 있다.

반대로 가장 변화를 겪지 않는(민감도가 매우 낮은) 업종들로 전력 및 도시가스, 제약과 주류, 음식료, 통신서비스 등을 꼽을 수 있다.

경기민감업종과 경기방어형 업종의 중간 정도에 있는 업종들을 꼽자면 육상운송, 방송서비스, 소매유통 등이다.

경기민감업종에 가까울수록 경기가 불황일 때 실적과 주가가 상대적으로 더 큰 폭으로 하락하고(매수 기회를 주고), 경기가 호황일 때 더 큰 폭으로 상승한다. (매도 기회를 준다.)

반면에, 경기방어형 업종에 가까울수록 경기가 불황일 때 실적과 주가가 상대적으로 더 적게 하락하고(매도자금으로 경기민감업종을 매수할 기회를 주고) 경기가 호황일 때 더 적은 폭으로 상승한다. (매수 기회를 준다.)

다음으로 미시적인 세그먼트의 구분도 있다. 일반적으로 미시적인 것이라고 하면, 거시경제와는 비교적 무관한 개별 경제주체(본서에서는 기업) 차원을 말하며 기업의 사이즈와 성장률, 부채비율, 배당률 등이 있다.

예를 들면, 모든 종목들은 대형주와 중형주, 그리고 소형주 등으로 나눌 수 있으며, 생존편향(상장폐지된 기업의 사례는 남지 않음)에 의한 수치조정을 감안하더라도, 소형주들의 장기수익률 및 장기 이익성장률이 대형주들의 장기수익률 및 장기 이익성장률보다 훨씬 크며, 주가변동성도 훨씬 폭이 넓다. (소형주 주가가 대형주 주가보다 훨씬 큰 폭으로 하락하고, 또 상승하는 법이다.)

이는 국가를 막론하고 공통된 현상인데, 기업의 성장 단계상 매우 당연한 것이다. 소형주에서 중형주, 대형주가 되는 과정에서 '가장 강력한 경쟁우위를 지닌 제품과 서비스에 대해서 주력시장을 독과점하기까지의 성장률'이 가장 높았던 초기의 성장률을 결정하게 되며, 기타 제품과 서비스로 확장하거나 기타 시장으로 확장하는 과정에서 전체의 사이즈(매출액과 이익)는 확대되지만, 성장률 자체는 둔화될 수밖에 없는 것이다. 게다가 가장 자신있는 제품군에서 보다 넓은 영역으로 확장하고, 가장 깊숙이 확보한 시장에서 보다 넓은 시장으로 확장할수록, 전체적인 이익률 역시 하락할 수밖에 없기 때문이다.

기업의 크기뿐 아니라 성장률을 기준으로도 세그먼트를 나눌 수 있는데 고속성장주, 수익성장주, 저성장주 등으로 나누었을 때 고속성장주일수록 주로 소형주의 비중이 높은 편이다. 수요시장 자체가 빠른 속도로 성장하는 경우(예를 들면 10% 이상), 수요시장 내에서 경쟁우위가 있는 기업의 매출액은 훨씬 빠른 속도로 증가한다. 통상적으로 매출액증가율보다 영업이익이나 당기순이익 증가율이 훨씬 크다는 것을 감안하면(매출액이 늘어도 크게 늘지 않는 고정비용 효과 때문), 고속성장주(중장기적으로 연평균 이익성장률이 20% 초과, 다만 35% 이상은 오래 유지하기 어려움)는 대체로 수요시장 자체가 빠른 속도로 늘어나는 소형기업인 경우가 많으며, 더 큰 성장을 위해 높은 재투자비율을 보인다.

또한, 수익성장주의 경우는 대한민국 평균인 10% 이상이면서 20% 미만의 수익성장률을 보여주는 기업을 말하며, 기업의 사이즈를 떠나서 평균적으로 꾸준한 이익성장률을 보인다는 공통점이 있다. 마지막으로 저성장주는 대한민국 상장사 평균 장기 이익성장률인 10%를 훨씬 하회하는, 이를테면 6~7% 이하의 이익성장률을 보이는 기업을 말하며, 주로 성숙기와 쇠퇴기에 속한 업종에 속한다. (이 구간을 장기 경제성장률인 3~4%를 중심으로 다시 둘로 나눌 수도 있지만, 본서는 학구적인 용도가 아니라 실전 이론을 목표로 하고 있다. 상장사 평균 이하의 수치는 평균 이하의 펀더멘털을 가진 기업일 뿐이다.)

미시적인 세그먼트인 성장률을 기준으로 주가등락추이를 살펴보면, 성장률이 높은 종목들일수록 대체로 주가변동성과 베타계수가 모두 높다.(좋을 때는 커다란 기대감이 주가에 반영되고, 나쁠 때는 기대감이 그대로 빠지므로 이는 당연한 것이다.) 반대로 성장률이 평균 또는 그 이하일 경우 주가변동성과 베타계수가 낮다.

기업의 사이즈 세그먼트와 성장률 세그먼트를 동시에 해석하면, 소형 성장주의 경우 중단기적으로 가장 큰 실적변동성과 주가변동성을 겪으면서도, 장기적으로 실적상승률과 주가상승률이 가장 높다. 반대로, 대형 저성장주의 경우 중단기적으로 실적변동성과 주가변동성이 상대적으로 낮고, 장기적으로 실적상승률과 주가상승률이 가장 낮다.

한편, 부채비율이 높을수록 (경기과열에 의한) 금리인상과 그에 뒤이은 경기위축기에 주가하락률이 가장 크며, 금리인하와 그에 뒤이은 경기확장기에 주가상승률이 가장 크다. (다만 어느 정도 이상 과도하게 위험한 부채비율의 경우, 실제 불황기를 견디지 못할 손실위험이 있을 수 있다.)

배당수익률이 높은 종목들은 주식시장이 급락하고 경기가 하락해도 비교적 주가하락률이 낮은 경향이 있고, 주식시장이 급등하고 경기가 호황일지라도 주가상승률이 낮은 경향이 있다. 배당성향이 비교적 높은 기업들은 성숙기 산업에 속한 경우가 많은데(한국기업들은 어느 정도의 성장성만 있다면 배당성향이 낮음) 경기가 불황에서 호황을 거치는 전체 경기등락 사이클 동안 이익이 크게 성장하리라는 성장 기대감이 별로 없기 때문에, 주가등락률이 애초부터 크지 않은 편이다. (물론 저성장 기업들 사이에서는 경기변동형 업종의 실적 및 주가등락률이 상대적으로 높다.)

위에서 구분된 거시적 관점의 주식 세그먼트들, 미시적 관점의 주식 세그먼트들 모두 경기와 주식시장의 방향에 대한 대중적인(대부분의 투자자들) 의견의 등락, 그리고 실제 경기호불황과 주식시장의 등락에 따라서 서로 같거나 다른 방향성과 크기를 보인다.

그 순서를 이해하자면, 실제의 경기흐름이 전환되기 전 가장 불균형 상태(과열되거나 극히 침체된)에서, 이후 주가가 먼저 반응하여 급격히 변화하고(급락 혹은 급등), 그런 연후 실제 경기가 주가에 후행하면서(주가상승 이후 경기개선, 주가하락 이후 경기위축) 실체를 드러내고, 마지막으로 대중들이 사후적으로 경기와 주가의 움직임을 더욱 확신하는(올랐다면 더욱 오를 것을, 내렸다면 더욱 내릴 것을) 형태로 변해가는 것이다.

이 과정에서 경기민감주와 경기방어주, 소형주와 대형주, 고성장기업과 저성장기업, 부채비율이 높고 낮은 기업, 배당률이 높고 낮은 기업 등 다양한 주식 세그먼트는 서로 다른 시점에서 좋은 수익률을 낸다.

그러므로 단 하나의 투자전략과 단 하나의 주식 세그먼트에 목매어 투자하기보다는, 몇 가지 주식 세그먼트와 각 세그먼트별 투자전략을 함께 아우르는 계량가치투자 포트폴리오를 운용하는 것이, 경기가 순환하고 주식시장이 등락할 때 초과수익률을 올릴 수 있는 좋은 전략이라고 할 수 있다.

경기가 과열되고 주식시장이 고점에 가까워지고 있다고 판단되면, 충분히 좋은 실적과 확실히 고평가된 경기민감주와 고속성장주들, 부채비율이 높고 배당수익률이 낮은 세그먼트의 비중을 미리미리 줄여나갈 수 있다.

또한, 상대적으로 실적상승률이 낮기 때문에 별로 고평가되지 않았고, 심지어는 적정 수준 또는 그 이하의 주가에 머물러 있는 경기방어주, 성장률이 낮지만 경기호불황시 실적 변동성도 적은 대형주, 경기가 악화되어도 영업 측면에서 견딜 수 있도록 부채비율이 낮고, 주가하락 방지턱 역할을 할 수 있을 정도로 배당수익률이 높은 종목들의 비중을 미리미리 늘려나갈 수 있다.

반대로, 경기가 극심하게 침체되었으며 주식시장이 저점에 가까워지고 있다고 판단되면, 경기민감주 세그먼트 등의 비중을 늘리고, 경기방어주 세그먼트 등의 비중을 줄여나갈 수 있다.

이러한 세그먼트 분산투자를 통해서, 지금까지 어떤 시장국면에 있었든지 충분히 만족스러운 수익률을 올릴 수 있고, 향후 어떤 시장국면으로 이동할 것에 대비하여 향후에도 충분한 수익률을 올릴 수 있는 것이다. (물론, 그 과정에서 자연스럽게 '대부분의 투자자들에게 찾아오는 손실구간'에서도 손실을 최소화할 수 있다.)

절대적인 저평가 혹은 성장률 대비 저평가 여부를 평가하는 계량가치지표들 역시 주식의 세그먼트라고 할 수 있다.

PER, PCR, PDR(배당수익률), PBR 등 가치지표의 수치가 낮은 주식들일수록, 즉 계량적으로 저평가될수록 주가상승률이 높다는 것은, 경영학계와 투자업계의 통계는 물론, 대부분의 가치투자 전문가들(가치투자 펀드의 역사적 수익률과 투자대가들의 사례 등)의 선례로도 알 수 있다. 이는 기업의 내재가치 대비 싼 주가의 경우 더 이상 주가가 추가적으로 하락할 여지에 비해서 오를 여지가 매우 많기(타이밍은 몰라도 주가상승 확률은 확실하다.) 때문이며, 벤저민 그레이엄과 데이비드 드레먼 등 대가들과 이를 추종한 글로벌 펀드의 투자전략이 주로 이런 방식을 따른다.

또한, 성장주들의 이익성장률 대비 계량적으로 저평가된 정도를 판단하는 PEG비율 수치가 낮은 종목들의 주가성장률 역시 높다. 이 역시 매우 당연한 일이다. 기업의 가치가 비교적 빠르게 성장하는 기업들의 경우 주가상승압력이 매우 높은데 비해서, 저 PEG 비율 종목의 경우 PER 등 계량적인 가치지표가 이익성장률 대비 저평가되었으므로(PEG비율=PER÷순이익성장률), 기업가치 상승률(중장기 이익상승률)이상으로 주가가 오르게 된다. 피터 린치나 존 템플턴 등의 투자대가들과 그를 추종한 글로벌 펀드의 투자전략이 주로 이런 방식을 따른다.

여기서 한 가지 주목할 점은, 주식시장이 하락세에 있을 때는 고성장주와 고 PER, 고 PBR 종목들의 주가가 급락하는데 비해서 저 PER, 저 PCR, 저 PBR 등의 수치를 보이는 종목들의 주가하락률이 적지만(계량적으로 이미 저평가되었으므로), 주식시장이 본격적으로 상승세에 있을 때에는 PER이나 PBR이 시장평균보다는 높다고 하더라도 꾸준히 유지할 수 있는 이익성장률(고속성장주)에 비해서 PER 수치가 낮은(성장성 대비 저평가된) 종목들의 주가상승률이 훨씬 높다는 것이다.

투자자가 중요하게 여기는 가치지표의 스타일(PER, PBR, PEG

등), 즉 계량가치투자 스타일을 바꾸지 않고 그대로 고수한다고 하더라도 주식시장 전체의 수익률보다 훨씬 좋은 성과를 보일 것은 확실하다. 그럼에도 불구하고, 경기순환과 주식시장 등락의 사이클 중에서 현재 시점이 어느 정도의 구간인가에 따라서 서로 다른 가치지표들에 차별적으로 분산투자하는 전략은, 한 가지 가치투자스타일과 그에 따른 가치지표들에만 의존하는 전략보다 때때로 높은 초과수익률이라는 보너스를 제공한다.

즉, 다른 무엇보다도 저평가 지표를(물론, 펀더멘털의 근본적인 손실은 없을 것을 검토하고) 판단기준 중에서 우위에 둘 것이냐, 높은 이익성장률이 기대되는 것을 최우선 조건으로 하여 이익성장률에 비해서 저평가된 종목들을 선별해낼 것이냐 등, 저평가 위주의(저평가 위주이지, 저평가만 보는 것은 아니다.) 계량가치투자전략과 이익성장률 위주의(이익성장률 위주이지, 성장률만 보는 것은 아니다.) 계량가치투자전략을 혼용한다면 계량가치 포트폴리오의 안정성과 수익률을 모두 끌어올릴 수 있다.

다양한 거시적 기준의 주식 세그먼트, 미시적 기준의 주식 세그먼트, 가치지표 기준의 투자스타일 세그먼트 등을 살펴보았다. 이제 다양한 세그먼트 별로 가장 좋은 수익률을 내는 상황이 서로 다르다는 것을 알고, 그것을 활용하여 계량가치 포트폴리오의 수익률을 올릴 수 있는 투자전략을 알아볼 것이다.

2. 주식시장, 경기와 금리순환, 세그먼트별 역발상계량 가치투자

대중적인 아마추어 투자자들(개인, 기관)의 경우 기대감이나 우려감 같은 감정이 개입된 예측(단기편향적인 형태)을 통해 주식을 매수매도한다. 그러므로 주식시장(주식시장은 주식투자자 전체의 평균수준)은 효율적일 수 없고, 항상 최근까지의 호실적이 더욱 좋아지고 길어질 것으로 기대하거나(주식시장 참가자의 욕심으로), 최근까지의 실적부진이 더욱 나빠지고 길어질 것으로 우려하거나(주식시장 참가자의 두려움으로) 하는 등 매우 비효율적인 모습을 보인다.

지난 수백 년간 역사적으로 어김없이 몇 년 단위로 찾아오는 경기위축기와 경기회복기의 주가차이가 매우 크다는 것은, 주식시장이 효율성과는 거리가 먼 것을 알 수 있게 한다. 특정 업종의 업황이 위축되어 있지만 몇 년 내로 개선될 확률이 대부분이다. (극히 예외적인 경우는 해당 업종의 펀더멘털 구조 자체가 갑작스럽게 사양산업 혹은 쇠퇴기로 들어서는 경우이다.) 물론, 실제 업황의 등락과 주식시장의 등락은 매끄러운 수학공식들과는 달리 깊은 시골의 울퉁불퉁한 길을 운전하는 것과 같아서, 전체 경기의 호불황과 특정 업종의 호불황의 사이클 별 수치가 똑같지는 않다.

특정 업종의 지난 업황사이클 호황기 영업이익률과 이번 업황사이클 호황기 영업이익률이 같지는 않고, 불황기의 이익률도 같지 않다는 것이다. 하지만, 확실한 것은 선행하는 주가하락세가 있고 후행하는 경기하락세가 있으면, 반드시 선행하는 주가상승세가 있고 후행하는 경기상승세가 있기 마련이다. 이것은 100%에 해당하는 사실, 거스를 수 없는 자본주의의 법칙에 가깝다. 하지만, 주식시장에게는 미래의 경기상승을 미리 선반영하여 산업실적이 매우 좋지 않은 시절에도 주가를 최소 적정수준 이상으로 합리적으로 유지하고(과다하게 급락하는 일이 없고), 미래의 경기하락을 미리 선반영하여 산업실적이 매우 좋은 시절에도 주가를 최대 적정수준 이하로 합리적으로 유지하는(과다하게 급등하는 일이 없는) 중용이 매우 어려워 보인다.

그것은 주식시장이 일종의 신과 같이 전능한 단일개체로서 판단을 내리고 움직이는 것이 아니라, 주식시장에 참가한 모든 투자자들의 딱 **평균적인**(일부 현명한 이들은 그렇지 않았지만, 그 당시 평균적인 독일국민들이 히틀러에게 어떻게 철저히 선동당하고 그를 지지했었는지 생각해보라.) 수준에 불과하기 때문이다.

대한민국 국민의 힘은 세계적으로 위대하고 대단하지만, 대한민국 국민 전체 집단의 지극히 평균적인 수준이란(다른 나라도 마찬가지다.) 생각보다 합리적이지도 않고, 계획성과 냉정함도 별로 없고, 사고하는 시야의 폭과 넓이도 불충분하다. 우리나라 국민 한 명 한 명은 똑똑하다. 그것을 부정하려고 이런 말을 하는 것이 아니라, 집단과 군중의 평균 수준이 생각보다 낮은 것은 군중과 집단의 본래적 속성일 뿐이다. (그래서 국가 전체의 리더, 사회의 리더, 기업의 리더, 세부조직 및 하위 부서의 리더에게 있어 조직원들에게 동기를 부여하는 리더십이 가장 중요한 것이다.)

집단적으로 열광적인 기대감을 갖고 주가를 높이 끌어올리기도 했다가, 집단적으로 두려움과 공포에 빠져서 주가를 바닥까지 내던져버리기도 하는 등 주식시장을 구성하는 모든 투자자들의 평균적인 수준은 매우 비효율적이며, 그렇기 때문에 비효율적일 수밖에 없는 주식시장에서는 주기적인 시장의 등락이 일어나 왔었고, 지금도 일어나고 있고, 앞으로도 일어날 것이다.

이제 조금 더 밝고 진취적인 이야기, 이성적이고 부를 거머쥐는 이야기를 하고자 한다. 어차피 본서를 포함한 '대한민국 주식투자 성공시리즈' 책을 읽는 독자는, 누구나 할 수 있지만 누구나 실패하게 되는 차트가 아니라, 공부하려는(학교 공부가 아니라, 실전가치투자) 열정이 없는 사람은 절대 성공할 수 없지만, 공부하는 사람은 누구나 성공할 수 있는 가치투자에 관심이 있다. 또한, 가치투자에 관심을 갖고 책이나 교육을 통해 체계를 익히려는 사람은 상대적으로 그 비율이 낮고 현명하다. 그러므로 본서는 대한민국 주식투자자 500만, 좀 더 넓게 보면 펀드 등 재테크에 관심이 있는 사람들 2000만 전체에게 가치투자 지식을 전달할 수는 없다.

즉, 어차피 대한민국 평균투자자는 주식시장에서 돈을 벌 수 없다. (평균은 절대 다수인데, 절대 다수가 주식시장에서 돈을 버는 것은 논리적으로도 맞지 않는 일이다.) 주식참가자들의 평균적인 수준으로 인해 비효율적인 주식시장에서, 최소한 대한민국 주식투자 성공시리즈의 독자들만이라도, 실전투자에서 활용성과 가치가 큰 핵심

이론과 사례들을 쉽고 체계적으로 익혀나가면서, 효율적이고 현명한 투자자로서 지속적이고 충분히 만족스러운 수익을 올릴 수 있다면 그것으로 족한 것이다.

한편, 본격적인 주제는 역발상 가치투자에 대한 것이다.

앞서 설명한 바와 같이 비효율적인 주식시장은 경기와 금리가 순환한다는 것을 알지 못하고 향후 기대수익률이 높은 세그먼트들이 저평가되도록 놓아두고, 향후 손실위험(내재가치보다 주가가 높을 때는 단순 주가변동성이 아니라 손실위험이 있다.)이 높은 세그먼트들이 고평가되도록 놓아둔다. 본서에서는 경기의 등락과 금리의 순환에 따라 (과도하게 상승, 하락한 주식시장에서) 어떻게 역발상 투자를 해야 할지, 그리고 주식 세그먼트별로 어떻게 역발상 투자를 해야 할지 정리한다.

우선 경기의 등락과 역발상투자자의 투자시점, 대중적 투자자의 투자시점 등을 간단히 살펴보자.

경기 등락은 연속적으로 일어나는 것이지만, 크게 네 단계로 나누어 볼 수 있다.
첫 번째 단계는, 경기가 최악의 시점을 지나고 있고 여기저기 현장에서는 바닥을 벗어나는 신호가 오고 있지만, 대중적 투자자들의 관심권에서 주식시장이 매우 멀어져 있는 상황이다. 이 단계에서 실제 주식시장은 언제 주가상승이 시작될지 모를 정도로 모종의 계기만 기다리고 있는 상태이지만, 대중적 투자자들의 경우 지금까지 지속된 주가하락과 실적하락에 지쳐 있고, 소수 현명한 분석가들이나 투자자들의 의견은 무시된다. (듣지 않는다.)

다소 미시적으로 보면, 업황이(혹은 개별 기업의 실적이) 최악의 시점을 지나고 있으나 대중적 투자자들은 해당 업종에(혹은 개별 기업에) 관심이 전혀 없는 경우도 이와 같이 볼 수 있다.

이 단계에서는 역발상 계량가치투자자들 중에서도 업종 별로 실적하락세의 둔화를 살펴보고(꼭 상승반전을 보고 투자할 필요는 없으며, 실적하락의 속도가 둔화되는 것만으로도 때로는 충분하다.) 향후 실적의 상승반전을 알 수 있는 몇 가지 선행지표를 추적해온, 정보추적형 역발상 계량가치투자자가 주로 집중적으로 투자한다. 물론, 이 전 단계인 4번째(공포) 국면에서 분할매수를 시작한 역발상 순수계량가치투자자 역시 이 시기에 추가매수를 슬슬 마무리한다.

정보를 추적하는 역발상투자자이건, 이미 어느 정도 선행매수를 진행한 순수한 역발상투자자이건 향후 기대수익률은 매우 크다. (때로는 두 번째 단계 초입까지 매집하기도 하지만, 전체적으로 싼 구간에서 매수했으니, 남은 것은 어느 정도에서 매도하느냐에 달려 있다.)

두 번째 단계는, 실제로 기업들의 이익이 전체적으로 반등하기 시작하고 성장궤도에 회복하기까지의 과정으로, 이미 주가가 어느 정도 급등했지만 아직 강력하고 지속적인 강세장을 확신하지(대중적 투자자들이) 못하지만, 점점 강세장에 대한 기대감은 고조된다. 이때 실적개선의 추세에 몸을 싣는 노련한 성장주 투자자와 경기변동주 투자자들이(개인, 기관투자자) 대거 시장에 진입하고, 향후 어느 정도의 기대수익률을 확보한다. 이 정도 수준에서도 아직 상당 비중의 대중적 투자자들은 시장에 진입하지 못한다. 그것은 아직까지 장기적인 강세장을 확신하지 못하기 때문이기도 하고(장기적인 강세장에 시장 참가자 모두가 찬성할 때, 바로 천장을 치고 하락이 시작되지만) 공포심에 손절매했던 주가 수준보다 생각보다 주가가 너무 올라버려서(아직 고평가는 아니지만 저점 대비 상승률) 어느 정도의 주가조정을 기대하고 있기 때문이기도 하다.

세 번째 단계는, 기업들과 전체적인 경기가 완연하게 성장하면서 점차 경기고점에 가까워지고, 주가가 천정을 치고 하락세로 갓 전환하는 과정이다. 경기고점과 주가 하락반전을 하나의 단계로 설명한 이유는 경기의 고점이 언제 올지 아무도 모르며, 주가가 천정을 치고 하락 전환하는 시점 역시 갑자기 오기 때문이다. 즉, 경기의 고점과 주가의 하락반전은 경기호황기와 만족스럽게 높은 성장률 등이 자연스럽게 꼬리로 달고 오는 것이기 때문이다. 그러나 이때 대중적인 투자자들은 가장 큰 욕심에 사로잡히게 되며, 특히 주식의 펀더멘털(사업, 재무)에 대해서 가장 알지 못하고 주식의 적정가치를 전혀 가늠하지 못할뿐더러, 심지어는 주식경험이 없었던 초보 중의 초보 투자자들이 주식시장에 한가득 참여하게 된다. 누가 마무리할지 언제 마무리할지 서로 묻지만 않을 뿐 파티가 끝나갈 무렵에(내일 끝나도 사실상 이상하지 않을 상황에서) 들어온 투자자들은, 주식시장 참여자들 중에서 최대의 손실률을 예약한 셈이다.

아직 천장을 치지 않았더라도, 여러 가지 측면에서 주식시장의 고평가 정도를 판단하면서, 계량가치투자자들은 시장을 완전히 혹은 상당부분 빠져나간다. 이때 전액 매도를 하는 계량가치투자자들도 있지만, 대체로 주식비중을 줄이는데서 그치는데, 그 이유는 시장의 열광적이고 비합리적인 고점이 어디까지 계속될지 사실 아무도 모르기 때문이며, 시장이 폭락하고 이후의 반등 국면 등을 관찰할 때 아주 일부라도 주식자산을 가지고 있는 편이 그 하락 및 반등 추세를 더욱 잘 파악하고 선행투자하기에 좋은 시기를 감지하기 좋기 때문이다. 가장 안타까운 부분은 고점을 얼마 안 남기고(마지막 몇 퍼센트~10%) 주식시장에 진입한 초보 중의 초보투자자들은 주식시장이 하락전환한 후 웬만큼 주가가 하락하기 전까지는 포기하지 않다가, 지치고 놀랄 정도로 주가가 하락한 후에야 비로소 매도하여 커다란 손실을 안게 된다는 것이다.

네 번째 단계는, 주가급락에 뒤이은 기업의 실적급락, 경기 전체의 침체 등으로 주가가 추가적으로 하락하는(그러나 그 정도는 대체로 초기 급락보다 심하지 않다.) 과정으로, 대중적인 투자자들이 주식시장에 큰 실망을 느끼고 이내 공포심에 사로잡히는 구간이다.

이때는 기업의 실적이 여전히 아직까지 좋은 상태에서 주가부터 급락하는 이전 단계에 비해서, 실제로 경기가 크게 위축,

침체되고, 기업의 실적이 급락하기 때문에 투자자들의 실망감과 공포심은 매우 커진다. 즉, 지금의 기업실적하락과 경기위축 및 침체가 굉장히 오래 갈 것 같은 확신으로 두려워하거나, 그렇지는 않더라도 주가가 얼마든지 추가적으로 하락할 것 같은 공포감에 시달린다. 주식시장에 남아있던 대중적 투자자들이라면 이때 대체로 매도하게 된다.

네 번째 단계가 상당히 진행되면, 아직 실적은 물론 주가의 바닥도 오지 않았음에도 절대적인 관점과 상대적인 관점 모두에서 주식시장은 상당한 저평가 상태에 있다. 특히 일부 업종은 그야말로 헐값에도 못 미치는 상태로 거래가 되고 있다. 이때 순수한 역발상 계량가치투자자들은 분할매수를 시작하여 향후 적은 기대손실률과 매우 높은 기대수익률을 예약한다. 주가와 실적의 바닥을 보고 투자하여 기대손실률 자체를 제로로 만들지 않고, 이 단계에서 매입을 시작하는 이유는 첫째, 바닥은 아무도 알 수 없고 둘째, 바닥을 치고 상승하는 속도가 생각보다 빠르기 때문에 오르는 주가를 따라 매수하면 효과적으로 저가에 매수하기 어렵기 때문이다. 셋째로, 그냥 싸기 때문에 안 살 수가 없기도 하다.

요컨대, 첫 번째 단계에서 경기가 최악의 구간을 통과하는 (바닥 전에 시작되어 바닥에 이르고, 바닥을 치는) 것이고, 두 번째 단계에서 주가를 필두로 하고 경기가 뒤를 이어 모두 상승을 시작하는 것이다. 또한, 세 번째 단계는 실적과 주가의 상승이 과도한 최고의 구간을 통과하는(천장 전에 과열되어 천장에 이르고, 천장을 찍고 내려오는) 것이고, 네 번째 단계는 주가의 추가적인 급락과 실적의 급락으로 두려움과 공포가 연이어 발생하는 것이다.

훌륭한 역발상 계량가치투자자라면 네 번째 국면에서 매수를 시작해서 첫 번째 국면에서 매집을 끝내거나, 혹 경기와 업황의 추세전환 정보를 꼼꼼히 추적하는 역발상 계량가치투자자라면 첫 번째 국면에서 집중적으로 매수하는 편이다. 때때로 역발상투자자라고 하더라도 신중하게 두 번째 국면 초입에 이르러서야 비로소 매집을 끝내는 경우도 있지만, 매도는 대체로 세 번째 국면에서 진행하기 때문에 여전히 최종수익률은 매우 높은 수준이다.

이때 과도한 저평가 시점에서는 향후 기대수익률을 극대화하기 위해서 경기민감주, 소형주, 배당률은 낮지만 성장성이 높은 종목, 근본 펀더멘털은 좋지만 부채비율이 높은 기업, 장기적인 이익성장률 대비 저평가된(PEG 비율 등) 종목 등의 비중을 늘려가야 한다. 한편, 과도한 고평가 시점에서는 국내 주식비중 자체를 줄이되(기타 자산에 대해서는 다음 소주제인 '글로벌 주식시장 순환과 절대적, 상대적 가치투자'와 2부 1장을 참조), 주식에 배분된 투자자산 중에서는 경기방어주, 대형주, 성장률은 높지 않지만 배당성향과 배당률이 높은 기업, 부채비율이 적어 재무구조가 좋은 기업, PER, PCR, PBR 등 가치지표 대비 비교적 가장 덜 고평가된 기업(심지어 적정 가치나 그 이하로 거래되는 기업) 등의 비중을 늘려가야 한다.

다만, 경기 고점에서 저평가주식들의 비중을 늘려갈 때 PER, PCR, PDR(주가배당금비율) 등 계량적 지표의 착시현상에 속지 않아야 한다.

그 요령을 간단하게 변형된 약식개념으로 설명하면(정식으로는 평가원 정규교육의 고급 재무손익조정법에서 설명) 4~5년에 걸친 경기 고점과 저점의 평균적인 당기순이익, 혹은 평균적인 매출액순이익률을 고려한 당기순이익 등을(지금의 당기순이익을 단순히 쓰지 말고) 현재의 시가총액과 비교한 PER, 당기순이익과 마찬가지 기준의 영업활동 현금흐름과 현재의 시가총액을 비교한 PCR, 마찬가지로 4~5년 정도의 배당성향과 배당금을 고려한 PDR 등을 사용해야 한다.

그렇지 않으면, 업황 고점에 이른 현대차와 포스코의(경기변동형 기업의 사례) 실적을 기준으로 잘못 가치평가를 하게 될(과도한 적정주가 산정으로 매수하여 결국 손실을 입게 될) 가능성이 매우 크다.

한편, 경기 저점에서 향후 크게 실적이 개선될 경기변동주나 성장주에 투자비중을 늘릴 때 역시, 경기 저점의 최악 실적을 기준으로 PER, PEG 비율 등을 계산하지 말고, 위와 같은 약식의 개념으로 과거 4~5년 정도의 경기고점과 저점에 걸친 평균실적을 사용해야 할 것이다.

예외적으로 성장주의 경우 일반적인 경기변동형 기업과는 달리 한 가지 더 유의사항이 있는데, 중장기적으로 시장평균보다 높은 성장률을 유지해왔고(매년 그렇다는 것이 아니라, 경기와 업황 등락 기간을 고려할 시 평균적으로) 향후에도 유지할 것으로 기대되어 대체로 높은 가치(밸류에이션)를 받아왔기 때문에, 성장률이 근본적으로 둔화될 경우에 주가가 급락할 수 있다는 것이다.

이것은 경기고점과 저점 사이의 평균 실적과는 전혀 다른 이야기로, 수요시장의 성장성이 본격적으로 둔화되거나, 경쟁자 수의 증가로 업종 내 경쟁구도가 심해지거나, 기업의 사이즈가 매우 커져서 핵심 수익자산보다 기타 자산의 비율이 급증하거나 하는 등 본질적인 펀더멘털이 둔화한 경우를 말한다. 그런 경우에는 매출액성장률과 이익성장률이 근본적으로 하락할 수밖에 없기 때문에, 변곡점을 중심으로 성장주의 주가가 대체로 급락한다.

(메가스터디의 경우 2008년 상반기, OCI의 경우 2011년 상반기를 기준으로 그 이전과 이후의 주가 및 가치지표를 참조하면, 이전에 비해서 이후 급락한 것을 알 수 있다.)

그러므로 성장주에 투자할 때는 특히 성장주가 성장할 수 있는 핵심 동력(매출, 순이익 성장률이 아니라 그 성장률의 원인 요소)을 잘 모니터하여, 근본적인 성장동력이 본격적으로 둔화되기 전에 일정 수준 이상의(필요할 경우 해당 성장주 보유주식수 전체) 비중을 매도할 필요가 있다.

경기등락에 이어서, 금리의 순환에 따라 어떤 주식 세그먼트가 금리변동에 더욱 민감하게 반응하며, 어떤 주식 세그먼트가 금리변동에 둔감하게 반응하는지 살펴본다.

기본적으로 주식시장은 무위험자산(예를 들면 국채나 1금융권 예금)과 경쟁관계에 있다. 1을 주식시장의 PER로 나눈 퍼센트 수치는(주식시장 PER의 역수) 주식시장의 금리와 같다. 예를 들어 주식시장의 PER이 12.5일 경우, 주식시장의 금리는 1 나누기 12.5인 8%에 해당한다. 그러므로 무위험자산 금리가 대폭 상승하게 되면, 위험자산인 주식시장의 투자매력도는 매우 낮아지며, 무위험자산 금리가 대폭 하락하게 되면, 위험자산이라고 할지라도 주식시장의 투자매력도는 매우 높아진다. (무위험자산의 수익률이 상대적으로 너무 낮으므로)

 금리는 홀로 올라갔다가 내려오는 것이 아니라 경기등락에 따라 필요한 경우 기준금리를 올리거나 내리게 되는 것이다. 그렇기 때문에 금리가 상승하는 기간 동안은 왜 금리가 오를 수밖에 없는지, 금리가 하락하는 기간 동안은 왜 금리가 내릴 수밖에 없는지 그 이유를 알아야, 주식시장이 어떻게 영향을 받는지 더욱 확실하게 알 수 있다.

 대개 금리가 아주 낮은 바닥권에서 찔끔찔끔 오르는 것은 경기가 개선되고 있기 때문에 살아나고 있는 경기에 맞추어 금리를 올리는 것이다. (금리를 올리지 않으면 경기가 충분히 살아나지도 않았는데 인플레이션부터 발생할 것이다.) 다만, 이때는 금리를 올리는 속도가 경기가 개선되는 속도보다 훨씬 느리기 때문에 주가도 계속 상승한다. 이것은 이익의 크기가 커짐과 동시에 이익성장률이 상승세에 있는 전형적인 회복기의 현상이다.
 그리고 금리가 큰 폭으로 올라서 결과적인 금리 수치 자체가 꽤 높아진 경우는, 경기가 과열로 생각되고 생산 및 소비 과열에 의한 소비자 물가 상승, 대출 및 투자과열에 의한 부동산, 주식 등 자산가격 상승이 지나칠 경우에 발생하는 일이다.

반면 금리가 내려가는 경우는, 경기가 고점을 지나면서 주식시장이 먼저 크게 하락한 후 뒤이어 경기가 위축되기 시작하면, 경기침체를 방지하고 추가적인 자산가격 하락을 막기 위한 것이다.

결국, 경기가 회복하면서 금리가 매우 낮은 수준에서 아주 조금씩 상승할 때를 제외하고는, 대부분의 경우에 금리가 상승하면 주식시장은 하락할 때가 가까워진 것이며, 금리가 하락하면 주식시장은 상승전환을 앞두고 있는 것이다.

주식 세그먼트별로도 금리에 대한 민감도 차이가 나는데, 금리가 큰 폭으로 혹은 높은 수준으로 상승할 때 가장 민감하게 주가가 크게 하락하는 주식 세그먼트는 부채비율이 높고 실적 기복이 심한 기업, 배당수익률이 낮은 성장주, 소형 기업, PER 자체는 낮지 않지만 PEG비율이(성장성 대비 저평가) 낮은 기업 등이며, 금리가 하락할 때 가장 민감하게 주가가 크게 상승하는 주식 세그먼트도 역시 동일하다.

반면에, 부채비율이 낮고 이익이 안정적인 기업, 대형주, 배당수익률이 높은 기업, 성장률은 부족하지만 PER, PBR, PCR 등의 가치지표가 낮은 저평가 기업 등은 금리가 상승할 때 주가가 다소 덜 하락하며, 금리가 하락할 때도 주가상승폭이 상대적으로 크지 않다.

모든 주식투자자들이 역발상 투자자가 될 수는 없다. 역발상의 개념 자체가 본질적으로 다수에 해당하는 대중적 투자자들의 말초적인 의사결정과는 달리, 책이나 교육을 통해 공부한 소수의 현명한 투자자들이 대중의 의견과는 다른 자신만의 합리적인 의견을 따르는 것을 말한다.

즉, 대중적인 투자자 전체가 동쪽으로 가고자 했는데, 대중의 구성원 각각 모두가 역발상 투자를 원해서(모두가 원할 리도 없지만) 오히려 서쪽으로 가고자 한다면, 결과적으로 서쪽으로 가는 것은 역발상 투자가 아니라 오히려 대중들의 투자와 같은 것이다. (모두가 서쪽으로 가고 있으므로)

역발상 투자는 개념상으로는 단순하지만 그것을 실제로 실행하는 것은 단순한(남이 하는 반대로 하는) 것이 아니다. 다수가 잘못 판단하고 있을 때(잘못 판단하고 있는 중이므로, 생각을 고치지 않는다.) 그와는 별도로 독립적인 사고를 통해(단순히 반대로 하는 것이 아니라) 합리적인 의사결정을 내리는 것이 역발상 투자인 것이다.

요컨대, 경기가 저점에 가깝고 금리를 낮추었을 때, 부채비율이 높고 실적기복이 심한 기업, 배당수익률이 낮은 성장주, 소형 기업, PER 자체는 낮지 않지만 PEG비율이(성장성 대비 저평가) 낮은 기업 등이 투자비중을 확대해야 할 주식 세그먼트라는 것을 이해해야만, 성공적인 역발상 계량가치투자를 할 수 있다.

또한, 경기가 고점에 가깝고 금리를 충분히 높였을 때, 부채비율이 낮고 이익이 안정적인 기업, 배당수익률이 높은 기업,

성장률은 부족하지만 PER, PBR, PCR 등의 가치지표가 낮은 저평가 대형기업 등이 투자비중을 확대해야 할 주식 세그먼트라는 것을 이해해야만, 성공적인 역발상 계량투자를 완성할 수 있다.

기본적으로 장기에 걸쳐서 가치가 상승할 기업들을 적정주가 대비 싸게 매수하는 것을 주식포트폴리오의 핵심가치로 생각하되, 다양한 주식 세그먼트들을 함께 계량가치 포트폴리오에 편입하여, 경기 국면과 금리 수준에 따라서 향후 높은 기대수익률이 예상되는 종목들의 비중을 선택적으로 확대함으로써, 포트폴리오의 안정성과 초과수익을 극대화해야 할 것이다.

3. 글로벌 주식시장 순환과 절대적, 상대적 계량가치투자

중단기적으로 글로벌 차원에서 주식시장은 순환한다.

글로벌 투자시장은 (이전의 폭락을 기억하면서) 주식시장을 멀리 하던 위험회피적 투자성향에서 슬슬 벗어나고, 상당히 크다고 보았던 투자 리스크는 생각보다 작고, 그동안 자금을 맡겨두었던 무위험자산의 금리는 너무 낮다는 글로벌 대중투자자들의 인식이 점점 커지면서, 전체 자산 중 주식의 비중이 늘기 시작한다. 또한, 현재에도 이익이 꾸준히 증가하고 있을 뿐 아니라 미래에 더욱 큰 가치성장이 기대되는 성장주의 비중을 점차 늘려가기 시작한다.

글로벌 주식시장뿐 아니라 실물경제 역시 상승반전에 성공하고 견고한 실적증가를 이어가면서, 주식자산은 만족스러운 수익률을 보여주고, 글로벌 투자자들은 더 큰 리스크를 감수할 지라도(이 단계에서는 '그까짓 리스크'라고 생각하게 된다.) 더 큰 수익률을 노리게 된다. 섹터나 국가 차원에서는 신흥국(이머징) 시장의 주식 비중이 글로벌 투자자금 내에서 높아진다. 이때는 글로벌적인 차원에서 부채수준이 전반적으로 높아지고 있으며, 이 부채의 상당한 비율이 더욱 큰 수익을 원하는 욕심과 함께 투자시장으로 유입되고 있다. 또한, 업종이나 기업 차원에서는 가속적으로 실적이 개선되고 있는 경기변동형 업종 및 기업들에 주식자금이 몰리면서, 자산배분은 그 어느 때보다도(국가, 업종 등 모든 차원에서) 위험한 상태에 놓여 있다.

이런 상황에서 경제가 취약한(부채와 경제버블로 겨우 연명하는) 몇몇 국가에서 문제가 발생하고, 처음에는 이 문제가 일시적인 것으로 생각했지만 시간이 지날수록 애초의 안일한 생각에 비해서 구조적인 문제(크게 터질)일 수 있다고 의심이 커지게 된다. 게다가 그보다는 겉보기에 괜찮아 보이는 국가들도 마찬가지로, 증가한 부채와 과도한 투자로 펀더멘털이 약해져 있음을(속은 앓고 있음을) 알게 된다. 이에 글로벌 주식시장에서 점차 이머징 국가에 대한 투자가 축소되고, 선진국 주식시장으로 자금이 빠져나가며, 리스크라든지 안정성 같은 개념들을 비로소 강조하기 시작한다.

그러나 다음 단계에서 이미 취약국들의 경기침체가 상당히 진행되고, 글로벌 차원의 과도한 부채(레버리지)가 급격하게 축소되고, 그래서 펀더멘털을 초과하여 상승한 여러 주식시장들이 이전 주가상승분의 일부를 빠른 속도로 반납하는(문제는 투자자금이 100% 자기자본이 아니고, 부채를 낀 개인자금의 비중이 크다는 것이다.) 등 일련의 위기상황들이 발생하면서, 갑작스럽게 파티는 끝나게 된다.

파티가 갑작스럽게 끝나는 것은 개별 국가나 글로벌 차원에서나 마찬가지이다. 이것은 울고 싶은 상황에서 뺨 맞을 핑계가 속속들이 생겨나는 것으로, 막을 수도 없고 사실 막아서도 안 되는(주식시장이 되었건 부동산이 되었건) 것이다. 주기적으로 급등했다면 어느 정도는 하락을 하여야 보다 장기적인 상승이 가능하기 때문이다. 그렇지 않고 버블을 너무 키우게 되면, 1920

년대 말 미국발 10년 대공황이나, 1990년대의 일본식 장기불황을 초래할 것이므로, 더 좋지 않다.

이제 파티가 급격하게 끝나가는 상황에서, 주식시장에서는 기대수익률 따위는 안중에 없고(실제로 고평가되어 있기도 하지만 투자심리 자체가 죽는다.) 오로지 주가가 내려갈 두려움과 경기가 침체될 우려만 가득하여, 글로벌 차원에서 주식시장으로부터 탈출이 이어진다. 주식이 아니라 채권으로, 주식이 아니라 금으로, 주식이 아니라 달러로 피신하는 무리가 꼬리에 꼬리를 잇는다.

현대의 글로벌 경제에서는, 어떤 국가의 소비자들이 수입을 하면 최종재를 수출하는 국가의 기업들은 다른 국가의 기업들로부터 중간재를 수입하고, 중간재를 수출하는 국가의 기업들은 원자재를 다른 국가의 기업들로부터 수입한다. 또한 이런 다양한 경제활동을 영위하는 국가의 채권과 기업들의 주식을 소유하고 이자수익, 배당수익과 자본차익을 얻거나, 기술과 디자인에 대한 로열티를 얻는 산업의 비중이 큰 국가도 있다. 즉, 다른 국가 및 외국 기업들과의 관계가 없이 섬처럼 존재하는 나라와 기업은 좀처럼 찾아볼 수 없다.

호황과 불황은 국가 별로 어느 정도 순서와 시간 차이가 있고, 주식시장의 등락 정도에도 차이가 있지만, 근본적으로 글로벌 차원에서 어느 정도 전염 혹은 서로 영향을 주는 경향이 강하며, 주식시장으로 자금이 쏟아지는 현상과 주식시장에서 자금이 빠져나가는 현상 등이 개별 국가와 섹터를 거치면서 도미노식으로 전달된다. (특히 규모가 큰 섹터, 이를테면 이머징, 선진시장 등 큰 섹터의 위기는 타 섹터에 번질 수밖에 없다.)

3~5년에 걸친 짧은 주식시장 주기를 보면 글로벌 주식시장이 어느 정도 동조하는 것을 볼 수 있는데, 이는 중단기적으로 글로벌 차원에서 리스크를 감수하면서 이익을 추구하는 시기와, 이익은 어찌되었든 일단 리스크부터 회피하고자 보는 시기가 순환하는 것임을 알 수 있다.

한편, 3~5년 정도의 순환 사이클 동안, 선진국과 이머징 국가 섹터, 각 섹터 안의 개별 국가 주식시장, 한 국가 주식시장 속에 다양한 업종 등은 매년 다른 수익률을 보인다. 즉, 전년도에 수익률이 가장 좋았던 부문이 올해에도 가장 좋을 수는 없고, 내년에도 계속 좋을 수는 더더욱 없는 것이다. (이것은 평균회귀의 법칙이라고 하기도 하고, 이를 이용한 투자가 역발상 분산투자이기도 하다.)

기본적으로 중단기적인 글로벌 시장 역시, 어느 정도는 상대적인 고평가와 저평가 정도를 역이용하고 또한 경기, 기업의 실적과 주식시장의 추세(바닥인가, 회복인가, 정점인가, 후퇴인가)의 정도를 역이용하는 역발상 계량가치 투자자가 유리한 것이다.

글로벌 차원의 중단기적인 순환을 넘어서 장기적인 관점에서는 보다 강력한 개별 국가들의 주식시장 동인이 작용하는데, 이는 우리나라에서 특정 업종의 업황순환을 넘어서 장기적으로 가치가 빠르게 성장하는 수익성장주(스노우볼 종목과 성장주)를 떠올리면 이해가 쉽다. 마치 스노우볼 종목이나 성장주가 일시적인 악재를 만나서 주가가 급락했을 때 열정적으로 매수해야 하듯이, 장기적인 성장동력이 존재하는 국가의 주식시장에 투자하는 것은 중장기 최종수익률 측면에서 매우 유리하게 된다.

존 템플턴은 1950년대부터 성장하기 시작하여 1960년대부터 1970년대까지 고도성장한 일본의 주식시장에 일시적 경기위축기인 1968년도부터 크게 투자했으며, 일본에 뒤이은 아시아의 고도성장국(당시 이머징에서 중진국으로 발전 중)인 한국을 1980년도부터 지켜보다가 이후 한국의 주식시장에 IMF가 터지고 주식시장이 헐값으로 하락하자 비로소 크게 투자했다.

장기적인 관점에서 장기 기대수익률이 높은 국가의 주식시장은, 선진국 중에서는 (마치 스노우볼 종목처럼) 경제성장률이 선진 섹터 평균대비 비교적 준수한 편이면서 기업의 자본수익률(ROE 등) 저하를 막기 위해 적극적인 배당, 자사주 매입 및 수익자산에의 재투자를 실시하는 국가의 주식시장이다.

또한, 이머징 국가 중에서는 (마치 성장주처럼) 지속적으로 높은 경제성장률은 물론이고 부채가 많지 않으면서(소형성장주의 부채가 적은 편이 좋듯이) 끊임없이 기본 사업을 확대하면서도, 연구개발과 제품 품질 업그레이드, 브랜드력 생성과 신시장 진출 등 다음 단계로의(중진국과 선진국으로의 길) 이행을 착실히 하는 국가의 주식시장이 좋다.

물론, 어떤 경우든 상장사의 이익이나 이익성장률에 비해서 고평가된 종합주가지수를 보일 경우에는 투자하지 않고, 충분히 저평가되었을 때 투자하는 것이 가장 성과가 좋을 것이다.

여기까지 글로벌 주식시장의 중단기적 순환과 개별 국가의 장기적인 주식시장에 대해서 개략 정리해 보았다.

이제 그러한 글로벌 주식시장의 순환을 이용하거나, 순환에 대응하여 투자하기에 적합한 전략을 살펴보자.

글로벌 주식시장에 투자하는 형태는, 매우 익숙한 나라의 경우(예를 들면 자국 주식)에 직접투자의 방식으로, 그렇지 않지만 투자매력도가 큰 나라에는 간접투자의 방식으로 구분할 수 있다.

존 템플턴조차 IMF 발발 후 당시 이머징으로 분류되던 한국 주식시장이 성장성 대비 저평가되었을 때, 펀드라는 형태로 간접투자를 실행했다. 물론, 해당 펀드가 한국주식시장에 투자를 성공할 수 있는지, 자신의 계량적 가치투자 기준과 맞는지 등을 충분히 검토하고 투자한 만큼, 성과는 매우 좋았다.

가끔 이야기하지만, 필자 역시도 국내 주식과 극히 예외적인 국가(중국, 일본, 미국 등)를 제외하고, 기타 많이 다녀보지 못한 다양한 나라나 지역 섹터에 간혹 투자해야 할 필요가 생기면, 펀드의 형태로 투자한다. 예를 들면 러시아, 동유럽, 동남아, 농산물, 원자재 등 다양한 섹터 중 특정 시기에 특정 섹터가 예외적으로 큰 투자매력도가 있다고 판단될 때를 말한다.

물론, 직접 투자하기에는 번거롭고 정보가 매우 많이 필요하기에 간접투자의 형태로 진행했을 뿐, 해당 섹터의 펀더멘털 대비 가격이 충분히 낮다는 것을 확실히 검토하고 진입했기 때문에 중장기적인 투자결과는 항상 좋았다.

직접투자와 간접투자를 막론하고 순환하는 글로벌 주식시장에서 성공하기 위한 계량적 가치투자법을 간단히 정리한다.

항상 주식투자에 성공하기 위해서는 계량적인 가치 기준으로 먼저 접근한 뒤(비싼 주식은 백약이 무효이고, 비싼 주식 앞에 수익내는 장사는 존재하지 않는다.) 정성적인 펀더멘털, 향후 장기적인 전망 등을 추가적으로 심도있게 검토하는 수순을 따른다.

글로벌 주식투자도 마찬가지이며 첫 번째로, 절대적인 저평가 상태에 있는 특정 국가와 업종, 혹은 조금 더 넓게 동질적인 국가들을 포함하는 지역에(이를 섹터라고 하자.) 투자하는 펀드를 선정하거나, 혹은 직접 투자한다. (이후 '펀드와 주식'이라고 간단히 표현한다.)

두 번째로, 해당 섹터 펀드와 주식을 매수한 후, 주가가 중장기적으로 크게 올랐을 때 다른 섹터의 펀드 및 주식과 비교해서 상대적으로 더 매력적인 섹터의 펀드와 주식의 비중을 늘리고, 기존의 펀드와 주식의 비중을 줄이는, 상대적 비교법을 따른다.

우선 절대적 관점에서(다른 무엇과 비교하는 것이 아니라) 저평가 상태에 있는 섹터의 펀드와 주식을 매입하는 것을 정리한다.

특정 국가, 혹은 동질적인 국가들이 모여 있는 섹터(예를 들면 동남아, 중동, 서유럽 등)의 경우, 국가나 섹터 내 상장사 전체의 이익성장률과 이익안정성에 비해서 계량적으로 얼마나 저평가되었는지를 평가한다. ROE를 감안하여 PBR이 높은지 낮은지, 이익성장률을 감안하여 PER이 높은지 낮은지 등을 말한다.

장기 경쟁력과 이익성장률이 높은 기업일수록 좋은 기업이듯이, 국가경쟁력과 상장사 전체의 이익성장률이 높은 국가일수록 해당 주식시장은 좋은 투자대상이다. 다만, 이익성장률이 이미 고평가된 주가로 반영된 주식시장의 경우는 투자매력도가 없다.

예를 들면, 중국의 성장률은 선진국은 물론 대한민국보다 중장기적으로 매우 높은 편이었다. 하지만, PER이 30까지 치솟으면 명백히 고평가된 상황이라고 할 수 있다. PEG비율이라는 것이 있는데, PER을 순이익성장률로 나눈 가치지표로써, 그 결과값이 0.5 정도면 매우 저평가되어 있고, 1.0 정도이면 보통 수준, 2.0 정도이면 고평가되었다고 말한다. 성장주의 가치를 평가하는 단순한 지표인 PEG 비율로 간단히 보아도, PER 30이 유지되려면 적정 수준인 PEG비율 1.0 기준을 적용했을 때 순이익이 장기적으로 30%씩 증가해야 한다.

특정한 개별 종목도 장기적으로 30%의 수익률을 유지하기가 쉽지 않은데, 중국의 주식시장 상장기업 전체가 장기적으로 연 30%씩 이익이 증가한다는 것은 불가능에 가까운 일이다.

즉, 2007년도에는 (PBR이 1.5배가 넘었던 우리나라 주식시장뿐 아니라) 중국펀드의 매력도도 별로 없었다는 것, 오히려 위험했다는 것을 알 수 있다.

이와는 반대로, 장기 이익성장률이 대략 10% 정도였던 우리나라의 주식시장이 리먼 브러더스 사태 이후 2008년 10월~11월경에 PBR이 1.0도(심지어는 0.9 이하) 되지 않았다는 것은 말할 필요도 없이 매우 저평가된 상황임을 의미한다. (그 어떤 닥터둠이 추가하락을 외쳐도, 싼 것은 싼 것이다.)

이익성장률 대비 PER을 측정하는 PEG 비율(PER÷순이익성장률)이라든지, ROE 대비 자본총계의 프리미엄을 측정하는 수치(ROE÷PBR)라든지, 매우 간단하지만 주식시장 전체적으로 싼지 비싼지 대략적으로 빠르게 판단가능한 지표들을 활용하여, 저평가된 섹터나 국가를 1차적으로 선정했다고 치자. 또한 보다 심층적인 재무손익비율 등 정량적 검토와 산업구조, 경쟁력 등 정성적 검토를 통해, 최종적으로 펀더멘털 대비 저평가된 곳에 투자를 했다고 하자.

이후 주식시장이 펀더멘털을 반영하면서 꾸준히 상승해서 상당한 수익률이 발생하고 있을 경우, 일정한 시점이 되면 해당 펀드나 주식을 계속 보유하고 있어야 할지, 다른 펀드나 주식으로 일부 비중을 옮겨야 할지, 다른 펀드나 주식으로 완전히 갈아타야 할지 등을 판단해야 한다.

항상 보유 중인 펀드와 주식에 대한 절대적인 가치평가(싸다 비싸다)를 중심으로 부분매도나 매도를 결정해도 좋다. 하지만, 다른 펀드, 주식 등과 상대적으로 비교하면서 투자할 경우, 각 펀드와 주식이 실적에 바탕한 주가상승 추세의 변곡점에(오르던 추세가 내리는) 이르기 전에 미리 빠져나오면서, 상대적으로 리스크는 적고 기대수익률은 높은 펀드나 주식의 비중을 확대할 수 있다는 장점이 있다.

이를 상대적 비교법이라고 이름 붙이자. 상대적 비교법을 통해 우리는 성장률 둔화가 예견되지만 주가 수준은 높은 섹터나 국가의 펀드 및 주식을 팔고(비중을 줄이고), 성장률 상승이 예견되지만 주가 수준은 아직 낮은 섹터나 국가의 펀드 및 주식을 사야(비중을 늘려야) 한다.

리스크는 낮고 기대수익률은 더 높기 때문에 투자매력도가 훨씬 높은 주식을 찾게 되면, 보유 주식들 중에서 내재가치에 주가가 이미 도달했거나 거의 도달한 주식이 있을 경우, 종목을 교체하는 것이 현명하다. 마찬가지로, 우선은 이익증가율 혹은 성장성에 비해서 어느 정도 저평가되어 있는지 계량적인 수치로 검토하고, 다음으로 질적인 펀더멘털, 즉 중장기 이익성장률과 이익성장률의 핵심요인, 향후 전망 등을 살펴보면서, 현재 보유 중인 글로벌 펀드 및 주식과 비교해서 훨씬 매력적인 투자대상이 확실하다면, 해당 펀드 및 주식의 비중을 늘려야 하는 것이다.

이러한 상대적 비교법으로는 글로벌 섹터, 국가의 주식은 물론, 국가 안에서도 업종 별로 비교해 볼 수 있기 때문에, 다양한 차원(레벨)에서 활용할 수 있는 방법이다. 피터 린치나 존 템플턴 등도 보유 종목이나 보유 중 국가의 주식과 투자후보군으로 고려중인 다른 종목 및 다른 국가의 주식을 비교할 때, 기존 보유자산보다 50% 이상 저평가되어 있지 않으면(내재가치 대비, 성장률 대비 등) 새로운 자산을 편입하지 말고, 새로운 자산이 그 이상 저평가되어 있을 때에만 편입하는 편이 좋다고 말했다.

(또 그들은 그렇게 투자를 실행했다.)

다만, 너무 잦은 비교와 비중조절은 곤란하다. 해외자산의 경우 평상시에는 반기별, 연도별로(아무리 잦아도 분기별) 검토하는 정도가 적당하다고 생각한다. 9.11 사태나 리먼 브러더스 사태 같이 진폭이 큰 주식시장 등락이 발생한 경우에는 보다 자주(예를 들면, 월 단위 혹은 격주 단위로) 비교해도 좋을 것이다.

3장 계량가치투자운용을 위한 세부 가치평가 툴

1. 이익과 자산의 안전마진과 내재가치 증감요소

 이제 계량가치투자운용을 위한 세부적인 계량가치평가 툴로 무엇무엇이 있는지 보는 일만 남았다. 그리고 기본적으로 계량적인 가치평가 툴로 1차 투자후보군들을 선정하고, 기업의 사업구조와 재무손익추이를 분석함으로써 보다 좋은 기업들을 2차적으로 선정하고, 적정가격 이하에서 분할매수를 하면서 계량가치 포트폴리오를 구축해나가면 될 것이다.

 그런데 계량가치평가 툴로 바로 넘어가기 전에 우선 알아야 할 것이 있다. 안전마진의 각종 요소를 우선 이해해야 계량적인 가치평가의 결과를 더 잘 활용할 수 있고, 내재가치 증감요소를 이해해야 매수한 종목의 내재가치가 감소해서 안전마진이 줄어들거나 심지어는 사라지는 손실위험을 더 확실하게 방지할 수 있기 때문이다.

 안전마진의 요소를 이해하고 계량가치평가 툴을 활용하면 주가변동성에 끄떡하지 않고, 오히려 큰 폭의 주가변동성을 역으로 활용하여 비싸게 매도하거나 싸게 매수할 수 있게 해준다. 또한 내재가치 증감요소를 이해하여 주기적으로(결코 자주 할 필요는 없다.) 보유종목의 내재가치가 중장기적으로 감소 할 요인이 있는지 검토한다면, 손실위험이 최소화되기 때문에 계량가치 포트폴리오의 기대수익률이 실제 실현수익률과 거의 차이가 없어질 것이다.

우선 안전마진의 요소를 이해함으로써, 안전마진을 갖춘다고 하는 것이 어떤 차원에서 가능한지 알아보자.

내재가치는 특정 기업이 향후 창출할 현금흐름의 총합을 현재가치로 환산(할인)한 수치이다. 가장 간단하지만 심층적인 형태로 기업 고유의 리스크를 감안한 배수법(PER 등)을 사용할 수도 있고, 기준이익과(일시적인 특별손익을 제외한) 장기 이익증가율을 바탕으로, 매우 합리적인 연금법 형태로(배수법과 역수 관계, 종이의 앞뒷면 차이) 내재가치를 구할 수도 있다.

연금법 공식의 예를 들자면 '적정 시가총액=기준 순이익÷(기업의 적정할인율-영구성장률)' 정도로 정리할 수 있다.

여기서 적정할인율이란 적정 PER의 역수로, 적정 PER이 8 정도인 기업의 적정할인율은 8의 역수인 12.5%이다. 참고로 적정할인율은 기업의 이익이 훼손될 손실위험(주식투자는 원금인 자본총계 손실뿐 아니라, 귀속이익인 순이익 감소까지 내재가치의 손실 위험에 속한다.) 가능성의 크기를 말하며, 주가변동성과는 전혀 상관이 없다. 또한 기준 순이익이란, 우선 영업외손익 중 파생상품, 외환, 투자자산 등의 평가손익과 처분손익 등 일시적이거나 특별한 손익을 제외하고 새로 계산한 순이익을 말한다. (보다 더 심층적으로는 영업사이클을 고려하고 고급 재무손익비율을 활용한 고급실적조정 방식으로 영업 및 영업외손익을 조정할 수 있지만, 이 공식은 다소 수준이 높아 평가원 정규교육에서 직접 다룬다.)

배수법 공식의 예를 들자면(이 다음 챕터에서부터 계량가치평가도구들이 나오겠지만) '적정할인율-영구성장률'을 역수로 전환한 PER을 적정 PER로 잡고, '적정 시가총액=적정 PER×기준 순이익' 정도로 정리할 수 있다. 공식의 요소들(적정할인율, 기준 순이익)에 대한 설명내용은 앞서 연금법 공식에서 설명한 바와 같다.

여기서 안전마진은 특정 종목의 내재가치보다 더 싼 주가로 매수할 때 발생하며, 적정가보다 몇 퍼센트 싸게 매수했느냐에 따라 몇 퍼센트의 안전마진을 확보하는지가 결정된다. 대개 평균적인 가치투자대가들과 이론들의 안전마진으로는, 적정가보다 40% 정도 싸게 사는(40% 안전마진) 것이며, 보다 넓은 범위로는 30%~60% 정도의 안전마진에 걸쳐 있다. (물론, 매우 탁월한 기업을 적정가 정도에 매수하기도 하고, 저품질의 기업에 대해서 70~80%에 가까운 안전마진을 요구하기도 하지만, 가치투자대가들의 이론들 중 일부 경우이다.)

그렇다면 안전마진의 요소는 내재가치의 공식들에서 볼 수 있듯이 순이익의 크기, 순이익의 지속가능성(할인율과 관련), 순이익의 성장성 등이다.

위에서 언급한 내재가치 공식의 예제와 안전마진의 요소들은 모두 기업이 계속기업으로서 사업을 영위할 때의 이야기이다. 기업이 현재 누적적인 적자를 보고 있고, 장기적으로 적자가 심해지면 심해졌지 개선될 것 같지 않으며, 기존 사업과 시너지가 있거나 기존 사업의 노하우가 강점으로 작용하는 신사업 진출 및 자회사 인수합병 등의 가능성이 낮다는 것을 충분히 검토했다면, 기업을 계속기업으로 존속시키느니 청산하는 것이 낫다는 결론에 이를 수도 있다.

이럴 때 내재가치를 구하는 방법은 일반적으로 기업청산시 가치평가를 하는 방식 혹은 벤저민 그레이엄식 극보수주의 자산평가법 등을 들 수 있다. 모두 다음 챕터에서 다룰 예정이므로 청산기업의 내재가치 산정 방식을 우선 간단히 설명하면 금융자산, 유형자산 등 몇 가지로 구분한 자산항목들을 차등적인 방식으로(얼마나 할인하는가는 다음 챕터의 계량가치평가 도구에서 설명) 장부가격에서 할인하고, 부채 총계를 빼면 청산시 자본총계의 금액가치가 나온다.

이렇게 다시 계산한 자본총계에 비해서도 일정한 안전마진(매수시의 할인율)을 확보할 수 있는 주가로 매수하는 것이, 향후 기업청산시 기대수익률을 올릴 수 있는 방법인 것이다. 즉, 안전마진의 요소는 내재가치 평가방법에서 알 수 있듯이 자산들의 실제 가치이다.

계속기업의 가치를 평가하는 공식들과 청산기업의 가치를 평가하는 공식들을 모두 감안하여 앞서 설명한 안전마진의 요소는 순이익의 크기, 순이익의 지속가능성(할인율과 관련), 순이익의 성장성, 자산들의 실제 가치 등이다. 여기에 당연하지만 최종적인 안전마진의 두 가지 요소를 더 추가하자면, 그것은 각종 재무손익 수치의 보수적인 추정과 함께 충분한 안전마진의 크기이다.

즉, 순이익이 근본적으로 커질수록, 순이익의 지속가능성과 성장률이 커질수록, 자산들의 실제 가치가 커질수록 내재가치가 상승하기 때문에 안전마진이 더욱 커진다. 또한 투자자가 애초에 재무손익 비율을 보수적으로 추정하고, 더욱 싼 주가에 투자함으로써 더욱 큰 안전마진을 확보하면, 다양한 측면에서 충분한 크기의 안전마진을 확보하게 된다. (물론 열거된 모든 경우를 정확히 반대로 하면 안전마진은 줄어들게 된다.)

이익과 자산에 기반한 안전마진은 위와 같이 이해할 수 있다. 그리고 안전마진에 대해 더욱 심층적으로 이해한다고 하는 것은 사실상 내재가치를 평가하는 공식들의 요소들(순이익의 크기, 지속성, 성장성과 자산가치 등)에 대해 더욱 심층적으로 이해한다고 하는 것과 같은 말이다. 그러므로 이제 내재가치 증감요소에 대해서 알아볼 때가 되었다.

내재가치의 증감요소 역시 순이익의 크기, 순이익의 지속가능성(할인율과 관련), 순이익의 성장성, 자산들의 실제 가치 등이 증감할 때 발생한다.

순이익이 근본적으로(1회성이 아니라 근본적인 것이 중요) 더욱 커지거나, 지속가능하지 않았던 순이익의 성격이 지속가능하게 변해가고 있다든지, 순이익의 증가율이 근본적으로(유지가능하게)

올라갔다든지, 실제 가치가 매우 뛰어난 자회사를 영업권을 거의 주지 않고 매수했다든지, 영업용이 아닌 비영업투자부동산의 가격이 크게 올랐다든지(처분이 가능하려면 유형자산이 아니라, 반드시 투자부동산이어야 함) 하는 등의 변화가 생기면, 내재가치가 증가한다. 내재가치가 증가한다는 이야기는 안전마진은 더욱 커지며, 기대수익률과 적정주가가 동시에 상승한다는 이야기이다.

반대로 순이익이 근본적으로(1회성이 아니라 근본적인 것이 중요)크게 감소하거나, 사업구조나 기술적 변화로 순이익의 지속가능성이 낮아지고 지속가능기간이 짧아졌다든지, 순이익의 증가율이 근본적으로(펀더멘털상 회복이 어려운 상태로) 내려갔다든지, 실제 가치가 별로 없는 자회사에 대해 과도한 영업권을 지불했거나, 미래 수익성이 별로 없는 기술 등 지식재산권이 개발비(무형자산)로 과다책정되었다든지, 영업용이 아닌 비영업투자부동산의 가격이 크게 내렸다든지 하는 등의 변화가 생기면, 내재가치가 감소한다. 내재가치가 감소한다는 이야기는 안전마진이 더욱 작아지거나 심지어는 사라지며, 기대수익률과 적정주가가 동시에 하락한다는 이야기이다.

특정 종목에 대해서 내재가치의 증감요소를 주기적으로(예를 들면 연도별, 반기별 등 일정한 주기에 걸쳐) 검토하면, 해당 종목의 내재가치가 증가하거나 감소하기 전에 충분한 시간을 두고 앞서서 그 조짐을 읽어낼 수 있다. 또한 내재가치의 증가나 감소가 발생하게 되면, 그것이 실제 내재가치의 증감이 아니라 단순한 표면상 변화일 뿐인지(일시적인 것인지) 혹은 진정한 내재가치의 증감인지를 금방(주기적으로 미리 검토해 왔으므로) 알아챌 수 있다.

내재가치보다 싸게 산다는 안전마진의 의미를 더 깊이 이해하기 위해서, 또한 내재가치의 증감요소를 더욱 깊이 이해하기 위해서, 크게 보아 대략 어떤 경우에 순이익이 근본적으로 증감하는지, 순이익의 지속성과 장기적인 순이익 증가율이 변할 수 있는지 등을 핵심적으로 정리한다. (투자부동산의 가치 증가라든지, 영업권 금액 대비 자회사 가치의 초과성장 등은 매우 개별적인 사례에 해당하므로 따로 정리하지 않는다.)

우선, 순이익의 크기가 근본적으로 증감하려면, 매출액과 비용이 근본적으로 증감해야 한다. 여기서 비용은 고정비와 변동비로 나눌 수 있는데, 근본적으로 고정비가 증감하는 경우는 별로 없거나 그 정도가 미미하며(고정비 절감에는 한계가 있고, 또 반영구적으로 반복할 수 있는 것도 아니다.), 대체로 변동비가 근본적으로 증감할 수 있다. 즉, 지속가능한 측면에서 순이익의 크기가 근본적으로 증감하려면, 매출액이 근본적으로 변하거나, 매출액과 연동되는 수준 이상으로 변동비가 근본적으로 변해야 한다.

매출액이 근본적으로 증가하는 경우로는 기업의 질, 품질과 브랜드력이 근본적으로 단계가 상승하여 마진율이 유의미하게 오르는(제품과 서비스 단가의 일반적이지 않은 대폭적인 인상) 경우나, 영업망과 유통망 등을 대대적으로 신규 확충하여 수요시장에 대한 침투력 수준이 획기적으로 개선되거나, 기존과는 다른 차원의 거대시장에 진출하는 경우 등이 있을 것이다.

또한 매출액에 연동되는 수준 이상으로 변동비가 근본적으로 하락하려면, 가장 대표적이고 비중이 큰 재료비가 근본적으로 절감되어야 하는데, 대부분 원재료나 부품을 공급해주던 업종의 경쟁구도가 변경되어 구조적인 공급과잉 국면이 되면 재료비 단가가 근본적으로 한 단계 낮아질 수 있다.

이 외에도 극히 예외적인(수십 년에 한 번씩 생기는) 경우에 기술의 발전, 신물질의 발견 등으로 기존의 재료보다 상대적으로 경제성이 있는(저렴한) 재료로 생산이 가능해지는 경우도 있을 수 있다. 기타 매출액을 근본적으로 늘리고 변동비를 근본적으로 줄이는 다양한 경우가 있을 수 있으나 대표적인 위의 경우들을 우선 이해한다면, 그 외 보유종목, 관심종목마다 고유한 경우들을 투자자들이 비교적 쉽게 이해할 수 있을 것이다.

다음으로 순이익의 지속성(할인율과 관련, 지속성의 강화 혹은 약화)에 대해서 핵심적인 내용을 살펴보자. 순이익의 지속성이라고 하는 개념은, 그 결과적인 수치는 정량적인 요소에 해당하지만, 실제로 정량적인 수치를 좌우하는 근본원인은 정성적인 요소에 해당한다.

큰 측면부터 작은 측면까지 대략 훑어나가면, 산업의 수명주기가 크게 변하거나 산업에 따라 기술변화가 심하지는 않는지, 산업 외부에 유력한 대체재가 생기거나 산업 내부로 강력한 신규진입자들이 들어오지는 않는지, 기업의 근본적인 펀더멘털

(경영능력, 사업구조, 품질 혹은 가격 등의 경쟁우위)에 훼손되지는 않는지 등이 순이익의 지속성을 결정한다.

산업의 수명주기가 쇠퇴기로 접어들거나, 기술의 변화로 인해 제품이나 서비스의 기대수명(수익을 창출하는)이 짧아지거나, 강력한 대체재 혹은 신규진입자들이 발생하거나, 기타 기업 내부의 근본적인 펀더멘털 훼손 등이 발생할 경우 순이익의 지속성이 떨어지게 된다.

마지막으로 장기적인 순이익 증가율은 장기적인 시장수요 증가, 시장수요 내 기업의 시장점유율의 유지 및 개선, 기업의 핵심비용(특히 변동비)의 통제, 수익자산에의 꾸준한 재투자 등의 결과이다. 즉, 장기적으로 시장수요가 일정하게 증가하고, 시장수요 내에서 기업의 시장점유율을 유지하며, 핵심 비용들을 통제하며, 벌어들이는 이익을 꾸준히 수익자산에 재투자할 경우에, 순이익은 구조적으로 꾸준히 증가할 수 있다.

반면에, 시장수요가 성숙되어 시장성장률 자체가 둔화되거나, 시장 내외 측면에서 구조적으로 경쟁이 강화되어(대체재, 신규진입자) 시장점유율이 하락하거나, 원재료나 부품을 공급하는 기업 쪽의 경쟁구조가 독과점적으로 변하면서 변동비가(주로 재료비) 크게 증가하거나, 기업의 사이즈가 커져서 수익자산에의 재투자비율이 줄어들고 비수익자산(현금) 혹은 상대적 저수익자산(예금, 채권, 각종 금융상품과 부동산)의 비중이 점점 커진다면 순이익 증가율은 하락할 수밖에 없다.

요컨대, 적정주가보다 싸게 매수하는 안전마진의 개념을 이해했다면, 적정한 주가보다 높게 상승할 경우에 매도하기 시작하면 되고, 적정한 주가보다 훨씬 낮게 하락할 경우에 매수하기 시작하면 되기 때문에, 안전마진의 개념은 주가변동성의 어려움에 완전하게 대응할 수 있도록 해주는 도구이다.

또한, 내재가치의 증감요소를 이해했다면, 적정 수준의 안전마진을 확보하고 싸게 매수한 종목의 내재가치가 증가하거나 감소할 요소들로 무엇이 있는지 이해하고, 향후 내재가치가 증감할 수 있는지 주기적으로 추정하여, 내재가치가 실제로 증감하기 전에 대체로 그 변화의 조짐을 파악할 수 있다.

실제로 내재가치의 증감이 일어나자마자 그것의 성격이 일회성인지 본질적인 것인지를 알고, 주가가 저평가인 상황에서 내재가치가 본질적으로 상승할 경우에는 추가매수하고, 매수 당시보다 주가는 많이 상승했는데 내재가치는 본질적으로 현재 주가보다 낮은 수준으로 하락할 경우 매도하는 등, 손실위험을 극소화하는 현명한 투자의사결정이 가능해지게 된다.

2. 보수적 가치평가법, 각종 자산기반 평가지표

　계량가치투자 포트폴리오에서는 가치투자에 입각하여 계량적인 요소를 도입한다. 그러한 요소들을 몇 가지로 나누어 보면 기업의 품질, 기업의 안전마진, 포트폴리오의 배분 비율 등이 있다.

　수치에 입각하여 판단하는 기업의 품질이란, 보다 정성적인 측면에서 판단하는 사업구조 및 미래 경쟁력 시나리오와는 달리, 각종 재무손익비율을 말하며, 이미 앞서서 다루었다. 또한 포트폴리오의 배분 비율 역시 그 요령은 앞서서 다루었고, 이후 4부 '계량가치스타일 구분'에서 구체적으로 보수적인, 평균적인, 적극적인 계량가치투자자의 사례를(주식비중, 종목의 수 등) 다룬다.

　기업의 안전마진이라는 계량적 요소를 이번 내용에서 다룰 것인데, 안전마진이란 내재가치와 주가와의 괴리율을 말한다. 만 원짜리 주식을 6천 원 정도에 매수하여 40% 할인된 주가로 매수하려면, 적정한 주가를 계산했을 때, 한 주당 만 원짜리 주식이라는 계산이 끝나고 현재의 주가가 6천 원 정도까지 하락해야 한다. 여기서 핵심은 얼마짜리 주식인지 계산하는 방식이다.

　이 방식은 상대가치평가법과 절대가치평가법으로 구분할 수 있는데, 전반적으로 계량가치투자 포트폴리오를 운영하기 위해서는 잠재적인 투자매력도가 높은 종목군들을 스크리닝하는 기준, 그리고 구체적인 포트폴리오 구축을 위한 해당 후보군들의 가치평가 기준, 포트폴리오 내로 편입한 종목들과 아직 편입하지 않았지만 관망(관찰하면서 기회를 기다리는)하고 있는 투자후보군들의 상대적 투자매력도를 비교하는 기준 등이 손쉽고 빠른 편이 편리하다.

그러므로 주로 상대가치평가법을(빠른 스크리닝, 투자매력도 비교 등에 적합) 몇 가지 설명하면서, 기타 어떤 절대가치평가법이 있는지 소개하는 순으로 정리할 것이다. (비교적 소수 종목들에 집중 투자할 경우에는 절대가치평가법이 필요)

다만, 주식의 가치평가는 책 한두 권으로 논하고 정리하고 교육할 수 있는 성질의 것이 아니기 때문에(시중의 주식가치평가라는 제목으로 나온 책들은 CAPM의 한계를 벗어나지도 못했고, 공식들을 단순 나열했을 뿐이다.) ㈜한국주식가치평가원의 정규투자교육에서 본격적으로 교육하며, 본서에서는 계량가치투자 포트폴리오 운용을 효과적으로 실시할 수 있도록 가치투자 부문 책에서 다룰 수 있는 핵심적인 밸류에이션 수준에서 정리한다.

주로 자산기반 상대가치평가법, 수익기반 상대가치평가법, 성장기반 상대가치평가법 등의 순으로 정리하고 설명하면서, 절대가치평가법도 부가적으로 언급한다.

(본서에 수록된 핵심적인 가치평가지표 외에도 자산기반, 수익기반, 성장기반 상대평가법의 다양한 17명의 가치투자대가들과 그들의 투자전략전술, 공식지표 등을 참고하려 한다면 '대한민국 주식투자 글로벌 가치투자거장 분석'이 가장 구체적이고

심층적인 도움이 될 것이다.)

우선 자산기반 상대평가법을 알아보자. 자산기반 상대평가법은 모든 가치평가방식 중에서도 가장 보수적인 가치평가방식으로 손꼽힌다. 그 이유는 첫째로, 기업은 각종 자본수익률 면에서 현금흐름 창출력이 가장 뛰어난 투자상품으로, 기본적으로 훌륭한 기업이라면 자산의 가치를 평가하는 방식보다는 실제로 훨씬 높은 가치가 있기 때문이다. 둘째로, 기업의 가치를 평가함에 있어서 기업의 활동(수익과 성장)을 고려하지 않고, 단지 소유하고 있는 자본총계(혹은 순자산)의 가치를 계산하는 방식은, 기업의 모든 가치증대 활동을 무시한 가치평가법이기 때문이다.

그럼에도 불구하고 자산기반 상대평가법은 쉽게 접할 수 있는 방식이며, 이해하기도 매우 쉬운 방식의 가치평가법이고, 또한 나름대로의 효과성도 있는 편이다. 자산에 기반하여 가치를 평가하는 방식이므로 다른 가치평가방식들에 비해서 극히 이해하기 쉽고 복잡성이 없는 편이며, 또한 실제로 청산을 앞둔(그런데 이런 기업의 비율이, 유의미하지 않을 정도로 낮다는 점도 알아야 한다.) 기업의 경우 가장 적합한 가치평가방식이기도 하고, 다른 가치평가방식들에 비해서 매우 보수적인 가치평가방식이기에 그 결과값보다는 내재가치가 클 것이라는 추정효과도 있다.

요컨대, 수익창출능력이 있는 기업이 자산에 기반한 보수적인 가치평가방식으로 계산한 내재가치보다 주가가 낮을 시에는, 확실히 저평가되었으므로 다른 방식으로 가치평가를 하고 기업을 더욱 살펴볼 계기가 될 수 있다는 장점과, 자산에 기반한 가치는 대개의 기업의 경우(청산기업이 아닌 계속기업) 결과값이 기업의 충분한 내재가치를 설명하지는 못한다는 단점을 동시에 알고 사용하면 좋을 것이다.

장부가 방식과 청산가치 방식의 순서로 살펴보자.
우선 장부가 방식은 장부가치(총자산-부채총계=자본총계)와 시장가치를 비교하는 방식으로, PBR(시가총액÷자본총계)이 1.0 이하일 경우 주가가 장부가 이하라고 말하고, PBR이 1.0 이상일 경우 주가가 장부가 이상이라고 말한다. (굉장히 심플하지 않은가. 대신에 심플한 것일수록 맞는 경우에 한해 잘 적용해야 하며, 광범위하게 적용할 수는 없다는 한계가 있다.) 그러므로 대개 PBR이 1.0 미만인 기업들에 관심을 가지는 (추가분석을 할 단초를 주는) 가치평가방식이 장부가 가치평가방식이다.

장부가 방식을 통해 가치평가를 할 경우, 제품과 서비스의 탁월한 품질, 전문성, 고객기반 등 전반적인 브랜드력이 취약한 기업일수록, 또한 특허 기술, 디자인 등 수익창출을 위한 지식재산권 층이 얇은 기업일수록, 실제 시가총액 가격이 점점 장부가에 접근하는 경향이 있다. (다른 기업들보다 나은 브랜드, 나은 품질, 나은 기술로 마진을 확보하지 못하니, 수익가치가 떨어질 수밖에 없을 것이다.)

대개의 경우(청산기업이 아닌 계속기업)에 장부가 대비 기업의 시가총액이 알려주는 바는, 과거 4~5년, 혹은 10년 가까이의 PBR 수치와 비교해서 현재의 PBR 수치가 대략 높은 편인지 낮은 편인지에 대한 것이다. 과거 평균 PBR보다 현재 PBR 수치가 낮은 편인데 기업의 장기적인 수익성은 훼손되지 않았다면, 역발상 투자포인트로 삼을 수 있는 것이다. 여기서 중기적인 업황등락에 따른 실적등락의 경우 수익성 훼손으로 볼 수 없으며, 해당 업종 자체가 사양산업으로 전락하거나 혹은 해당 업종 내에서 근본적인 시장점유율 등의 순위가 한두 계단 아래로 내려감으로써 실적이 하락한 경우, 근본적인 수익성 훼손으로 볼 수 있다.

(역사적으로 PBR이 평균 1.0 이상이었으며 현재 PBR 역시 1.0 이상일 경우, 장부가 평가방식보다는 수익성 평가방식이 필요하며, 이는 다음 챕터에서 설명한다.)

청산가치 방식이란 자산에 기반한 가치평가 방식 중에서 장부가 방식보다 한층 구체적으로 나간 것이다. 즉, 실제로 기업을 청산할 때 주주들이 얼마 정도의 금액을 소유하게 될 수 있는지를 계산함으로써, 자산에 기반한 가치평가를 하는 것이다. 자산을 청산할 때 주주들이 받게 되는 실제 금액은 자본총계와 그 수치가 다를 수 있는데, 주로 총자산의 청산가치가 생각보다 적기 때문에 발생하는 일이다.

청산가치는 총자산의 공정가치에서(시장에서 처분할 수 있는 적정한 가치) 총부채의 공정가치를 빼면 된다. 그런데 대개 총부채는 그 항목 특성상 줄어들 수가 없다. (부채를 빌려준 주체, 즉 채권자가 무슨 이유에서 부채를 감면해주겠는가.) 그러므로 대개 총자산의 주요 항목들을 공정가치로 계산하는 과정에서 자산들의 가치가 하락하는 것만 적당히 반영하면 된다. 대개 청산가치는 장부가치보다 낮은 것이 정상인데(극히 예외적인 일부를 제외하면 대부분 그런 편) 왜냐하면 청산가치로 계산한다는 것 자체가 기업이 수익을 내지 못한다는 이야기이고(그렇지 않다면 청산하지 않고 존속시키는 편이 이익) 이익을 잘 내지 못하는 기업의 경우 상당한 자산들이 헐값에 처분될 수밖에 없기 때문이다. 잘 팔리지 않거나 제 가격을 잘 받지 못하는 제품들을 생산하는 공장과 제품들이 쌓여 있는 창고의 재고 등 100% 장부가치를 받아낼 수 없는 자산들이 많이 있는 것이다.

구체적으로 주요 자산 항목 별로 실제 기업청산시 장부가의 몇 퍼센트 정도로 현금을 회수할 수 있을지에 대해서는, 업종 별로 크게 다르고 또한 기업 별로 조금씩 다를 수 있다. 다만, 본서에서는 컨설팅 업계에서 업종을 불문하고 대략적으로 꼽아주는 청산비율과, 벤저민 그레이엄이 자신의 투자회사에서 적용한 대략적인 청산비율을 정리한다. 두 방식의 수치 차이는, 벤저민 그레이엄이 활동했던 시기가 필자의 자료보다 50~60년 전의 옛 산업구조와 기업수치에 기반한 자료이기 때문이며, 또한 1920년대 말에서 1930년대에 걸친 10년 대공황을(정부의 경기관리능력, 기업의 경영관리능력이 모두 현재에 비해 매우 열위한 시대) 겪은 벤저민 그레이엄이 기업가치평가방식을 극보수적으로 사용했기 때문이기도 하다.

기업의 자산을 대략 현금과 금융자산, 매출채권과 재고자산, 유형자산과 무형자산 등으로 나눌 수 있다.

그 당시 기업의 존속여부가 매우 불확실했던 경제대공황 시기의 어려운 투자성과를 바탕으로 벤저민 그레이엄은, 장부가 대비 현금은 100%, 금융자산은 시가를 그대로, 매출채권은(이하 모두 장부가 대비) 평균 80%, 재고자산은 평균 67%, 비유동자산(공장, 기계장치 등)은 15% 정도로 계산했다.

반면, 과거 수십 년간 국내 청산기업의 자산별 평가비율을 감안한 컨설팅 업계의 대략적인 평균수치는, 장부가 대비 현금은 100%, 금융자산은 시가를 그대로, 매출채권은(이하 모두 장부가 대비) 평균 85%, 재고자산과 비유동자산(공장, 기계장치 등)은 대략 50% 정도로 계산한다.

한편, 앞서 설명한 장부가 방식이나, 그보다 더 보수적인 청산가치 방식을 사용해서 특정 기업에 대한 가장 보수적인 가치평가를 계산할 때라도, 계량가치투자 포트폴리오 구성을 위해서는 최소한의 펀더멘털을 살펴보아야 한다는 전제가 있다. 낮게 책정한 가치보다도 더욱 가치가 가속적으로 하락하는 기업이라면 사실 투자와는 매우 거리가 먼, 투자자가 반드시 외면해야 할 기업이라고 할 수 있다.

최소한의 펀더멘털이란 앞서 나열했던 재무손익비율 등을 통해 판단하는 것을 말한다. 부채비율이 과도하지 않고 특히 단기부채의 정도가 심하지 않으며, 장기적으로 적자가 거의 발생하지 않고(적자가 한 해 이상 이어지는 기업은 투자하지 마라.) 최소한의 성장성을 갖추어야 한다. 아무리 장부가치나 청산가치 이하로 거래되는 기업에 투자하는 방식을 (부분적으로) 도입해서 사용하더라도, 최소한 인플레이션 비율만큼은(우리나라의 경우 장기적으로 3.0~3.5% 가량, 보수적으로 3.5% 가정) 장기적인 연복리로 매출액과 이익이 성장하는 편이(중기적으로 등락할지라도) 좋다.

이 외에도 대체가치, 순유동자산 가치평가법 등이 있으나, 계량가치투자 포트폴리오의 일부 자산으로 편입하기 위한 목적으로는 장부가 이하 종목들과 청산가치 이하 종목들로도 충분하다. 자산에 기반한 대표적인 가치평가방식들인 장부가 대비 가치평가방식과 청산가치 가치평가방식을 통해, 더 이상 떨어질 데가 없을 데까지 떨어진 종목들에서 1회적인(이런 종목들은 주가가 오르면 매도해야 하기 때문이다.) 고수익을 낼 수 있을 것이다. 일반적인 계량가치지표로 가치평가할 때 적정한 가치(내재가치)보다 30~40% 이상 낮은 종목을 주로 찾는다고 하면, 자산에 기반한 가치평가의 경우 기준이 되는 수치(PBR 1.0 기준 혹은 청산가치 금액 기준)보다 40~70%까지도 할인된 종목을 찾으려고 노력해야 할 것이다. (정가 만 원짜리를 6천원에서 3천원 사이의 바겐세일로)

한 가지 전제사항을 다시 말하자면, 화려한 자본수익률(ROE), 총자산이익률(ROA), 영업자산이익률(ROIC) 등은 아니더라도, 최소한의 재무적 안정성(부채비율, 유동비율 등)과 인플레이션만큼의 매출액과 이익성장률 정도는 함께 살펴보자.

3. 대표적 가치평가법, 손익 및 현금흐름 기반 평가지표

상대평가법 중 가장 광범위하게 사용되는 평가방식은 수익가치에 기반한 가치평가방식이다. 이를 회수기간법(PER, PCR, EV/EBITDA 등)이라고 하기도 하며 배수법(PER 등 모든 배수법)이라고 하기도 하는데, 회수기간법이나 배수법 모두 상대적으로 평가하기 위한 표현일 뿐 그 내용은 거의 동일하다.

즉, 투자원금을(시가총액) 투입했을 때(매수했을 때) 매년의 이익을(순이익, 영업현금흐름 등) 통해 얼마나 빨리 투자원금을 회수할 수 있느냐가 회수기간법인데, 다른 종목들과 비교해서 얼마나 회수기간이 짧은가(저평가되어 있는가), 혹은 해당 종목의 과거 몇 년간 주가의 회수기간에 비해서 현재 주가의 회수기간이 얼마나 짧은가를 비교하는 것이 관건이다.

또한, 배수법 역시 일정한 기준(순이익, 매출액, 자본총계 등)과 시가총액을 비교해서 시가총액이 몇 배에 이르는지를 계산하는 방식인데, 다른 종목들과 비교해서 얼마나 배수가 낮은가(저평가되어 있는가), 혹은 해당 종목의 과거 몇 년간 주가의 배수에 비해서 현재 주가의 배수가 얼마나 작은가를 비교하는 것이 관건이다.

결국 회수기간법이나 배수법이나, 해당 기업의 과거 수치와 비교하거나, 같은 업종의 다른 기업 수치와 비교하거나, 업종을 불문하고 투자후보군 내의 기업 수치들을 서로 비교하거나 하는 용도로 적극적으로 활용할 수 있는 것이다. 그래서 펀더멘털적인 재무손익요소를 고려해서 별 차이가 없는 기업들 간에는, 회수기간이 짧거나 배수가 적은 기업이 더욱 투자매력도가 높은 것이다.

다만, 회수기간이나 배수가 낮은 종목이 기본적으로 좋은 것은 물론이고, 나아가서 순이익이나 현금흐름 자체에서도 안전마진을 적용해야 한다는 것을 이해해야 한다. 예를 들어 극심한 경기변동을 겪는 업종에 속한 관심 기업이 최근에 최고 호황기의 실적을 내고 있다면, 그 실적(순이익, 현금흐름, 매출액 등)을 그대로 사용하여 회수기간법이나 배수법의 상대가치평가를 할 수는 없다.

즉, 호황기와 불황기 실적의 경우 평균적인 업황 수준에서의 실적으로 감안해서, 대략 평준화한 실적으로 상대가치평가를 해야 한다. 그러한 방법 중 약식 방법으로는 4장. '계량가치투자운용을 위한 기타 응용기술'에서 경기변동형 기업과 성장기업 등에 대한 이익조정 방식을 간단하게 설명하며, 보다 전문적이고 합리적인 공식으로는 평가원 교육에서 따로 다룬다.

회수기간법과 배수법 구분 없이 수익에 기반한 상대가치평가방법을 하나씩 정리한다.

PER(Price Earning Ratio, 주가수익비율)의 경우 현재 주가를 주당순이익으로 나눈 값으로 현재 주가가 이익에 비해 고평가인지 저평가인지를 보여주는 가치평가지표이다. 시가총액을 순이익으로 몇 년 만에 회수할 수 있는지 회수기간법으로도 이해할 수 있고, 시가총액이 순이익 대비 몇 배인지 배수법으로도 이해할 수 있다.

PER은 주식의 가치를 평가할 때 가장 많이 사용되는 일반적인 가치평가지표인데, 주주에게 귀속되는 이익이 당기순이익이고 PER이 당기순이익 대비 시가총액의 배수임(혹은 회수기간)을 감안하면 당연한 현상이라 하겠다. 예를 들면, 어떤 기업의 주가가 만 원이고 주당순이익이 천 원일 때 현재 이 기업의 PER은 10배가 된다. 현재 PER은 관심 기업의 과거 4~5년 평균수치와(가능하다면 10년 정도의 평균수치도 무방함) 비교하거나, 같은 업종 경쟁기업의 현재 PER과 비교하여 관심 기업이 고평가되었는지 저평가되었는지 여부를 판단하는 기초적인 지표로 사용된다.

현재 PER이 과거 PER보다 낮은 수준이라면 아주 기초적인 의미에서 그 기업은 저평가되어 있다고 판단할 수 있다. 반대로 과거의 PER보다 높은 수준이라면 아주 기초적인 의미에서 현재 고평가 상태라고 말할 수 있다. 이런 식으로 현재 PER을 장기적인 과거 수치와 비교하여 상대가치평가를 할 수 있다.

한편, PER은 근본적으로 펀더멘털에 따라서 다른 수치를 나타낸다. 그러므로 A기업과 B기업의 펀더멘털이(자본수익률, 이익성장률, 재무 안정성 등) 전혀 다르다면, 두 기업의 PER을 그대로 비교할 수 없다. 예를 들면, 시장에서 불과 주당순이익의 3배에 거래되는 기업이 있는가 하면 20배에 거래되는 기업도 존재한다. 물론 이런 상황은 단기적으로 불균형을 겪고 있는 경우도 있지만, 근본적인 수익능력 등의 차이가 있을 경우 어떤 기업의 적정한 PER이(내재가치가) 7~8 정도인 반면에, 다른 기업의 적정한 PER이 13~15 정도가 되기도 한다. 즉, PER은 이익의 지속성과 성장성도 포함하고 있기 때문에 기업 별로 적정한 수치의 범위(내재가치) 자체가 다른 현상이 나타난다. 다만, 펀더멘털이 별로 차이 나지 않는 기업들의 PER을 서로 비교하거나, 혹은 특정 기업의 과거 중장기 평균과 현재의 PER을 비교할 경우, 대중적 투자자들의 오해에서 비롯하여 일시적으로 낮은 PER을 기록하는 경우도 있으므로, 현명한 투자자들은 이러한 기회를 포착하여 충분한 기대수익률을 확보할 수 있다.

PCR(Price Cashflow Ratio, 주가현금흐름비율)은 주가를 주당현금흐름으로 나눈 값으로 현재 주가가 영업활동 현금흐름에 비해 고평가인지 저평가인지를 보여주는 가치평가지표이다. 시가총액을 영업현금흐름으로 몇 년 만에 회수할 수 있는지 회수기간법으로도 이해할 수 있고, 시가총액이 영업현금흐름 대비 몇 배인지 배수법으로도 이해할 수 있다.

PCR은 주로 PER의 보완지표로 사용된다. 왜냐하면, 발생주의 회계에 따른 순이익은 일정한 추세를 분석할 수 있다는 장점이 있지만(그래서 장기 실적등락 주기나 수익비용구조를 파악하기 위해서는 반드시 발생주의 회계를 참조) 실제로 유출입되는 현금흐름과 중단기적으로 어긋날 수 있기에, 순이익이 많이 발생하더라도 실제로 현금유입이 크게 모자랄 수 있기 때문이다. 그러므로 발생주의 순이익의 일부 약점을 보완하고 혹시 모를 분식회계 등에도 충분히 대비하기(손해보지 않도록) 위해서 현금주의에 따른 영업현금흐름 수치를 기준으로 한 PCR을 PER과 함께 보조적으로 사용한다.

기본적인 의미에서는, PCR이 낮을수록 영업활동 현금흐름에 비해 주가가 낮다는(혹은 회수기간이 짧다는) 뜻이므로 저평가임을 나타내고, 반대로 PCR이 높을수록 영업활동 현금흐름 대비 주가가 높다는(혹은 회수기간이 길다는) 말이므로 고평가 상황임을 뜻한다. 즉, 기초적인 수준에서는 PCR과 PER이 모두 낮은 기업이 저평가되었다고 판단할 수 있다.

기본적인 수준을 넘어서 설명하면, PER은 회계상 이익을 주가와 비교하는 반면 PCR은 영업활동을 통해 유입된 실제 현금흐름을 주가와 비교하기 때문에, 두 가지 가치평가지표를 동시에 참조하면 이익의 질과 현금화 정도를 함께 파악할 수 있게 된다. 만일 당기순이익이 문제가 없고(유지되고 있고) 시가총액이 하락한다면 PER이 하락하므로 얼핏 저평가로 보이게 된다. 하지만 시가총액이 하락하는 경우에도 PCR이 별 차이가 없이 (PER처럼 하락하지 않고) 그대로라면, 시가총액이 하락한 비율만큼(%) 정확히 영업현금흐름 자체가 악화된 경우이기 때문에, 실제로 저평가가 아닐 수도 있다. 보다 확실한 저평가 여부의 판단을 위해서는 PER과 PCR이 모두 장기평균보다(혹은 같은 업종 경쟁사보다) 낮아야 한다.

PSR(Price Sales(Selling) Ratio, 주가매출액비율)은 주가를 주당 매출액으로 나눈 값으로 현재 주가가 매출액에 비해 고평가인지 저평가인지를 보여주는 가치평가지표이다. 시가총액이 매출액 대비 몇 배인지 배수법으로 이해할 수 있으며, 매출액은 이익이 아니기 때문에(매출액 대비 이익의 비율인 매출액순이익률은 기업마다 다르다.) 회수기간법으로는 볼 수 없다.

PSR은 도입기, 경기변동형 기업 등 이익이 없거나 급변하는 기업들의 가치를 평가할 때, PER 평가법을 보완하여 때때로 사용된다. 왜냐하면 PSR은 순이익이 아니라 매출액에 근거한 상대가치평가방법이기 때문이다. 아직 이익이 나지 않는 도입기 기업이나 이익의 변동이 큰 경기민감형 기업의 경우, 순이익의 등락이 상당히 심할 수 있다. 그러므로 주기적으로 혹은 불규칙적으로 순이익의 변동성이 심한 기업들의 경우, 순이익을 활용한 PER 가치평가 방식으로는 (상당한 수준의 고급실적조정법을 배우지 않으면) 균형잡힌 가치평가를 하기 어려우며, 효과적으로 PSR을 통한 가치평가로 보완할 필요가 있다. PSR은 매출액을 기초로 산출되어 순이익에 비해서는 변동성이 비교적 적기(매출액은 이익보다 변동성이 적다.) 때문이다.

다만, PSR을 사용할 때는 무조건적인 전제조건이 있는데(이러한 전제조건을 잘 모르고 사용하는 미국, 한국 등의 자칭 투자전문가, 펀드매니저들이 있었지만, 어떨 때는 실적이 좋고 어떨 때는 실적이 나빠서, 상황에 따라 복불복이었다.) 중단기적으로는 매출액영업이익률과 매출액순이익률에 부침이 있을 수 있지만, 장기적으로는 크게 변동 없이 일정한 범위 내에서 등락해야 한다. 장기적인 매출액영업이익률과 매출액순이익률이 근본적으로 상승하거나(기업가치 향상) 근본적으로 하락하는 경우(기업가치 하락), 매출액이익률 자체가 바뀌어 다시 과거의 수치로 돌아가지 않으므로, 과거의 PSR 평균 수치가 적정가치의 기준이 될 수 없다.

아래 공식을 잘 보면, 왜 매출액순이익률 자체가 달라지면 적정한 PSR 범위가 달라지는지 어렵지 않게 이해할 수 있을 것이다.

* PSR = 시가총액÷매출액
  = (시가총액÷당기순익)×(당기순익÷매출액)
  = PER×매출액순이익률

그러므로 적정 PSR = 적정 PER×장기평균 매출액순이익률

PBR(Price Bookvalue Ratio, 주가순자산비율)은 주가를 주당순자산으로 나눈 값이며, 기초적인 의미로 현재 주가가 순자산에 비해 고평가인지 저평가인지를 보여주는 가치평가지표이다. 시가총액이 순자산 대비 몇 배인지 배수법으로 이해할 수 있으며, 순자산은 회수하는 이익이 아니기 때문에(순자산은 주주의 투자금액 그 자체이다.) 회수기간법으로는 볼 수 없다.

PBR은 PER과 함께 가장 많이 사용되는 가치평가지표로, PBR이 1배라면 주가가 주당순자산의 1배, 즉 주가와 주당순자산이 같다는 뜻이다. 이 기업은 시장에서 정확히 장부상 순자산가치만큼 가격이 형성되어 있는 상황이다. 반면에, 기업의

수익성과 성장성에 따라서 적정한 PBR은 1.0을 훌쩍 뛰어넘기도 한다.

　기업의 장기적인 수익성, 성장성 등의 근본적인 펀더멘털에 (중단기적 업황등락은 전혀 상관없다.) 별로 변함이 없다면 과거의 적정 PBR과 현재의 적정 PBR에는 별 차이가 없다. 수익성과 성장성이 대한민국 상장사 평균보다 못할 경우 PBR이 1.0 이하가 적당하며, 평균보다 뛰어날 경우 당연히 PBR 1.0 정도는 가뿐히 초과하는 것이 맞다. 만일 이 기업의 수익성, 성장성 등 펀더멘털 자체가 향상된다면 시장가치 역시 올라가게 된다. 반대로 이 기업의 수익성, 성장성 등 펀더멘털 자체가 손상된다면 시장가치 역시 하락하게 된다.

　아주 기초적인 수준에서 PBR은 장부가치나 청산가치를 이용한 투자전략으로 사용되지만, 보다 고급사용법으로는 수익성과 성장성을 감안한 상대평가법이나 절대평가법으로 사용할 수도 있다. 우선 여기서 수익가치 PBR 상대평가법만을 소개하면, 특정 기업에 대해서 펀더멘털이 현재와 크게 변함이 없는 과거 기간 동안(예를 들면 4~5년, 혹은 가능할 경우 10년까지 무방) 평균적인 PBR을 기준으로 현재의 PBR이 낮을 경우 저평가되었다고 볼 수 있다.

　다만, 대형주의 경우 극히 예외적인 경우이고, 중소형주의 경우 그보다는 좀 더 발생하는 예외적인 경우가 있는데, 특정 종목에 대해서 주식시장이 심지어는 3~4년까지도 불균형 상태(고평가나 저평가)에서 비효율적인 주가를 부여하는 경우가 있어서(주식시장은 효율적이지 않다.) 그럴 경우에는 과거 평균을 그대로 사용하기에는 무리가 있다. (예외적인 경우들에 있어서는, 부득불 보다 근본적인 절대평가법을 사용할 수밖에 없다.)

한편, 유지가능한 이익성장률 범위가 장기적으로 일정한 개별 기업뿐만 아니라, 특정 국가의 주식시장 전체의 경우에도 장기적으로 평균적인 PBR에 수렴하는 경향이 있다. 물론, 보다 초장기적으로는 국가성장단계에 따라 경제성장률의 근본적인 변화가 생기고, 이에 따라 주식시장 전체(상장사 전체 평균) 이익성장률의 근본적인 범위 자체가 변동하면, 평균적인 국가 주식시장 PBR 자체가 변동할 수 있다. (대개 1인당 GDP, 종합주가지수 수치 자체가 크게, 이를테면 몇 배 이상 증가할수록 유지가능한 이익성장률의 수치가 한 단계 내려가는 성숙화 경향이 있다.)

기타 배수법으로 EV/EBIT, EV/EBITDA 등이 있다.
둘 다 회수기간법(인수자가 특정 이익으로 투자금을 회수)으로도, 배수법으로도(특정 이익 대비 인수금액 배수) 이해할 수 있다.

우선 EV/EBIT은 EV(인수자가 지불해야 할 기업가치)를 EBIT(법인세, 이자 차감 전 영업이익)으로 나눈 값으로, 기업의 인수금액(기업가치)이 '영업외손익을 가감하지 않은 순수한 영업이익'의 몇 배인가를 나타내주는 지표이다. EV/EBIT은 해당 기업 과거 수치나 동종계 경쟁업체 수치와 비교하여 낮을수록 저평가, 높을수록 고평가 상황임을 보여준다. 단, 저평가 혹은 고평가의 기준이 소액주주의 가치가 아닌, 인수자 혹은 대주주의 기준에서 가치를 나타내는 평가방법이다. (인수자 입장에서의 PER이라고 생각하면 이해가 쉽다.)

공식의 내용은 아래와 같다.

* EV/EBIT = EV÷EBIT = (시가총액+순차입금)÷영업이익
* 순차입금 = 이자발생부채-현금예금 등

다음으로 EV/EBITDA는 EV(인수자가 지불해야 할 기업가치)를 EBITDA(법인세, 이자, 유무형자산상각비 차감 전 영업이익)로 나눈 값이다. 즉, 기업의 인수금액이 '영업이익+유무형자산상각비'의 몇 배인가를 나타내주는 지표이다. 업종 내 경쟁사나 해당 기업의 과거 수치와 비교하여 상대평가하며 낮을수록 저평가 상태이다. (인수자 입장의 PER이라고 설명한 EV/EBIT에서, 이익의 기준이 더 완화되었다고 생각하면 된다.)

공식의 내용은 아래와 같다.

* EV/EBITDA = EV÷EBITDA
            = (시가총액+순차입금)÷(영업이익+유무형자산상각비)

EV/EBITDA 평가방식은 비중 있는 자본적 지출이 주기적으로 이루어지는 기업들의(유형자산을 유지보수, 확장해야 하는 장치산업) 경우 맞지 않는 평가방법이다. 왜냐하면 유형자산이나 무형자산에 대한 실제적인 현금집행(투자)이 몇 년에 한 번씩 꾸준히 이루어지기 때문에, 이에 대한 감가상각비를 비용으로 인정해야만 하기 때문이다.

자본적 지출이 어느 정도 있는 기업들은 EV/EBITDA 방식에 대한 대안으로 EV/EBIT를 사용할 수 있다. 하지만, 보수적인 지표로서 현명한 투자자라면 숙지해야 할 가치평가방법인 EV/EBIT은 EV/EBITDA에 비해서 업계에서 잘 사용되지 않는다. (배수가 높아져서 매수를 쉽게 촉발하지 못하므로)

대안을 제시하자면 EV/EBITDA 수치를 활용한다고 할지라도, 특정 기업의 과거 대비 현재 수치를 비교하고, 다른 기업들의 수치와 비교함으로써 활용하는 것이다. 어차피 EV/EBITDA끼리 비교하는 것이므로, 비교 결과 상대적으로 수치가 낮은 편이 인수주체가 보기에는 저평가된 기업이라 할 수 있다.

지금까지 PER, PCR, PSR, PBR, EV/EBITDA 등 수익가치를(손익 및 현금흐름, 자본수익률 기반 등) 평가하는 상대평가법들의 핵심적인 의미와 활용도를 설명했다. 주식시장에서 가장 많은 매력적인 투자기회가 존재하는 수익 기반 상대평가법을 계량가치투자 포트폴리오 내에 활용하여, 일시적으로 실적이 좋지 않을 때에 평준화된 실적을 기준으로 역발상 투자를 실시하고, 일시적으로 주식시장에서 소외받아 회수기간이 짧아지거나 배수가 낮아진 상황에서 안전마진을 확보하고 매수하면, 시장인덱스와 매우 큰 격차를 내는 수준으로 전체 포트폴리오의 연평균수익률을 끌어올릴 수 있을 것이다.

한편, 상대평가법을 깊이 있고 균형감 있게 사용하는 것만으로도 십 중 팔구 정도의 밸류에이션 오류를 없앨 수 있다.

다만, 수익을 기반으로 한 절대가치평가법은 교육을 통해 가치평가를 배운 숙련된 가치투자자들의 몫이며 더욱 완벽한 결과값(정확한 수치가 아니라 일정한 범위의 형태로) 및 기업의 가치창출 구조에 대한 정보(절대가치평가 과정을 통해 드러나는) 등을 얻게 된다.

절대가치평가법에서 우선적으로 구해야 할 것은 해당 기업 고유의 할인율과 반영구적 ROE, 유보율(순이익 중 배당하지 않는 비율) 등이며, 경우에 따라 반영구적 ROIC, 재투자율(세후영업이익 중 영업자산에 재투자하는 비율) 등을 더 활용하는 경우도 있다. 또한 영업자산과 지분법 투자자산, 그 외 비영업자산 등 창출하는 수익의 성격과 질에 따라서 자산을 구분해서 보면, 수익가치에 기반한 절대가치평가법을 효율적으로 활용할 수 있다.

평가원에서는 현금흐름할인법 방식의 RIM, DCF, EVA 가치평가법 설명은 물론, 한 발 더 나아가 가치투자자들이 더욱 합리적이면서도(주관적 가정, 부정확한 영구 추정 등이 배제된) 쉽게 사용할 수 있는 연금법 형태의 '절대평가 PER' 및 '절대평가 PSR', 자본배수법 형태의 '절대평가 PBR', 연금법 형태의 'RIM(올슨 모형 적용)' 등 보다 체계적이면서도 실제로 투자과정에서 원활하고 쉽게 쓸 수 있는 절대가치평가법들을 교육, 훈련하면서 활용파일을 제공하고 있다.

4. 적극적 가치평가법, 성장성 기반 평가지표

성장주의 성장성을 감안한 상대평가법으로는 크게 PER 방식과 PBR 방식이 있다.

중장기적인 이익성장률을 감안했을 때 적정한 PER은(절대평가법으로는 바로 PER을 구할 수 있지만 상대평가법으로는 PEG), PEG 비율로 판단할 수 있다. 또한, 중장기적인 ROE를 감안했을 때 적정한 PBR 역시 상대평가방식으로 활용할 수 있다.

우선 PEG 방식을(성장성을 감안한 PER 평가방식) 살펴본다.

PEG비율은 PER을 순이익증가율로 나누어 구한다. 예를 들어 PER이 10인데 순이익증가율이 10%라면, PEG비율은 1.0이다. PER이 10인데 순이익증가율이 20%라면, PEG비율은 0.5이며, PER이 10인데 순이익증가율이 5%라면, PEG비율은 2.0이다.

이는 종목의 주가수익배수가 이익증가율에 비해서 높은지 낮은지를 평가하는 방식으로, PER이 낮을수록 투자매력도가 높으며 이익증가율이 높을수록 투자매력도가 높다는 것을 공식 내에 전제하고 있다.

소형성장주를 특히 선호했던 피터 린치는 PEG 비율이 0.5 이하이면 저평가되어 있으며, 1.0은 적정한 수준이고, 2.0 이상은 고평가되어 있다고 말했다.

PEG는 성장주의 가치평가를 하기 위한 상대비교지표로써, 성장률이 매우 낮은 저성장 종목에 적용하기에는 치명적인 약점이 있다. 예를 들어 이익증가율이 장기적으로 1%인 기업은 PEG비율이 1.0이 되려면 적정 PER이 1.0이 되어야 하는데, 이는 말도 안 되는 난센스다. 왜냐하면 매년 매수금액(최초 시가총액)보다 1%씩 커지는 순이익을 회수하는 투자기회란, 상상을 초월하는 노다지 투자기회(저평가)이기 때문이다. 1억을 투자하면, 매년 1억 가량(게다가 매년 1%씩 증가)을 돌려주는 장기금융상품이 과연 가당키나 한 것인가.

일반적으로 순이익성장률이 10%가 되지 않으면 PEG비율의 활용도가 점차 적어지며, 순이익성장률이 5%가 되지 않으면 PEG비율은 거의 쓸모가 없다. (실제보다 기업가치를 명백히 과소평가한다.)

또한, 너무 최근의 성장률이 높은 종목에 적용하기에도 치명적인 약점이 있다. 예를 들면, 최근 2~3년간 매년 순이익성장률이 100%씩 성장한(두 배로) 기업의 경우 PEG비율로 적당한 PER은 100이다. 하지만, 앞으로 5년 동안이나 매년 100%씩 순이익이 증가해야만 순이익이 32배로 증가한다. 앞으로 5년 동안 순이익성장률이 100%에서 50%로 떨어져도 주가는 폭락할 것이며, 100%에서 20%로 떨어질 경우(이 정도 이익성장률은 사실 장기적으로 매우 매력적인 수치임에도 불구하고) 주가하락 폭은 상상을 초월할 것이다.

아무리 성장주라고 하더라도, PEG비율에 대입할 수 있는 순이익성장률은 향후 중장기적으로(최소한 4년 이상) 유지하리라 확실히 추정되는(고급실적조정을 통한 유지가능 ROE를 감안) 순이익성장률인 것이다. 장기 이상의(10년 이상) 순이익성장률에 대해서 통계적으로 이야기하자면, 우리나라의 경우 35%를(10년 이상 장기성장률이 40%를 초과한다는 것은 거의 불가능) 넘기 어렵다고 보면 된다. 물론 법인 설립 초기의 경우 그 이상의 성장률을 보여주기도 하지만, 설립 초기의 기업은 상장하기도 어렵고, 재무손익 수치도 아직 정상범위(1차 기업체제 구축 완료)에 들어서지 않았기 때문에 펀더멘털로써 의미가 없다.

그렇기 때문에 성장주 투자대가로 유명한 필립 피셔와 소형성장주 투자의 달인 랄프 웬저 역시 벤처기업에는 투자를 하지 않았고, 또 투자를 하지 말라고 조언한 것이다. (이 단계 기업의 투자는 가치투자라기보다는, 사업모델과 해당 업종의 기술, 제품의 트렌드를 알고 기업의 비전, 전략전술과 경영진 능력 등을 판단근거로 투자하는, 벤처캐피탈리스트의 영역이다.)

한편, PEG비율의 보다 근본적인 약점은 상대평가방식이라는 태생적 한계에 있는데, 장기순이익성장률이 동일한 기업 간에도 사실상 적정한 PER 수치가 다를 수 있다는 점이다. 상대평가방식으로는 보이지 않는 이 차이는, 기업의 영업환경 변화속도, 기술변화주기 등의 불확실성이나, 사업과 주력 제품의 수명주기(쇠퇴기로 들어서면 가치는 급감한다.) 등 지속성에 따른 할인율 차이이다.

중기적으로 순이익성장률이 동일한 삼성전자와 삼성전자의 TV 부품을 납품하는 기업은, 향후 이익지속성이 같을 수 없다. 삼성전자가 납품기업을 바꾸거나, TV 제품세대를(generation) 근본적으로 바꾸면 해당 부품사의 이익지속성은 크게 훼손되기 때문이다. 삼성전자가 나쁜 갑 기업이라는 뜻이 아니라, 최종제품을 생산하지 못하고, 부품의 기술주기가 짧은 기업의 사업모델 자체가 원래 위태위태함을 이야기하는 것이다. 그렇다고 해당 기업의 이익 총액과 근로자 수를 보전하기 위해 지원을 할 수는 없는데, 왜냐하면 근본적으로 소비자가 원하는 기능과 다른 특성에 따라서 TV제품 자체를 전환해야 한다면 전환을 피할 수 없고, 전환시 더욱 적합한 부품사가 있을 것이기 때문이다. (소비자 가치 > 제품 기능 > 효율적 제휴사 관계)

요컨대, PEG비율을 활용해서 상대가치평가를 할 때는, PEG비율이 1.0보다 낮으면서 가능하면 0.5이하이거나 그 근처까지 주가가 저평가된 기업들을 찾으면서, 해당 기업의 과거 PEG비율에 비해서(유지가능한 이익성장률이 오래도록 유사했다면, 과거 PER 배수를 기준으로 하는 것도 무방) 최근 PEG비율이 어떠한지를 상대적으로 비교하면 좋을 것이다.

물론, 다른 기업 간에 PEG 비율을 비교하는 것도 충분히 의미가 있으나, 그 경우에도 둘 중 더욱 매력적이라고 평가되는 기업의(낮은 PEG비율) 과거 4~5년 이상 PEG비율과 현재의 PEG비율을 다시 비교해서 현재의 저평가 여부를(매수 매력도) 판단해야 할 것이다.

PEG비율의 다음으로, 중장기적인 ROE를 감안했을 때 적정한 PBR 지표 역시 상대평가방식으로 활용할 수 있다. 이는 미국을 위시한 가치투자 펀드들, 가치투자 대가들의 일부가 사용했던 성장가치 상대평가법으로, 중장기적으로 일정한 범위 내에서 ROE가 유지되는(평균값이 대략 유사한) 경우 적정한 PBR 범위가(이 경우는 청산가치가 아니라 수익가치) 존재하는데, 이렇게 ROE를 이용해서 PBR의 상대가치평가를 하는 방법을 말한다.

ROE를 PBR로 나누어주는 방식 역시, PEG비율과 대동소이하다.

ROE가 높을수록 투자매력도가 크고, PBR이 낮을수록 투자매력도가 크다. 그러므로 ROE 나누기 PBR의 결과값이 클수록 매력적이며, 대한민국 주식 종목의 경우 대략적으로(기업의 펀더멘털마다 다르지만, 상장사 전체 평균 감안시) 10이 평균(ROE 10%, PBR 1.0), 20은 저평가, 5는 고평가 등으로 볼 수 있다.

PEG 비율과 차이가 있다면 순이익성장률 대신에 ROE를 넣은 것이며, PER 대신에 PBR을 넣은 것이다. ROE가 자기자본이익률임을 이해하면, 자기자본이익률이 높아서 자기자본의 품질이 좋을수록, 자기자본의 가격인 PBR이 자연스럽게 높아질 수 있음을 이해할 수 있을 것이다. (임대수익률이 더 높은 빌딩이 임대수익률이 더 낮은 빌딩보다 프리미엄을 끼고 거래되는 것과 같다.)

두 가지 주의할 점은 공식에 대입하는 ROE 수치는 중장기적으로 유지가능한 ROE여야 하며, ROE가 같은 기업이라고 해서 모두 같은 PBR이 적당한 것은 아니라는 것이다.

우선 PEG비율에 사용할 수 있는 순이익성장률이 중장기적으로 유지가능한 수치여야 하는 것처럼, ROE도 호황기에 반짝 좋아진 수치를 대입하면 안 되고 유지가능하고 평준화된 수치를 대입해야 한다.

또한 ROE를 PBR로 나누어준 수치가 크면 클수록 저평가인 것은 맞지만, PEG비율에서 삼성전자와 부품사의 예를 든 것처럼 전혀 펀더멘털이 다른 기업 간에 수치만으로 비교할 수는 없다.

즉, ROE를 PBR로 나눈 수치를 활용해서 상대가치평가를 할 때는, 중장기 ROE 나누기 PBR의 결과값이 10보다 높고 가능하면 20이상인 기업들을(저평가) 찾으면서, 해당 기업의 과거 수치와 비교해서(중장기 ROE가 오래도록 유사했다면, 과거 PBR 배수를 기준으로 하는 것도 무방) 최근 PBR 수치가 어떠한지를 상대적으로 비교하면 좋을 것이다.

물론, 다른 기업 간에 ROE 나누기 PBR의 결과값을 비교하는 것도 충분히 의미가 있으나, 그 경우에도 둘 중 더욱 매력적이라고 평가되는 기업의(높은 수치) 과거 4~5년 이상 PBR과 현재의 PBR을 다시 비교해서 현재의 저평가 여부를(매수 매력도) 판단해야 할 것이다.

이상의 두 가지 방법은 성장성을 감안한 상대가치평가법인 관계로, 매수시에 보수적으로 접근해야 한다. 성장주는 대개 프리미엄이 붙어 있으므로, 그대로 프리미엄을 수용할 경우 부동산을 고가에 매입하는 것과 다를 바 없이 매우 위험하다.

쉽게 말해서, 호황기의 이익을 그대로 대입하면 안 되는 것이며, 불황기의 이익도 그대로 대입하면 안 된다. 또한 호황기에는 주가가 대개 높고 불황기에는 주가가 낮다. 그러므로 불황기에 주가가 낮을 때 업황평준화 이익을(불황기 이익을 기준으로 하면 오히려 고평가로 착각) 기준으로 가치평가를 하고 매수해야 하며, 호황기에 주가가 높을 때 업황평준화 이익을(호황기 이익을 기준으로 하면 여전히 저평가로 착각) 기준으로 가치평가를 하고 매도해야 한다.

위 역발상 투자의 전제는 단기적으로는 기복이 있지만 중장기적으로는 이익성장률과 ROE가 일정하게 돌아올 것이라는 점이다. 이 부분을 매수 전에 확실히 검토하고 매수해야만, 중단기적으로 실적이 회복함과 동시에 주가가 상승할 것이다. 일정 수준 이상의 성장률을 보이는 성장기업이 경제적 해자(정성적 강점)까지 갖추고 있다면, 평균적인 중장기 이익성장률과 평균적인 중장기 ROE를 기준으로(경제적 해자로 인해 회복할 것이므로), 일시적인 실적 악화와 주가 하락이 발생할 때 매수기회로 삼을 수 있다.

대표적인 기업의 경제적 해자로 우선, 타 기업이 넘볼 수 없는 고객충성도를 자랑하는 브랜드와 지식재산권으로 인해 일정 기간 보호되는 특허 등 '무형자산'이 있다. 추가비용이나 번거로움, 영업비밀 등의 이유로 제품 및 서비스 이동을 어렵게 하는 '고객전환비용'이 있으며, 더 많은 가맹점이 쌓일수록 고객이 더욱 편리함을 느끼고 발급동기가 생기는 카드회사나 더 많은 구매자와 판매자가 머물러있어야 서로 이득을 보는 온라인 경매사이트 등에서 볼 수 있는 '네트워크효과'도 있다.

또한, 규모의 경제나 최적 입지 등에 의한 '원가우위'도 빼놓을 수 없는 경제적 해자 중 하나이다.

요컨대, 성장주의 순이익성장률과 ROE가 일시적으로 감소하고, 배수는(PER, PBR) 일시적으로 소외되어 있는 등 두 겹의 역발상 안전마진(이익도 회복할 것이며, 가치평가 배수도 회복할 것)을 확보하고 투자한다면, 계량가치투자 포트폴리오 내에서 성장주 부문의 중장기 연평균수익률 역시 매우 높은 수준을 유지할 것이다.

한편, 절대가치평가법에서는(이를테면 절대 PER, 절대 PBR, 연금법 RIM 등) 애초에 기업 고유의 할인율을 설정할 때, 유지가능 이익성장률을 할인율 공식의 일부 요소로(일정한 공식으로 치환하여) 포함한다. 그러므로 수익에 기반한 절대가치평가법은 기본적으로 수익성장성 개념을 포함하고 있어, 따로 성장성 중심의 절대가치평가법이 필요하지가 않다. (애초에 갖추고 있기 때문이다.)

5. 경기변동주, 연구개발형 성장주의 계량적 이익조정 기술

거시경제가 순환하면서(금리, 곡물과 원자재 가격, 환율 등의 순환) 경기가 등락하고, 주식시장의 종합주가지수가 경기등락에 선행하여 크게 순환할 때, 주식시장의 평균적인 실적변동성과 주가등락률 대비 상대적인 특성으로 기업을 크게 둘로 나눌 수 있다.

실적등락이 호황기와 불황기에 시장평균보다 심하고 그렇기 때문에 자연스럽게 주가등락의 폭 역시 시장평균보다 심한 기업들을 크게 경기변동형 기업이라고(이런 특징을 가진 기업들을 통칭) 한다. 그리고 호황기와 불황기에 시장평균보다 실적등락폭이 적고 그 결과 주가등락의 폭 역시 시장평균보다 적은 기업들을 크게 경기방어형, 경기비변동형(이런 특징을 가진 기업들을 통칭) 기업이라고 한다.

여기서 다룰 것은 우선 경기변동형 기업의 실적에 대한 내용이다. 경기변동형 기업의 실적이 크게 변하는 이유는 무엇인가.

학문적으로 그리고 실험적으로 접근한다면 위에서 필자가 경기변동형이라고 칭한 기업들을 매우 세분화해서 개별적으로 분석할 수도 있겠지만, 투자자로서 접근할 때는 실제 결과를(실적등락) 일으키는 가장 핵심적이고 본질적인 요인 두어 가지에 집중해도 충분하다.

경기변동형 기업의 실적등락을 근본적으로 키우는 것은 크게 두 가지이다. 첫 번째는 매출액의 심한 출렁거림이며, 두 번째는 변동비의 심한 출렁거림이다. 이 중에 하나만 출렁거려도 경기변동형 기업에 속하는 것이며, 두 가지가 함께 출렁거리면 경기변동형 기업 중 실적등락 추정이 다소 복잡한 경우에 속한다. (사실, 평가원의 교육과 훈련을 통해 고급실적조정법을 배우고 전문엑셀파일을 활용하면 생각보다 쉽다. 아래는 기초적인 실적조정 요령이다.)

즉, 자동차, 가전 같이 호황기와 불황기에 구매의지가 크게 변하는 내구재이거나, 해운, 조선 같이 교역과 물류량 변동에 따라 수요와 실적이 크게 변하거나, 건설업처럼 공공 및 민간의 투자사이클에 전적으로 의존하거나, 철강, 비철금속업과 같이 타 산업들의 업황에 크게 의존하는 등 다양한 경우에 있어서, 공통적으로 매출액의 변동성 자체가 주식시장의 평균적 기업의 매출액 변동성보다 훨씬 크다.

또한, 제조업 중 매출원가의 비중이 비교적 높은 업종에 속하는 경우, 매출원가 중에서 재료비의 가격이 시장평균보다 훨씬 큰 폭으로 등락하면서 비용률이 크게 변동하고, 결과적으로 이익률의 기복이 심하다. 주된 재료비가 옥수수, 밀 등 곡물이든 구리, 아연 등 비철금속이나 철이든 석유 원유 혹은 원유에서 추출된 각종 석유화학 소재이든 상관없이, 변동비의 비율이 높고 변동비에 해당하는 재료비의 가격등락이 심한 기업은, 결과적으로 이익의 실적등락이 시장평균보다 훨씬 크다.

위와 같이 크게 매출액 변동이(이 변동은 분기단위가 아니라, 몇 년에 걸친 것임) 심하거나, 재료비 등 변동비의 등락이(마찬가지로 몇 년 단위의 순환) 심할 경우를, 가치투자자 입장에서 개괄적으로 경기변동형 기업이라고 할 수 있는데, 이러한 기업에 가치투자를 할 때는 현재의 계량적인 수치들을 맹신해서는 곤란하다.

즉, 최근 1~2년의 호황으로 실적이 최대치에 있을 때, 최대치에 해당하는 당기순이익 대비 시가총액이 높지 않다고 저평가된 것으로 생각하면 곤란하다는 것이다. 호황기가 끝나면 업종과 기업에 따라서 순이익이 반토막으로 감소하거나 심지어는 일시적으로 적자전환하는 경우도 있을 수 있기 때문에, 호황기의 이익을 기준으로 가치평가를(PER, PCR 등) 할 경우, 실제 내재가치보다(평균적인 업황의 실적 기준) 훨씬 비싸게 매수할 수 있다.

반대로, 최근 1~2년의 불황으로 실적이 최악의 상황에 있을 때, 최악의 당기순이익(실적바닥, 심지어는 일시적 적자) 대비 시가총액이 매우 높다고 해서 고평가된 것으로 판단하면 안 된다는 것이다. 불황기가 끝나면 업종과 기업에 따라서 순이익이 몇 배로 증가하거나 심지어는 적자에서 단숨에 큰 폭의 흑자로 전환하는 경우도 있을 수 있기 때문에, 불황기의 이익을 기준으로 가치평가를(PER, PCR 등) 할 경우, 실제 내재가치보다(평균적인 업황의 실적 기준) 훨씬 저평가되었음에도 불구하고 도저히 매수할 용기가 나지 않을 수 있다.

그렇다면, 호황기와 불황기의 실적에 속지 않기 위해서 실적을 어떻게 조정해야 할까. 실적을 조정하는 방법은 산술적인 평균으로 기초적인 수준에서 조정하는 방법과, 영업사이클 동안의 재무손익비율을 감안하여 심층적으로 실적을 조정하는 방법 등 두 단계로 나뉜다. 두 번째 단계인 심층적인 재무손익 실적조정법은 단순히 책의 형태로 이해하고 전달하기는 어렵고, 실전적인 실적조정(핵심적인 회전율과 비용률 등 조정, 조합) 교육 및 엑셀파일 등을 통해서 평가원의 정규교육에서 다루고 있다. 본서에서는 첫 번째 방법, 기초적인 산술적 방식으로 실적을 조정하는 법을 간단히 정리한다.

매출액의 등락이 심한 경기변동형 기업의 경우, 매출액을 조정하는 기초적인 방법은 과거 5년 정도의 매출액 중 평균적인 매출액을 구하는 것이다.

성장성이 거의 없는 기업이라면 문자 그대로 평균매출액으로 계산할 수도 있겠지만, 상장사의 평균 정도로나마 장기적으로 성장을 하는 경우 5개년의 매출액 수치 중 중간 수치에 해당하는 2~3개년도 매출액 중에서 상대적으로 큰 수치를(120, 130, 160, 100, 120 등의 추세일 경우, 130 정도를 차용) 가져다 쓸 수도 있다. 혹은 시장평균보다 빠른(예컨대 10%를 훨씬 초과) 장기 성장추세가 있을 경우 최근 3년 정도의 평균 매출액을 사용할 수 있다.

위와 같이 대략 조정된 매출액(혹은 매출액의 범위)을 산정했으면, 적정한 비용을 차감하여 영업이익을 구하면 된다.

다만, 적정한 비용금액이란 존재하지 않으며 적정한 비용률이(매출액 대비) 존재하는 만큼, 위에서 산정한 매출액에 과거 4~5년 정도의 평균 매출액영업이익률을 적용하여 대략 적정한 영업이익을 구할 수 있다.

또한, 업종 내 경쟁구조가 완전히 바뀌어서 펀더멘털 자체가 변화하고 있다면, 펀더멘털 변화가 진행 중인 최근 2~3년 정도의 평균 매출액영업이익률을 기준으로 영업이익을 구할 수도 있다. 여기서 경쟁구조의 펀더멘털이란, 관심기업이 속한 업종 내 주력 경쟁자들의 수가 늘어나거나 줄어드는 등 근본적으로 경쟁강도가 변한 것을 말한다. 중단기적인 저가공세나 마케팅 활동을 통해 서로의 마진을 깎아먹는 일시적인 경쟁강도 변화를 말하는 것이 아니다. 그러한 경쟁강화는 일정 수준이나 기간이 지나면 다시 약화될 것이다.

최대최소가 아니라 적정하게 조정된 매출액과 적정하게 도출된 매출액영업이익률을 적용한 영업이익을 구했으면, 최근 혹은 현재의 영업이익과 비교하여 그보다 조정된 영업이익이 적다면 현재가 호황국면에 속하며, 조정된 영업이익이 크다면 현재가 불황국면에 속한다고 볼 수 있다. 현재 기준이 아니라 조정된 영업이익을 기준으로 가치평가를 해야 할 것이다.

영업이익을 구했으면 영업외손익을 가감하고 법인세를 빼면 순이익이 되는데, 영업외손익 중 상당한 항목은 일회성 손익에 해당한다. 예를 들면 파생상품, 환율, 투자자산 등과 관련한 평가손익이나 처분손익은 일회성 손익이기 때문에 기업가치에 미치는 영향은 매우 적은 편이다.

  대략적으로 조정된 영업이익에서 일회성 손익을 제외한 영업외손익을 더하고, 최종 이익에서 법인세를 차감하면 당기순이익이 나온다. 이 당기순이익은 평가원의 고급실적조정법에 의해 구한 조정 당기순이익보다는 정확도가 떨어지겠지만, 일반적인 경기변동형의 최근 당기순이익보다는 훨씬 중립적이고 쓸 만한 수치라고 할 수 있다. (호황기나 불황기의 현대차 순이익, 포스코 순이익 등은 그대로 쓸 수 없고, 최소한 위의 약식 방식으로나마 조정을 해야 한다.)

  첫 번째 단계의 수치적 실적조정법 외에도, 매출액과 재료비 두 가지 측면에서 인과관계식 역발상 투자방법으로 접근할 수도 있다.

  즉, 계량적으로 조정하는 것은 아닐지라도 실적이 매우 나쁠 때 매수하여 실적이 크게 개선되었을 때 매도하는 방법으로, 매출액 등락이 심하거나 재료비 변동이 심한 경기변동형 기업에 성공적으로 투자할 수 있다. (물론, 계량적인 실적조정과 역발상 투자전략을 함께 사용한다면 더욱 상호보완적인 효과가 있다.)

  매출액이 악화된 원인이 가장 심한 국면에서, 즉 고객에 해당하는 전방산업이(혹은 수요시장이) 가장 최악의 실적을(국면을) 지나면서 직원들을 해고하는 등 비용감소에 총력을 기울일 때 역발상적으로 투자할 수 있다. 대개 특정 업종의 실적바닥은 최고 수준의 해고율과 부도율로 알 수 있는데, 왜냐하면 일반적인 경비절감으로도 해결되지 않을 때 정규직을 해고하며, 정규

직을 해고해도 손실을 해결하지 못하는 것이 바로 기업의 부도 상황이기 때문이다.

매출액 등락 말고도 경기변동형 기업의 실적을 크게 좌우하는 것은 재료비의 가격변동이다. 가령 특정 기업의 재료비 태반이 곡물인데 곡물가가 사상 최고치를 경신하거나 근접하고 있는 경우에는, 가격이 오르는 해당 곡물에 대한 경작지가 급증한 이후 공급량이 크게 증가하기 직전에 투자할 수 있을 것이다. 혹은 재료비의 태반이 광물인데 해당 물질의 가격이 최고치에 이르는 경우에는, 해당 물질의 투자매력도로 인해 광산업체의 수가 늘고 광산지역이 크게 증가한 후 공급량이 크게 증가하기 직전에, 역발상 투자방법으로 매수할 수 있을 것이다. 왜냐하면, 경작지가 늘면서 곡물가는 조만간에 천장을 칠 것이고, 광산개발이 완료되면서 해당 광물의 가격 역시 천장을 치고 내려올 것이기 때문이다.

요컨대, 경기변동형 기업은 주가와 실적이 크게 등락하는 편인데, 실적등락의 근본적인 원인은 매출액의 등락과 재료비 등 변동비의 등락이다. 이때 매출액과 비용을 계량적으로 조정하여 적절한 영업이익을 도출한 후, 적절한 영업이익보다 낮은 영업이익을 내고 있을 때 낮은 주가로 매수하거나, 적절한 영업이익보다 높은 영업이익을 내고 있을 때 높은 주가로 매도할 수도 있다.

혹은 계량적으로 조정하기보다는 인과관계에 보다 초점을

맞추고, 매출액이 최하로 감소하고 비용이 최대로 증가한 원인을 파악하여, 해당 원인이 극단적인 지점을 지날 때(수요가 최하, 재료비가 최고) 향후 해당 원인이 전환될 것을 미리 감안하여(수요가 상승전환, 재료비가 하락전환) 역발상적으로 투자할 수도 있다.

한편, 경기변동형 기업의 경우 실적등락 때문에 PER, PCR 등 계량가치평가를 단순히 적용하기보다는, 계량적으로 실적을 조정하면서 역발상적으로 접근해야만 투자에 성공할 수 있다고 했는데, 실적을 조정해야 하는 것은 경기변동형 기업만이 아니다.

연구개발비 중심의 성장주(기술주, 제약주, 기타 무슨 업종이 되었건 연구개발비 비중이 큰 기업) 역시 실적을 조정해야 한다.

(물론, 성장주이면서도 경기변동형 성질을 띤다면 위와 같이 매출액과 비용률을 조정하면 된다. 지금 설명하고자 하는 것은 그것이 아니다.)

매출액 대비 연구개발비 비중이 큰 기업의 경우, 일부 기업은 연구개발비를 전액 판매관리비로 비용처리하고, 일부 기업은 상당한 비중을 무형자산(개발비)의 형태로 자산으로 처리한다. (비용처리하지 않는 방식이다.)

연구개발비는 결국 제품의 기능과 품질을 개선하여 제품가격을 인상하게 하거나, 신제품을 생산하여 판매할 수 있게 하는 등 수익창출에 기여하는데, 그렇기 때문에 개발비라는 무형자산의 항목으로 계상할 수가 있는 것이다. (자산의 요건은, 구축한 이후 여러 해에 걸쳐서 수익을 창출하는 것이다.)

보수적인 회계방식에 의해서 비용으로 처리할 수도 있고 보다 적극적인(연구개발비의 가치를 알아달라는) 회계방식에 의해서 무형자산으로 올릴 수도 있는 연구개발비 항목을, 성장기업들 간에 (성장하기 위해서 연구개발비의 비중이 높은 것) 동일한 기준으로 비교해야 하는 것이다.

즉, 연구개발비로 비용 처리된 만큼을 다시 세전이익에 합산하고 법인세를 차감하면, 연구개발비를 비용처리하지 않고 자산화(개발비, 무형자산)한 경우의 당기순이익이 나온다. 애초에 연구개발비를 전액 개발비라는 무형자산으로 올린 기업은 이익을 그대로 사용하고, 보수적인 회계방침으로 연구개발비를 전액 비용 처리한 기업의 이익에 대해서는 연구개발비를 무형자산으로 올렸다고 가정하고 차감했던 연구개발비를 다시 더해줌으로써, 동일한 기준으로 당기순이익을(서로 비교하기 위한 목적으로) 구할 수 있는 것이다.

연구개발비의 비중이 높은 성장기업 간에 상대적 투자매력도를 비교할 때는, 이렇게 연구개발비를 비용으로 보지 않고 해당 금액을 더하여 구한 당기순이익을 성장기업들 간에 비교하고, 해당 당기순이익으로 계산한 현재의 PER을 성장기업들 간에 비교해야 할 것이다. 그래야만, 어떤 기업은 무형자산으로 올리고, 어떤 기업은 판관비 항목으로 비용 처리하는 등 서로 다른 기준으로 연구개발비가 처리된 기업들 간에(연구개발형 성장주), 어느 편이 더욱 투자매력도가 있는지 합리적으로 판단할 수 있는 것이다.

/4부/

스타일별 계량가치투자의 실전사례

1. 주식비중, 자산구성, 분산정도, 계량가치스타일 구분

실제로 개인투자자 및 기관투자자들이 자신의 투자스타일에 맞게 계량가치투자를 하기 위해서는, 계량가치투자 포트폴리오의 성격을 구성하는 핵심요소들의 범위 혹은 정도를 결정해야 한다.

상당히 적극적으로 운용하면서 가장 큰 수익률을(이를테면 중장기적으로 연평균 25%에서 40% 사이) 올리고자 하는 투자주체의 경우, 기대수익률과 리스크의 상당 부분이 투자주체의 판단에 기인하는 형태로 계량가치투자 포트폴리오를 운용할 수 있다. 많은 리서치와 깊은 분석으로 다양한 리스크를 축소시키면서 수익률을 극대화하는 것이다.

매우 보수적으로 운용하면서 인덱스(시장평균)보다는 당연히 큰 수익률을 올리겠지만 적극적인 운용에 비해서는 상대적으로 적은 수익률을(이를테면 중장기적으로 연평균 15%에서 25% 사이) 올리고자 하는 투자주체의 경우, 투자주체의 판단에 기인하는 기대수익률과 리스크의 비중을 줄이고, 합리적인 계량가치 시스템에 따르는 형태로 계량가치투자 포트폴리오를 운용할 수 있다.

가장 적극적인 운용과 매우 보수적인 운용 사이에서, 운용주체의 적극적인 판단과 의사결정 수준이 평균적인 경우, 중장기적으로 연평균 20%에서 30% 사이의 기대수익률을 바랄 수 있다.

물론, 어떤 스타일의 운용방식을 쓰더라도 천억 원 단위, 1조 원 단위 등을 넘어가게 되면(몇 백억 원 정도 규모까지는 별로 상관이 없다.) 가치투자자들의 근본적인 기대수익률 15%~40% 중에서 점점 장기 연평균수익률이 25% 가량, 심지어는 20% 가량으로 하락할 수도 있다. 삼성그룹과 현대그룹 계열사들의 시가총액 전체, 혹은 워렌 버핏의 버크셔 헤서웨이 시가총액 전체 등의 규모로 자산이 증가할 경우(그럴 리는 거의 없겠지만) 아무리 날고 기는 고수투자자라도 15%~20%에 가까이 수렴할 것이다.

(체계적인 투자지식이 전혀 없거나, 합리적이지 못하여 잃을 수밖에 없는 감정적인 투자태도 등을 가지고 있는 경우에는 투자주체의 개입이 클수록 손실률이 커진다. 위 수치들은 가치투자 체계를 교육이나 책들을 통해서 기본적으로 익힌 투자주체에 한한다.)

위와 같이 적극적, 보수적, 평균적인 판단과 개입 수준의 운용스타일에 맞게 계량가치투자를 하기 위해서, 범위나 정도를 결정해야 하는 핵심요소들은 전체 자산 중 국내주식자산의 비중과 조절 폭, 국내 주식 외 자산의 구성, 주식자산 중 업종이나 개별기업의 분산 정도, 주력 주식자산의 계량적인 스타일, 자산별 비중 및 종목별 비중 조절 주기 등이다.

전체 자산 중 국내주식자산의 비중이란 투자를 목적으로 하는 자금 전체 중에서 국내주식자산의 비중을 의미하는 것이다. 국내주식자산의 비중이 중요한 이유는 기본적으로 주식자산의 기대수익률이 여타 자산보다 높고(중단기적으로는 부침이 있지만, 장기적으로 부동산, 금, 원유 등에 비해 가히 압도할 만큼 높다.) 국내주식의 경우 해외주식에 비해서 정보수집, 기업분석 및 가치평가에 훨씬 유리하기 때문에, 본질적으로 국내주식 비중을 높게 가져갈수록 장기수익률이 상승하기 때문이다. 다만, 국내주식 비중을 높게 가져가는 데 있어서 유의할 점이 있다면, 아주 초보투자자가 좋은 기업들을 선정하지 못하고 낮은 주가에 매수하지도 못하며 높은 주가에 매도하지 못할수록 손실률 역시 커진다는 것이다.

알기 쉽게 설명하면, 1금융권 예금에 투자한 모든 사람들은 이자율만큼의 수익을 올리며 서로 편차가 전혀 없다고 할 수 있는데, 주식에 투자한 모든 사람들의 투자수익률 총계는(수익÷투자금액(%)) 장기적으로 10% 전후로(주식시장의 장기 가치상승률) 상당히 높지만 투자주체별 편차가 매우 심하다. 15%~40%에 이르는 연평균 수익률을 오래도록 누적시키는 투자주체가 있는가 하면, 오히려 손실을 입는 투자주체들도 있다. (비율로 보면 손실을 입는 쪽이 매우 수가 많다.)

한편, 자금력과 정보력이 풍부한 주체가 돈을 버는 것이 아니라, 보다 가치투자체계가 확립되어 있고 기업에 대한 분석평가능력을 갖추고, 역발상 전략을 사용할수록 돈을 버는 것이다. 자금력과 정보력만 있는 개인투자자들과 기관투자자들은 꾸준히 높은 수익을 절대로 낼 수 없고, 가치투자체계와 기업의 분석평가능력을 갖춘 개인투자자들과 기관투자자들은 꾸준히 높은 수익을 낼 수밖에 없다. (법률싸움을 한다고 했을 때 법률지식이 많은 쪽이 이긴다. 주식투자를 한다고 했을 때 가치투자체계가 더 확립된 쪽이 이긴다. 세상은 적자생존이다. 무조건 평균보다는 나아야 생존하는 것이며, 평균보다 많이 나을수록 크게 성공하는 것이다.)

국내주식자산의 비중을 늘리고 줄이는 폭이란, 주식시장이 매우 고평가되었을 때 향후 주식시장이 하락할 것을 대비해서 미리 주식비중을 줄이고 주식시장이 매우 저평가되었을 때 향후 주식시장이 상승할 것을 대비해서 미리 주식비중을 늘리는 것을 말한다. 국내주식자산의 비중을 늘리고 줄이는 폭이 중요한 이유는, 얼마나 적극적으로 비중을 조절하느냐에 따라서 때때로 주식시장 전체보다 훨씬 높은 초과수익률을 올릴 수 있기 때문이다. 유의할 점은 국내주식자산의 기본비율보다 늘리고(주식시장이 싸다고 판단) 줄이는(주식시장이 비싸다고 판단) 정도가 클수록, 투자자의 판단실력에 따라(운이 아니다.) 초과수익률의 정도가 상당히 차이나는 것이다. 주식시장이 싼지 비싼지를 판단하는 판단체계가 합리적이고 체계적인 경우 비중을 많이 조절할수록 초과수익률을 크게 올리겠지만, 그렇지 못한 경우 비중을 더 조절할수록 손실이 날 위험이 커진다.

다시 말하지만, 주식시장은 자금력과의 싸움이 아니며 사기꾼과의 싸움도 아니다. 주식사기꾼들은 가치투자자들의 좋은 보너스 반찬이 될 뿐이다. 가치투자자가 저가에 매수한 소형우량주가 가끔 주식사기꾼들의 작전에 의해 테마를 탈 때가 있다. 그저 내재가치를 넘어서면 가치투자자들은 팔고 나올(작전세력은 손도 쓸 수 없이 당한다.) 뿐이다. 물론 소문과 정보를 듣고 그제야 뛰어드는 대중적인 투자자들은 가치투자자들의 반찬은 물론, 주식사기꾼들에게도 밥이(손도 쓸 수 없이 당한다.) 된다.

주식시장은 기업분석평가능력과 가치투자체계를 확립한 투자자들의 놀이터이며(그들도 인내심은 발휘해야 한다. 주식시장은 장기수익률이 좋은 시장이지 한 달, 한 분기 수익률을 알 수는 없다.) 아무 것도 공부하지 못하고 배우지 못한 투자자들(이들은 사실 투기자들이다.)의 무덤이다.

기업분석평가능력과 가치투자체계를 어느 정도 확립한 투자자들은 방탄복과 총칼, 수류탄, 적외선 안경 등을 모두 갖추고, 언제 전투에 나가야 유리하고 어떻게 싸워야 하는지 잘 알고 있는 중무장 투자자와 같으며, 기업분석평가 및 가치투자에 대해서 전혀 알지 못하는 투자자들은 전투의 속성도 모르고 언제 싸워야 유리한지도 모르며 아무런 무기없이 알몸으로 전장에 나가는 '잠재사망자'와 같다.

다음으로 국내주식 외 자산의 구성이란, 금융자본의 100%에서 국내주식자산을 뺀 나머지 자본을 해외선진주식, 해외이머징주식, 채권과 채권펀드, 국내 현금과 외국 통화 등 다양한 자산 중 어떤 자산에 얼마나 투자하는가 하는 것이다.

국내주식 외 자산의 구성이 중요한 이유는, 국내주식의 장기기대수익률은 좋지만 중단기적으로 크게 하락하거나 수익률이 좋지 않을 때가 있는데(이러한 구간을 모두 포함해도 장기수익률은 매우 높다.) 그럴 때 국내주식의 등락방향과 전혀 무관한 방향으로 움직이거나 심지어는 반대 방향으로 움직이는 자산이 있을 경우 매우 도움이 된다. 국내주식을 팔아야 할 때 그 외 자산의 비중을 늘릴 수 있고, 국내주식을 사야 할 때 그 외 자산의 비중을 줄일 수 있기 때문이다.

유의할 점이 있다면, 국내주식 외 자산의 기본비중을(주식시장이 크게 하락했을 때 예외적으로 비중을 늘리는 경우 말고, 평소의 기본비중) 높게 가져갈수록 포트폴리오의 장기수익률은 낮아질 거라는 점이다. 즉, 국내주식과는 유사하지만 조금 다른 리스크를 갖는(기업가치상승률보다 높은 주가변동성, 극히 예외적 기업들의 펀더멘털 붕괴와 상장폐지 등은 유사점, 환율로 인한 손익 발생은 차이점) 해외주식은 그래도 장기수익률이 높은 편이지만 채권과 채권펀드, 현금과 외국 통화 등의 자산은 장기수익률이 매우 낮기 때문에(특히 국내외 현금은 인플레이션 대비 마이너스 수익률) 기타 자산의 비중을 높게 가져갈수록 가치계량 포트폴리오의 기대수익률이 낮아질 수 있다.

주식자산 중 업종이나 개별기업의 분산 정도란, 몇 개 업종에 분산투자하며 종목 수는 몇 개 정도로 정할 것인가를 말한다.
주식자산 중 업종이나 개별기업의 분산 정도가 중요한 이유는, 분산의 정도가 적정 범위를 넘어 광범위해질수록 안정성은 높아지고 기대수익률은 낮아지고, 분산의 정도가 적정 범위를 넘어 집중적인 형태로 변할수록 기대수익률은 높아지고 안정성은 낮아지기 때문이다.
한 가지 알고 넘어가야 할 점은, 기업의 분석평가능력(사업구조와 재무손익을 분석하고 가치평가를 통해 적정주가를 산출하는 능력)을 갖춘 가치투자자의 경우, 최소한으로 필요한 만큼 분산하더라도(광범위하게 분산하지 않고 다소 집중투자하더라도) 기대수익률은 높아지고 리스크는 별로 없다는 점이다. 앞서 말한 안정성의 감소 혹은 증가란 주가변동성과 실제 손실위험(펀더멘털 감소)을 말하는 것인데, 가치투자체계를 익힌 투자자는 주가변동성을 초과수익률의 기회로 사용하고 손실위험은 기업분석을 통해 거의 제거하기 때문에, 필요에 따라 폭넓은 분산투자를 하지 않더라도 기대수익률은 상승하고 안정성은 매우 높게 유지할 수 있는 것이다.

그 외 기업의 분석평가능력을 갖추지 못한 경우에는 업종을 분산하고, 업종 내에서 기업의 수를 여러 개 가져가야만 할 것이다. 다만, 서로 업황의 방향이나 업황등락의 정도 차이가 크게 나는 업종들로 현명하게 구성할 경우, 기대수익률 하락은 최소로 관리하면서 안정성은 크게 높일 수 있다.

주력 주식자산의 계량적인 스타일이란 저평가 중심 계량가치투자, 수익성 중심 계량가치투자, 성장성 중심 계량가치투자 등을 말하며(세 가지 스타일 별로 17인 투자대가들의 투자전략전술, 공식과 지표 등을 자세히 알고 활용하려면, '대한민국 주식투자 글로벌 가치투자거장 분석' 참조) 각 스타일에 따라서 어떤 평가지표, 어떤 재무비율을 중시해야 하는가를 말하는 것이다.

가치투자라 함은, 기본적으로 수익성이 있고 최소한의 성장성도 있으면서 저평가되어 있는 기업에 투자하는, 장기적으로 불패의 투자전략이다. 하지만, 저평가 정도가 큰 종목에 최우선적으로 집중하느냐, 평균 이상의 우수한 수익성을 꾸준히 유지할 수 있는 특징을 최우선적으로 보면서 기업을 선정하느냐, 중장기적으로 높은 성장률이 가속화될 기업을 최우선적으로 꼽느냐 등에 따라서 저평가, 수익성, 성장성 등 세 가지 요소 중 '상대적으로' 어느 요소에 더욱 큰 비중을 주어야 할지를 결정할 수 있다.

주력 주식자산의 계량적인 스타일이 중요한 이유는, 자신에게 맞는 가치투자 스타일을 찾아야만 장기적으로 투자의사결정과정과 자신의 투자성향(개인적 특질)이 조화롭게 유지될 것이고 마찰이 적을 것이기 때문이다. 저평가 중심 계량가치투자 스타일이 맞는 투자자가 고속성장주를 쫓을 경우 투자의사결정과정이 매우 피곤하게 느껴질 것이며, 수익성 중심 계량가치투자 스타일이 맞는 투자자가 저평가 정도가 가장 큰 기업만을 쫓을 경우 투자의사결정과정이 지루하고 장기수익률이 기대에 못 미친다고 느낄 것이다. 그러므로 자신의 투자성향(성격)에 잘 맞고, 가장 자신이 있다고 느끼는 계량가치투자 스타일을 알고, 자신의 스타일 내에서 숙련도를 높여가야 할 것이다. 다만, 주력 투자스타일 외에도 다른 투자스타일을 혼용할 경우, 주식시장의 다양한 등락 국면에서 의외의 좋은 기회를 자주 맞을 수도 있기 때문에, 국내주식자산 중 어느 정도의 비율은 다른 투자스타일의(자신의 주력스타일이 아닌) 종목들에 할애해도 좋다.

자산별 비중 및 종목별 비중 조절 주기란, 어느 정도의 주기를 기준으로 비중 조절(전체 자산별, 국내 주식 내 종목별)을 하는지를 말한다.

자산별 비중 및 종목별 비중 조절 주기가 중요한 이유는, 비중 조절 주기가 너무 짧으면 첫째, 펀더멘털보다 추세를 쫓아가는 등 감정으로 인해 원칙을 잃을 가능성이 크고 둘째, 거래에 따른 비용이 적지 않기에 수익률을 갉아먹을 수 있기 때문이며, 비중 조절 주기가 지나치게 길면 주식시장이 크게 등락했을 때 효과적으로 대응하지(향후 기대수익률을 극대화하는 방향으로) 못할 수 있기 때문이다.

일주일에 한 번 계량가치투자 포트폴리오의 자산별, 종목별 비중을 조절하는 등 너무 잦은 비중 조절 주기나, 2년에 한 번 자산별, 종목별 비중을 조절하는 등 너무 뜸한 비중 조절 주기가 아니고, 자신의 투자성향에 맞는 적절한 조절 주기를 택하면 될 것이다.

필자가 판단하기에, 기본적으로는 빠른 정보수집과 대응을 특징으로 하는 투자자라면 격주에 한 번 정도 비중을 조절할 수도 있고, 감정에 흔들리지 않고 몇 수 앞을 내다보며 장기를 두듯이 투자하는 투자자라면 반기에 한 번 정도 비중을 조절해도 좋다. 평균적인 경우에는 한 달에 한 번에서 분기에 한 번 정도의 비중 조절 주기를 제안한다.

2. 보수적, 적극적 계량가치투자 전형

매우 보수적으로 투자자본을 운용하면서 인덱스(시장평균)보다는 비교적 큰 수익률을 올리겠지만(중장기적으로 연평균 15%에서 25% 사이) 적극적인 운용에 비해서는 상대적으로 적은 수익률에도 만족하는 투자주체의 경우, 투자주체의 판단에 기인하는 기대수익률과 리스크의(주가변동성과 손실위험) 비중을 줄이고, 다소 시스템적인 형태로 계량가치투자 포트폴리오를 운용할 수 있다.

보수적 계량가치투자의 전형은 아래와 같다. 다만, 아래의 항목별 기술내용은 프로토타입을 설명하고자 하는 것이며, 프로토타입을 시발점으로 해서 실제 투자자별로 최적화 과정을 거칠 필요가 있다.

보수적 계량가치투자자는 전체 자산 중 국내주식자산의 기본비중을 대략 60%~70% 정도로 가져간다. 즉, 주식시장이 뚜렷한 저평가도 아니고 뚜렷한 고평가도 아닌 시기에는 기본적으로 총투자자산 중에서 60%에서 70% 사이를 국내주식의 목표비중으로 삼고 포트폴리오를 운용한다.

한편, 보수적 계량가치투자자는 국내주식자산의 비중조절 폭을 10%에서 15% 정도로 운용할 수 있다. 주식시장이 뚜렷하게 고평가되었을 경우에는 국내주식자산의 기본비중에서 10%~15% 정도를 줄일 수 있고, 주식시장이 뚜렷하게 저평가된 시기에는 기본비중에서 10%~15% 정도를 늘릴 수 있다. 물론, 고평가된 주식시장이나 저평가된 주식시장이 충분한 상승 혹은 하락과정을 통해 다시 평균적인 범위 내로 진입하게 되면, 국내주식자산의 기본비중으로 다시 조정해야 한다.

보수적 계량가치투자자가 국내 주식 외에 기타 자산을 구성하는 전형적인 방식은 해외주식펀드, 채권형 펀드, 달러(외환) 등으로 균등분산하는 것이다. 특히 투자자금 규모가 일정 수준만 된다면, 해외주식펀드 역시 이머징과 선진국, 기타 원자재나 에너지 등 세 부문의 펀드로 균등분산하는 것이 합리적이다.

왜냐하면 보수적인 계량가치투자자의 경우 주관적인 판단에 깊이 의존하기보다는(기업분석평가, 가치투자체계를 확립하고 숙달하지 못한 경우) 합리적인 계량가치투자 시스템을 어느 정도 따르는 입장에서 투자전략을 세우기 때문이다.

이머징과 선진국, 그리고 원자재나 에너지 등 세 부문의 펀드에 균등비율로 분산투자할 경우 글로벌 주식시장의 순환주기에 따라서 비교적 수익률이 높은 펀드를 부분환매하고 수익률이 저조한 펀드를 추가매입하게 되어, 자연스럽게 일정 수준 이상의 역발상 투자가 가능해진다. 또한, 해외주식 펀드와 채권형 펀드, 달러 등을 일정 비율로 유지함으로써, 국내 주식 대신에 해외 주식의 수익률이 더 좋을 때는 해외주식펀드가, 주식보다는 채권자산의 가격상승률이 더 좋을 때는 채권형 펀드가, 환율이 급등하여 원화에 기반한 자산의 가치가 급락할 때는 달러 등 외국 통화가 수익률을 벌충해줄 것이다.

업종이나 개별기업의 분산 등 국내주식자산의 분산 정도에 있어서, 보수적 계량가치투자자의 대략적인 가이드라인은 아래와 같다.

업종 분산을 통해 리스크를 80%이상 감소시키기 위해서는 8개 이상의 업종(그 중 경기변동형 업종 5개 이상)으로 구성하고, 업종별로 평균 2~3개 종목을 편입하여, 대략 8개 이상의 업종과 24개 전후의 종목들을 운용할 수 있다. 물론, 시스템적으로 리스크를 90% 이상 감소시키고자 한다면 다소 그 수치를 넘는 업종과 종목으로 분산투자해도 무방하다.

그리고 보수적인 계량가치투자자는 주력에 해당하는 국내주식자산의 계량적인 스타일을 주로 저평가 중심 가치투자(및 가치평가) 방식으로 운용한다.

즉, 앞서 설명한 장부가 방식, 청산가치 방식 등 자산가치에 기반한 계량적 내재가치보다 최소 40%에서 심지어는 70%까지 할인된 주가에 투자하려고 한다. 또한 PER, PCR, EV/EBITDA, PSR(경기변동형 기업의 경우) 등 손익에 기반한 계량적 가치지표가(배수) 과거 5년 평균 대비 최소 40%에서 70%까지 하락했으며, 시장평균이나 업종평균보다 낮은 종목을 찾는다.

아무리 저평가 여부와 저평가 정도를 최우선적으로 꼽는다고 할지라도 부채비율, 유동비율 등 최소한의 재무적 안정성과 인플레이션만큼의(연평균 3%~4%) 매출액성장률과 순이익성장률 정도는 함께 살펴봐야 한다.

  자산별 비중 및 종목별 비중 조절 주기는, 보수적 계량가치투자자이건 적극적 계량가치투자자이건 전혀 상관없이 공통적으로 앞서 설명한 바와 같다. 빠른 정보수집과 대응을 특징으로 하는 투자자라면 격주에 한 번 정도 비중을 조절할 수도 있고, 감정에 흔들리지 않고 몇 수 앞을 내다보며 투자하는 투자자라면 반기에 한 번 정도 비중을 조절해도 좋지만, 평균적으로는 한 달 혹은 분기마다 한 번 정도의 비중 조절 주기가 적당하다.

  다만, 대체적인 상식으로 판단하면, 보수적 계량가치투자자일수록 한 번 정한 비중 조절 주기를 철저하게 지켜야 한다. 분기에 한 번으로 정했거나 한 달에 한 번으로 정했으면 그것을 철저하게 지켜야 하는데(그럴 필요가 없다고 느껴진다면 적극적 계량가치투자자 스타일로 넘어가기 바란다.) 그렇지 않고 하락하는 주가에 감정적으로 흥분하여 빨리 역발상투자를 하고 싶어 할수록, 상승하는 주가에 감정적으로 소심해지면서 빨리 이익확정(매도)을 하고 싶어질수록 시장에 끌려 다니게 될 것이다. 좀 더 참고 매수해야 하는데 성급히 매수한 결과는 너무 긴 인내의 시간(주가회복시까지)이며, 좀 더 참고 매도해야 하는데 성급히 매도한 결과는 상대적 손실(내재가치까지 혹은 그 이상으로 주가가 올라갈 수 있는 것을 놓친)과 아쉬움일 것이다. 주관적 판단의 비중을 줄이고 시스템적 합리성의 수익을 누리기로 했으면, 정교한 판단을 해야 할 대상은 시스템의(주식비중, 투자스타일, 기타 자산 비중 등 앞서 나열한 요소들의 최적 조합) 보완 및 개선이다. 짧고 변동성이 큰 금융시장의 단기 국면 별로 개별 투자자산이나 종목들에 대해서 너무 잦은 전망이나 판단 등 투자의사결정을 하려고 하면 안 된다.

이제까지 보수적 계량가치투자자의 프로토타입을 살펴보았다. 이에 반해서, 적극적인 운용을 통해 높은 수익률(중장기적으로 연평균 25%~40%)을 현실적으로 목표하는 투자주체의 경우, 기대수익률을 키우고 리스크를 줄이는 몫이 투자시스템보다는 투자주체의 투자의사결정능력에(기업의 분석평가, 가치투자 체계) 크게 의지하는 형태로 계량가치투자 포트폴리오를 운용해야 한다. 관심종목들과 업종에 대해서 충분한 조사와 합리적인 판단으로 개별종목들의 손실위험을 극소화하면서, 기대수익률은 극대화하는 것이다.

이제 적극적 계량가치투자의 프로토타입을 같은 요소와 방식으로 정리한다.

우선 적극적 계량가치투자자는 전체 자산 중 국내주식자산의 기본비중을 80%에서 90%에 이르기까지 가져간다. 즉, 주식시장이 뚜렷한 저평가도 아니고 뚜렷한 고평가도 아닌 시기에는 기본적으로 총투자자산 중에서 80%에서 90% 사이를 국내주식의 목표비중으로 삼고 포트폴리오를 운용한다. 주식이라는 자산은 손실위험의 크기를 고려한 장기수익률이 여타 자산보다 압도적으로 높기 때문에, 정확한 기업분석과 가치평가 능력만 있다면, 비중을 높게 가져가는 것이 결코 위험하지 않다.

적극적 계량가치투자자는 국내주식자산의 비중조절 폭은 보수적 계량가치투자자에 비해서 훨씬 융통성 있게(그 상황에 맞게 가장 적극적으로) 가져간다. 주식시장이 뚜렷하게 저평가되었을 경우에는, 10%~20% 가까이 비율을 늘려서 투자자산 중 거의 100%를 국내주식으로만 가져가는 경우도 있다. 반면, 주식시장이 뚜렷하게 고평가되었다고 판단되면 국내주식자산의 비중을 50%까지 혹은 그 이하로도 줄일 수 있다. (판단이 틀리게 되면 치명적인 만큼, 적극적인 계량가치투자자의 전제는 기업의 분석평가능력, 기타 가치투자체계가 어느 정도 이상은 확립되어 있어야 한다는 것이다.)

국내 주식 외 기타 자산의 구성에 있어서도 적극적 계량가치투자자는 훨씬 융통성을 발휘하여 수익률 극대화를 꾀할 수 있다. 즉, 글로벌 주식시장이 고평가되지 않았을 때는 기타 자산을 해외주식펀드에 주로 집중할 수 있고, 국내외 주식시장이 고평가될수록 채권형 펀드나 달러(주식시장이 폭락할 때 원화를 팔고 달러를 찾기에, 환율이 상승) 등의 비중을 일정 수준 이상으로 높일 수 있다. 게다가 해외주식펀드 중에서도 이머징과 선진국, 기타 원자재나 에너지 등 세 부문 중 가치 기준과 추세적 판단으로 모두 저평가되어 있고 반등가능성이 높은 곳에 다소 집중할 필요가 있다.

또한 적극적 계량가치투자자는 국내주식자산 중 업종이나 개별기업의 분산 정도도 비교적 집중투자의 형태를 띤다.

예를 들면, 최소 4개의 경기변동형 업종과 2개의 경기방어형 업종(1개의 업종으로는 예상 외 변수발생 가능) 등 스스로 잘 알고 있는 비교적 적은 수의(6개 이상) 업종에 분산투자하고, 각 업종 별로 평균 이상의 펀더멘털을 보이는 두 개 이상의 종목을 구성할 수 있다. 결과적으로, 6개 이상의 업종과 12개 전후의 종목으로 운용할 수 있다. 이 정도도 상당한 집중투자이지만, 기업분석평가 능력과 가치투자 체계의 확립정도에 따라서 이보다 범위를 더욱 좁힐 수도 있다. 가장 높은 수준의 집중적인 가치투자주체의 경우 위에서 언급한 6개가량의 업종과 6~8개 종목으로 운용을 할 수도 있다. (다만, 이렇게 되면 계량가치 포트폴리오라고는 할 수 없고, 그야말로 집중가치투자가 될 뿐으로, 투자성과가 전적으로 해당 종목들의 수익률에 의존하게 된다.)

한편, 적극적 계량가치투자자의 계량적인 스타일은 수익성 중심 및 성장성 중심 스타일을 혼용하는 편이 일반적이며, 굳이 더 자세히 나누라고 한다면 보다 확실한 장기성장동력을 갖추고 있으나 수익성장성에 비해서 저평가된 기업들에 더욱 집중한다.

구체적으로 평균 이상의 펀더멘털을 가진 기업들 중에서 PER, PCR, EV/EBITDA, PSR(경기변동형 기업의 경우) 등 손익기반 계량가치지표가 과거 5년 평균 대비 30%~40% 이상 하락한 종목에 집중한다. 펀더멘털이 매우 뛰어난 기업들의 경우

시장평균이나 업종평균보다는 계량가치지표가 약간 높아도 무방하다.

이익성장성 대비 낮은 PER을 찾는 가치지표인 PEG비율을 기준으로, PEG비율이 0.5 이하이면(예를 들어 장기성장률이 20%인데 PER은 10 미만이라면) 매우 매력적인 투자대상이라고 보지만, 역시 펀더멘털이 매우 뛰어난 기업일 경우 PEG비율이 0.5~1.0 사이에 있기만 해도 투자매력도가 높은 경우가 있다.

적극적 계량가치투자자에게 적당한 자산별 비중 및 종목별 비중 조절 주기는 보수적 계량가치투자자에 대해서 설명한 바와 동일하다. 투자자의 정보수집 및 대응 스타일 별로, 빠르면 격주 주기로 비중을 조절하고, 느리면 반기 주기로 조절하며, 평균적으로는 한 달 혹은 분기 주기로 비중을 조절할 수 있다.

3. 평균적 계량가치투자 전형과 개인화된 계량가치투자

가장 직접적인 투자결정귀속과 적극적인 운용, 가장 간접적인 투자결정귀속과(투자시스템에 상당히 의존) 매우 보수적인 운용 사이에서, 평균적인 판단과 의사결정 수준을(시스템이 투자자를 일정 수준 보완하는) 유지하고자 하는 운용주체의 경우 중장기적으로 연평균 20%에서 30% 사이의 기대수익률이 예상된다.

보수적 계량가치투자자와 적극적 계량가치투자자에 이어서 평균적 계량가치투자자의 전형을 동일한 순서로 대략 설명한다.
우선, 평균적 계량가치투자자는 전체 자산 중 국내주식자산의 기본비중을 70%~80% 정도로 가져간다. 주식시장이 명백한 고평가도 저평가도 아닌 태반의 국면에서 70%~80% 가량을 장기투자수익률이 좋은 주식자산 중, 가장 깊게 분석할 수 있고 가장 빨리 관찰할(모니터) 수 있는 국내주식으로 유지하는 것이다. 또한, 주식시장이 명백히 고평가 영역에 접어들었거나 확실한 저평가 국면에 들어갔을 경우, 국내주식자산의 비중을 20% 정도 가감할 수 있다. 즉, 70%~80%의 기본비중에 20% 정도를 더하거나, 20% 정도를 줄일 수 있다. 보수적 계량가치투자자보다는 운용의 폭이 넓지만 적극적 계량가치투자자보다는 원칙을 준수하는 편이라고 할 수 있다.

평균적인 계량가치투자자가 국내주식 외 기타 자산을 구성함에 있어서는, 보수적 계량가치투자자보다는 적극적 계량가치투자자에 다소 가깝게 운용할 수 있는데, 글로벌 주식시장이 고평가되지 않았을 때는, 해외주식펀드에 상대적으로 좀더(지나치지 않게) 집중하고, 국내 주식시장이 고평가될수록 채권형 펀드, 달러(외환) 등의 비중을 상대적으로 조금 높일 수 있다.

해외주식펀드 비중에 있어서는, 크게 이머징과 선진국, 기타 원자재나 에너지 등 세 부문의 비중을 균등하게 유지할 수도 있고, 경우에 따라 가치 기준과 추세적 판단으로(판단능력이 있는 경우) 세 부문 중 저평가된 곳에 다소 해외주식펀드를 집중할 수도 있다.

평균적 계량가치투자자는 주식자산 중 업종이나 개별기업을 분산할 때, 계량가치투자 포트폴리오의 장점을 살리면서도 어느 정도는 집중적인 투자를 하고자 하는 목표가 있다.

그러므로 15개에서 20개 사이의 종목에 평균적으로 투자하며, 6~8개(4~6개의 경기변동형 업종을 포함) 혹은 그 이상의 업종에 분산투자할 수 있다.

평균적 계량가치투자자는 주력 주식자산의 계량적인 스타일에 있어서도 적극적 계량가치투자자와 유사하지만, 미래 성장성이 큰 종목들에(가정해야 할 것이 많은) 집중하기보다는 주로 수익성 중심의(과거 일정기간에 걸쳐 검증이 된) 계량가치투자 전략을 택한다.

주요 계량가치지표로는 PER, PCR, EV/EBITDA, PSR(경기변동형 기업의 경우) 등을 사용하며, 과거 5년 평균 대비 30%~40%

이상 하락한 종목을 선호한다. 또한 펀더멘털이 뛰어난 기업의 경우 시장평균이나 업종평균 정도로 계량가치지표가 높아도 무방하지만, 현재 그 가능성을 판단하기 어려운 미래의 성장가치까지 웃돈을(주가 프리미엄) 주고 매수하는 일은 절대 없다.

마지막으로 PEG비율이 0.5 이상이면 매우 매력적이라고 판단하고, 펀더멘털이 매우 뛰어난 기업일 경우 0.5를 소폭 초과해도 투자할 수 있지만, PEG 비율이 1.0에 가까워질수록 내재가치에 가깝다고(미래 성장가치를 고려하지 않을 경우) 느끼기 때문에 PEG비율 0.5 이상에 매수하는 일은 흔하지 않다.

자산별 비중 및 종목별 비중 조절 주기는 보수적 계량가치투자자, 적극적 계량가치투자자, 평균적인 계량가치투자자 모두 동일하다. 잘 모르겠을 경우, 대략 한 달에 한 번이나 분기에 한 번 정도로 자산별 비중, 주식종목별 비중을 조절하는 편이 합리적이다. (그 정도면 너무 자주도 아니며, 너무 느슨하고 뜸하지도 않다.)

지금까지 보수적인 계량가치투자자의 전형, 적극적인 계량가치투자자의 전형, 평균적인 계량가치투자자의 전형 등을 살펴보았다. 계량가치투자 포트폴리오를 통해 가장 큰 수익률을 올리고자 하며 기대수익률과 리스크의 상당 부분을 투자주체의 판단에 의존하는 적극적 투자자, 주식시장의 인덱스보다는 훨씬 큰 누적수익률을 올리겠지만 적극적인 투자자에 비해서는 상대적으로 낮은 수익률에 만족하면서 투자주체의 판단에 대한 의존도를 다소 낮추고 합리적인 계량가치투자 시스템을 따르는 보수적 투자자, 그리고 그 중간에 있는 평균적 투자자 등을 설명했다.

하지만, 사실 모든 개인투자자들의 투자성향과 투자목표, 모든 기관투자자들의 투자성향과 투자목표 등은 서로 각양각색, 천차만별이다. 실제 투자주체만의 개별적인 계량가치투자 스타일은, 앞서 전형적인 사례로 설명한 적극적, 보수적, 평균적 계량가치투자의 요소별 수치나 방법을 그대로 사용하기 보다는(전형, 프로토타입이란 대표적이고 개괄적인 사례) 각 핵심요소들을 자신의 투자스타일에 맞게 변형하고 또 조합하는 것이다. 물론, 계량가치 포트폴리오에 대해서 전혀 감이 오지 않고 막연하게만 다가올 경우라면, 보수적이거나 평균적인 기준 중 하나를 임시로 기본 포트폴리오 모델로 삼아도 무방할 것이다. 그렇게 몇 분기 혹은 1~2년 운용해나가다가 보면, 본서에서 설명한 각종 실전이론과 설명, 사례를 바탕으로 자신만의 스타일을 점차 스스로 구축해 나갈 수 있을 것이다.

명심할 점은 계량가치투자 포트폴리오의 여러 가지 요소들을 조합함에 있어서(적극적, 보수적, 평균적 투자자를 나누는 요소들) 부분의 특성과 전체의 특성이 조화가 되어야 한다는 것이다.
국내 주식자산의 비중, 기타 자산의 구성, 국내 주식자산의 업종과 종목분산 등 각 개별 요소들의 성격(보수적, 적극적, 평균적)과 전체 요소들의 총합인 계량가치투자 포트폴리오의 성격이 전혀 동떨어질 경우, 개별 투자주체에 적합한 방식으로 최대한 기대수익률을 높이면서 최대한 리스크를 낮추고자 하는 계량가치투자 포트폴리오의 목적을 달성하기 어렵다.

계량가치투자 포트폴리오를 구성하는 요소들 중 어느 하나, 어느 한 자산, 어느 한 업종, 어느 한 종목에 너무 사로잡히게 되면 포트폴리오 전체의 균형이 약해지고, 리스크에 비해서 기대수익률이 낮아지거나, 기대수익률에 비해서 리스크가 커질 수 있다.

애초에 한 종목에 올인하는 것이 아니라, 왜 여러 종목으로 분산투자를 하고, 왜 여러 업종으로 나누어 투자하고, 왜 서로 다른 방향성을 가진 투자자산에 나누어 투자하는지를 생각해 본다면(성격이 다른 투자자산과 업종들은 수익회수 기간을 결과적으로 크게 줄이고, 분산의 개수 자체는 손실위험의 영향을 크게 줄인다.) 왜 포트폴리오가 필요한지 다시 깨닫게 될 것이다. 또한, 그저 큰 바구니에 이런저런 잡동사니를 모으는 것과 달리, 가치투자의 기본원칙에 입각하고 계량적인 수치를 철저히 검토하여, 사업구조와 재무손익 내용이 비교적 좋은 기업들을 내재가치보다(또한 시장평균보다) 싸게 매수하는 계량가치투자 포트폴리오가 왜 성과가 좋았고 성과가 좋을 수밖에 없는지 스스로 자신의 포트폴리오 수익률을 통해서 경험하게 될 것이다.

/5부/

부록
가치투자체계
육성시스템

1. 재무손익, 기타 투자용어 정리

〈재무상태표 핵심 항목 풀이〉

항 목	내 용
자산	기업이 소유한 재산의 목록 현황
유동자산	1년 내 현금화가 가능한 자산
당좌자산	판매과정 없이 현금화 가능한 자산
현금, 현금성 자산	현금 및 보통 예금
단기금융자산	단기로 운용하는 자금
매출채권, 기타채권	제품·상품 외상 채권, 기타 미수 매각대금, 미수수익, 선 지급한 비용 등
재고자산	판매과정을 거치면 현금화가 가능한 자산(상품, 제품, 재공품, 원재료 등)
비유동자산	현금화하는 데 1년 이상 소요될 자산
투자자산	본업과 무관한 투자자산(장기투자증권, 관계기업/조인트벤처 투자 등)
관계기업/조인트벤처투자	경영권 행사를 목적으로 보유한 피투자기업
유형자산	영업활동을 위한 유형자산(토지, 건물, 기계장치, 차량, 건설 중 자산 등)
무형자산	무형적 권리에 해당하는 자산(개발소용 비용 및 인수합병 시 공정가치 초과 매입액)
부채	기업이 지불해야 할 비용 또는 자금조달 현황
유동부채	1년 이내에 지불해야 할 부채
매입채무, 기타채무	원재료, 상품 구입, 기타 외상매입금, 미리 받은 돈, 각종 미지급금
단기금융부채	금융기관에서 차입한 단기부채

항 목	내 용
비유동부채	지불기한이 1년 이상인 부채(장기금융부채 및 기타 영업관련 부채)
장기금융부채	사채(채권자 귀속)와 장기차입금(금융기관 귀속)
자본	기업의 총자산에서 지불해야 할 부채를 차감한 주주 귀속 자본
자본금	액면가 기준으로 주주가 출자한 금액
자본잉여금	자본거래의 결과로 발생한 차익(액면가를 초과한 만큼의 주식발행초과금 등)
자본조정	계정 불분명으로 자본에 가감한 내용, 자사주(자기주식) 매입 시 자본조정
이익잉여금	영업활동으로 발생한 이익 중 배당을 제외한 사내 유보금

〈손익계산서 핵심 항목 풀이〉

항 목	내 용
매출액	제품 및 상품의 판매액
매출원가	제품 및 상품에 소요된 원가비용(재료비, 노무비, 경비, 외주가공비 등)
매출총이익	원가(원재료 등)를 차감한 이익
판매비와 관리비	판매 및 관리 비용(인건비, 감가상각비, 연구개발비, 광고판촉비 등)
영업이익	영업관련 실제 이익(=수익-비용)
영업외수익	부대수익
이자수익	예금 등에 의한 이자수익
배당금수익	타 기업의 주식을 보유하여 수령한 배당금

항 목	내 용
지분법이익	피투자회사의 이익에 대해 지분율 만큼 반영된 이익
영업외비용	부대 비용
이자비용	차입금 등에 의한 이자
지분법손실	피투자회사의 손실에 대한 지분율 만큼의 손실반영
당기순이익	영업이익에서 영업외손익을 가감하고 법인세까지 차감한 주주의 이익

〈재무손익비율 핵심 항목 풀이〉

항 목	내 용
안정성	부채비율, 유동비율 등 기업의 재무유동성과 안정성을 나타내는 비율
부채비율	공식 : 부채총액/자기자본(%) 일반적으로 100% 이하가 안전하나 현금유입이 빠르고 연속적인 기업의 경우 다소 높아도 무방
유동비율	공식 : 유동자산/유동부채(%) 일반적으로 200% 이하가 안전하나, 현금유입이 빠르고 연속적인 기업의 경우 다소 높아도 무방
순차입금비율	공식 : (금융부채-현금·현금성자산-단기금융자산)/자본총계(%) 일반적으로 30% 이하가 안전하나 현금유입이 빠르고 연속적인 기업의 경우 다소 높아도 무방
수익성	매출액에 대한 백분율로 기업의 수익 창출능력을 나타내는 비율
매출액총이익률	공식 : 매출총이익/매출액(%) 매출원가를 차감한 기업의 수익능력 비율. 높으면 좋으나 기업강점(원가우위, 차별화)이 다를 시 단순비교 불가

항 목	내 용
매출액영업이익률 (영업이익률)	공식 : 영업이익/매출액(%) 판관비까지 차감한 기업의 수익능력 비율. 주요비용을 모두 차감한 이익률로 기본적으로 높으면 양호
매출액순이익률 (순이익률)	공식 : 순이익/매출액(%) 영외손익 및 법인세까지 고려한 수익능력비율. 주주에게 귀속되는 최종이익률로 기본적으로 높으면 양호
ROE (자기자본이익률, 자기자본수익률)	공식 : 순이익/자본총계(%) 주주귀속 자본총계의 수익 창출능력 비율. 부채비율이 과다하지 않다는 전제 하에서 ROE가 높을수록 양호
ROA (총자산이익률, 총자산수익률)	공식 : 순이익/총자산(%) 총자산(부채, 자본 포함) 수익 창출비율. 재무레버리지효과를 제거한 수익률로 ROA가 높을수록 양호즈
ROIC (투하자본이익률, 영업자산이익률)	공식 : NOPAT(세후영업이익)/IC(투하자본 혹은 영업자산)(%) 영업자산(투히자본) 수익 창출비율. 영업에 활용된 자산만을 고려한 수익률로 ROIC가 높을수록 양호
활동성 비율	주요 자산의 매출액에 대한 회전율로 자산활용도를 나타내는 비율
총자산회전율	공식 : 매출액/총자산(횟수) 총자산의 효과적 이용도를 나타내는 비율. 크면 좋으나 기업특성(박리다매, 후리소매)이 다를 시 단순비교 불가
유형자산회전율	공식 : 매출액/유형자산(횟수) 영업관련 유형자산의 이용효율 측정비율. 크면 좋으나 기업특성(제조업, 서비스업 등)이 다를 시 단순비교 불가

항 목	내 용
재고자산 회전율	공식 : 매출액/재고자산(횟수) 재고자산이 팔리는 속도의 회전율. 크면 좋으며 대개 과거로부터 현재까지의 수치를 비교
매출채권 회전율	공식 : 매출액/매출채권(횟수) 매출채권을 회수하는 속도의 회전율. 크면 좋으며 대개 과거로부터 현재까지의 수치를 비교
매입채무 회전율	공식 : 매출액/매입채무(횟수) 매입채무를 상환하는 속도의 회전율. 작으면 좋으며 대개 과거로부터 현재까지의 수치 비교
성장성 비율	주요 재무손익항목의 전년(주로) 대비 증가율로 경영성과측정 비율
매출액 증가율	공식 : (당해년 매출액/전년 매출액)-1(%) 기업실적의 전체적인 성장비율. 높으면 좋으며 경기변동형기업은 한시적, 성장기업은 지속적으로 높음
영업이익 증가율	공식 : (당해년 영업이익/전년 영업이익)-1(%) 기업의 본질이익 성장비율. 높으면 좋으며 매출액 증가 혹은 비용절감 등 원인파악이 중요
순이익 증가율	공식 : (당해년 순이익/전년 순이익)-1(%) 기업의 주주귀속이익 성장비율. 높으면 좋으며 영업이익 증가 혹 영업외수익 증가 등 원인파악이 중요
매출원가율	공식 : 매출원가/매출액(%) 한 단위의 수익을 위한 비용(원가)의 비율. 낮으면 좋으나 기업강점(원가우위, 차별화)이 다를 시 단순비교 불가
판매관리비율 (판관비율)	공식 : 판매관리비/매출액(%) 판관비의(경영효율성) 매출액 대비 비율. 낮으면 좋으며 판매관리비 중 미래이익을 위한 비용 외 축소는 긍정적

〈기타 핵심 투자용어 풀이〉

용어	내용
GAAP (일반적으로 인정된 회계원칙)	기업의 재무손익에 대한 재무제표 작성시 신뢰성과 비교 가능성 제고를 위해 따라야할 원칙으로 주주중심 미국식 회계원칙. 연결기준 기업실체를 알 수 없다는 단점에도 모기업 영업과 지분법 실적을 구분하는 장점이 존재
IFRS(국제회계기준)	회계처리 및 재무제표의 국제적인 통일성 제고를 위해 국제회계기준위원회에서 제정하는 회계기준, 경영실체 중심 유럽식 회계기준. 연결기준 기업실체를 파악 가능한 장점과 종속회사의 비소유지분까지 합하는 단점이 존재
연결 재무제표	모기업이 실질적으로 지배하고 있는 종속회사를 모기업과 함께 하나의 기업집단으로 보아 개별 재무제표를 종합하여 작성하는 재무제표
종속기업	모기업이 피투자회사의 지분을 50% 초과하여 소유하거나 그렇지 않더라도 실질적으로 지배하는 경우 피투자회사는 종속기업. 연결재무제표에서 재무손익항목을 모기업에 합하여 연결함
관계기업	모기업이 피투자회사의 지분을 20% 이상 50% 미만 소유하거나 그렇지 않더라도 실질영향력을 발휘하는 경우 피투자회사는 관계기업. 연결재무제표에서 재무손익항목을 모기업에 연결하지 않고 지분법 만큼 인식함
감가상각비	토지 등 특수자산을 제외한 공장, 기계장치 등 대부분의 유형자산에서 해마다 감소하는 가치분으로 매출원가와 판관비의 비용으로 처리
자본적지출	기업이 미래의 이윤창출을 위해 유형자산 등에 투자하는 비용으로 지출액은 일시 현금 유출되어 자본화되었다가 효익의 발생기간 동안 비용처리

용어	내용
PER (주가수익비율)	공식 : 주가 / 주당순이익(배) 현재의 주가를 주당순이익으로 나누는 수익가치 배수법. 평가원은 절대할인율에 근거한 절대PER 추가교육
PSR (주가매출액비율)	공식 : 주가 / 주당매출액(배) 현 주가를 주당매출액으로 나누는 경기변동형 혹 성장가치 배수법. 평가원은 실적조정에 근거한 절대PSR 추가교육
PBR (주가순자산비율)	공식 : 주가 / 주당순자산(배) 현재의 주가를 주당순자산으로 나누는 청산가치 혹 수익가치 배수법. 평가원은 절대PER에 근거한 절대PBR 추가교육
EPS (주당순이익)	공식 : 당기순이익 / 발행주식수(원) 기업이 벌어들인 순이익을 기업이 발행한 주식수로 나눈 값으로 1주당 창출한 이익을 나타내는 지표
BPS (주당순자산)	공식 : 자본총계 / 발행주식수(원) 기업의 자본총계를 발행주식수로 나눈 값으로 1주당 주주자본을 나타내는 지표. 단, 청산가치를 말할 때는 자본총계에서 무형자산, 이연자산 및 사외 유출분을 차감하여 주식수로 나눔
EV/EBITDA	공식 : (시가총액+순차입금)/이자, 법인세, 유무형자산 상각비 차감 전 영업이익(배) 인수자 입장의 인수비용과 인수 후 현금흐름을 비교한 수익가치 배수법
PEG	공식 : PER / 예상 EPS 증가율(배) 주당순이익 증가율 대비 주가의 고/저평가를 계산하는 방식으로 주로 성장주 평가법
DCF (현금흐름할인법)	향후 기업이 창출할 순 현금흐름을 적정 할인율로 현재가치화하여 영업가치를 평가하는 기업가치평가법. 평가원은 간결한 연금법 DCF까지 교육

용 어	내 용
RIM (잔여이익모델, 초과이익모델)	현금흐름할인모형의 하나로 자기자본비용을 초과하는 이익의 현재가치와 자본총계를 합하는 가치평가법. 평가원은 간결한 연금법 RIM까지 교육
듀퐁분해	ROE를 매출액순이익률, 총자산회전율 및 재무레버리지율 등 인수로 나누는 기업활동 분석 툴. 평가원은 8대 재무손익비율 및 듀퐁 7분해 등 심층교육

2. 주식투자 체계(격자구조) 및 정통가치투자 공부

직장을 갖고 있으면서 주식투자를 용돈벌이나 부업 수준으로 하는 입문 혹은 기초 수준의 개인투자자, 직업적인 수준으로 투자하는 전업투자자, 대중들에게 서비스의 대가를 받고 투자를 전문적으로 대신해주는 기관투자자, 일반 기업의 재무전략 및 투자기획 부문 임직원, 공인회계사 등 투자주체를 막론하고, 주식투자를 통해 지속적이고 안정적이면서도 상대적으로 높은 수익률을 창출하기 위해서는 '주식투자의 체계(격자구조)'를 배우고 이에 따라 투자해야만 한다.

그리고 유망한 관심기업의 사업모델을 이해하고 재무손익비율을 입체적으로 이해하며 적정주가를 스스로 산정할 수 있을 때 비로소 수익률이 극대화되는 것이다.

왜냐하면 사업구조와 재무손익비율, 그리고 가치평가 능력은 주식투자자에게 마치 날개를 달아준 것과 같이 자신감과 안정감, 그리고 탁월한 성과를 약속해주기 때문이다. 이하 주식투자 체계를 한 눈에 볼 수 있는 그림과 주식투자체계를 익힐 수 있는 정규 오프라인 교육을 소개한다.

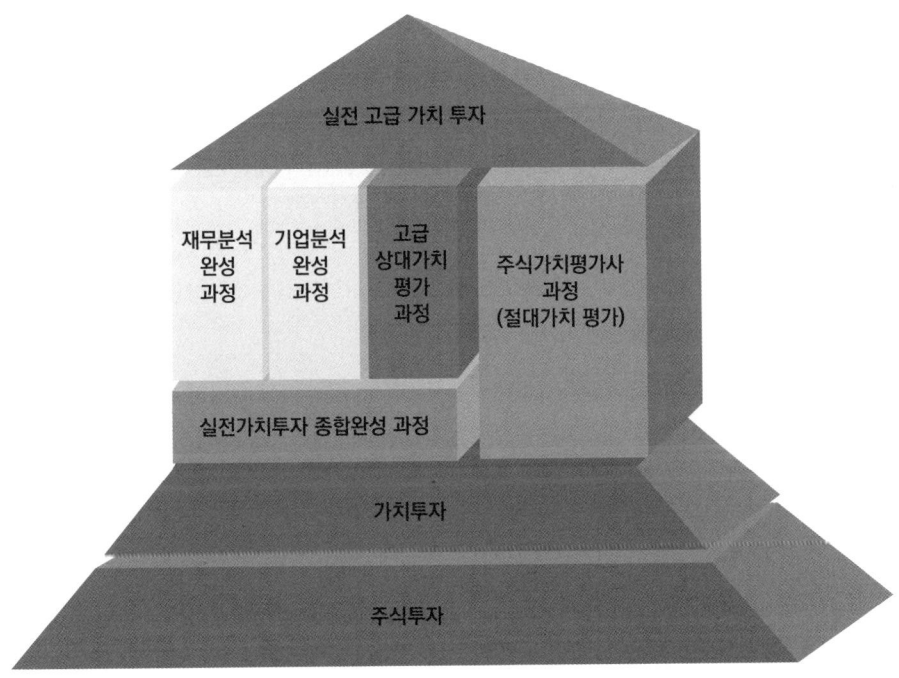

■ 실전가치투자 종합완성 과정 – 재무·기업 분석, 고급상대가치평가

※ ㈜한국주식가치평가원 홈페이지에 방문하시면 교육 수강후기를 확인하실 수 있습니다.

구분	주차	주제	세부 주제
재무 분석 완성	1 주차	재무분석, 기업분석, 고급상대평가 개괄	기업가치 상승구조 및 순서 (사업, 자산, 매출, 비용, 레버리지, 나선형 성장, 순익) 기업(재무 포함)활동과 3대 재무제표 관계 이해 / 4대 재무손익비율 관계 이해 기업가치 이해 (안정성, 수익성, 성장성 등 내재가치) 및 기업활동과 주가 : 기업설립(사업) – 전략 및 활동 – 사업보고서와 실적 – 주가 기업활동에 따른 투자수익률 이해 » 기업활동과 투자수익률 기본(ROIC, ROA, ROE, 소수주주 및 대주주 매력도) » 비교적 높은 주가상승률의 기업필요조건, 매우 높은 주가상승률의 기업필요조건 기업가치의 기반(자산가치, 수익가치, 성장가치 등을 모두 포함) 기업의 가격변동성(주식 한 주의 가격, 기업전체 가격, 내재가치) 및 경기변동형, 경기비변동형 사례 가치평가(적정주가 산정)의 목적(복리투자수익, 1회성 투자수익 및 복합수익률)
		주요 재무제표 및 세부 재무항목 심층 이해	재무상태표, 포괄손익계산서, 현금흐름표 등 재무제표의 체계적인 이해 (3대 재무제표 관계 확립) 재무상태표 종합 이해 자산, 부채, 자본 각각 종합 이해, 주요 항목별 핵심의미, 영업/비영업 계정 구분 등 » 유동자산, 비유동자산, 유동부채, 비유동부채 세부항목 등 » 자본금, 자본잉여금 / 이익잉여금 / 자본조정 및 기타포괄손익누계, 지배지분 자본 손익계산서 종합(수익과 비용) » 매출액 / 매출원가 및 매출총이익 / 판관비 및 영업이익 (2대 비용의 차별적 성격) » 지속성 있는 영외손익 항목 / 순환하는 영외손익 항목 (이익 변동성 제거, 버핏 주주이익) 현금흐름표 종합(발생주의와 현금주의의 쉽고 명확한 개념정리) » 영업활동, 투자활동, 재무활동 현금흐름의 주요항목별 유기적 이해 (재무손익 관련) » 기업의 성장단계별 현금흐름특성, 투자적격여부, 분식회계 감지법 (매출채권, 재고자산, 무형자산)

구분	주차	주제	세부 주제
재무 분석 완성	2 주차	고급 재무비율 분석 및 주식수익률 이해 (사례 훈련)	재무비율 통합 이해 » 8대 고급재무비율(4대 재무비율을 기본으로)의 유기적 이해 및 주식투자수익률 관련 설명 기업 사례(2개 기업)를 통한 8대 고급재무비율의 체계적 이해 » 안정성 재무비율의 핵심 이해 및 실전의미, 주요비율 구체적 기준 수치 등 » 수익성 재무비율의 핵심 이해 및 실전의미, 주요비율 구체적 기준 수치 등 » 활동성 재무비율의 핵심 이해 및 실전의미, 주요비율 구체적 기준 수치 등 » 성장성 재무비율의 핵심 이해 및 실전의미, 주요비율 구체적 기준 수치 등
		IFRS 완전정복 및 지배지분 활용	IFRS 개괄 (기준과 특징, 투자자 영향, 연결재무제표 도입, 종속기업 이해) IFRS 기준 3대 재무제표 (재무상태표, 포괄손익계산서, 현금흐름표 변화 및 중요 포인트, 지배지분 등 간결한 완벽이해, 기타포괄손익, 주석정보의 증가와 활용법) 재무제표 개별 항목 주요 변화(GAAP 대비 IFRS 변화) 및 가치평가 기준(지배지분) 정리 » 금융자산, 환율, 자산재평가, 매출인식, 재고자산, 대손충당금, 영업권, 개발비 / 주석 정보 활용법 지배지분의 구성 이해(지배기업, 종속 및 관계 일부) / 재무손익분석, 주가산정 등 지배지분 활용 자산 및 부채, 손익(재무상태표와 손익계산서) 등 주요 항목 (영업 vs 비영업 / GAAP vs IFRS)
		투자지표와 재무비율, 한국주식 가치 평가원 고급실적 조정/추정 및 전문 스크리닝	본질적 투자지표(수익률과 복리) 및 부가적 투자지표(대주주 매력도)가 주식수익률 좌우 본질적 투자지표 : ROIC(IC증가), ROA, ROE, 유보율 혹 재투자율의 관계와 공식들의 의미 부가적 투자지표 : EV, EBIT(D)A, EV/EBIT(D)A의 실질 의미와 용어(공식)의 의미 고급 재무손익추정법과 실적조정법 » 비용률의 심층적 이해와 KISVE 전문(체계적, 간단) 실적조정법 » 경기변동성을 합리적으로 제거한 실적조정(영외손익 뿐 아니라 영업손익까지) 한국주식가치평가원 전문 스크리닝 툴 설명 » 기업수익률, 주주수익률, 소수주주 및 대주주 가치 등 최고의 스크리닝 산식 설명

구분	주차	주제	세부 주제
기업 분석 완성	3 주 차	내부자 기업활동 이해 및 사업보고서 (심층사례 분석)	기업가치와 비즈니스 시스템 (비즈니스 시스템 〉 고객 부가가치 〉 수익창출 〉 내재가치) 비즈니스 시스템 이해(실전분석 도구로써 기업사례 제시) » 연구개발, 제품기획, 제품조달, 제품제조, 영업 및 판매, A/S 등 유지관리 등 활동별 핵심개념 정리, 재무제표 수치사례, 사업보고서 및 홈페이지 참조 사례 제시. » 기업실제 내부활동 사례를 설명하여 경영자의 관점을 쉽고 체계적으로 이해 / 기업별 KSF(핵심성공요인) 구분 투자자가 알아야할 사업보고서 핵심구조 및 주요 항목 이해 » 사업보고서 이해과정(사업, 경쟁력, 스프레드, 영업자산, 자본배분, 주주친화, 인적자산 분석 등) » 실제 기업사례를 들어 사업보고서 분석과정을 훈련 (항목별 사업보고서 대조 및 심층해석 설명)
		워렌버핏 및 필립피셔 분석툴 (심층사례 분석)	워렌버핏의 기업분석 프레임(3분류와 10항목, 실제 투자대가 관점, 기업사례 강의) » 사업, 재무, 경영 3분류별 10가지 항목의 유기적인 이해, 개인 및 기관투자자 시사점(교훈) 필립피셔의 기업분석 프레임(3분류와 15항목, 실제 투자대가 관점, 기업사례 강의) » 사업, 재무, 경영 3분류별 15가지 항목의 유기적인 이해, 개인 및 기관투자자 시사점(교훈) ※ 각(10~15) 항목별 실제 사업보고서, 홈페이지, 재무자료 (네이버 금융, FN가이드 등) 설명
		한국주식 가치 평가원 심층 기업분석 프로세스 (심층사례 분석)	'KISVE 심층 기업분석 프로세스(5~6단계)' 체득을 위한 실제 사례 분석 (분석의 깊이는 높이고 시간은 줄이는 최고의 분석 프레임으로, 각 프로세스 별 실제 상장사들의 사업보고서, 재무손익 데이터, 홈페이지, 핵심 자회사 중 비상장사 자료까지 분석) » 비즈니스 분석 (연혁과 현황, 제품과 원재료 비중 및 가격, M/S, 판매처 및 매입처, 매출과 가동률, 설비투자 및 R&D) » 계열회사 확인 (계열회사 비중 및 순익추이, 상장-비상장 공통 재무손익비율 검토) » 지배구조 검토 (최대주주, 자사주 및 배당, 임원) / 직원 및 기타 주의사항 한국주식가치평가원 약식 Frame 제공(실전분석에 활용할 최고의 도구) 기업분석 추가포인트(BW, CB 등 주가희석요소의 핵심 및 희석(가치하락)비율)

구분	주차	주제	세부 주제
기업 분석 완성	4주차	기업분석 작성자 기준 사례 전문분석가 사례 상장기업 전체 6분류	상장사(들)에 대한 기업분석 심층 참조 (작성자 기준의 사업계획서 사례) » 국내 상장사의 사업보고서 작성기준 이해 (규정된 작성자 기준의 실제보고서 양식 참조) 기타 분석 전문가/아마추어 리포트(기본적 비즈니스 모델에 충실 vs 최근 이슈 해석에 충실) 참조, 성장, 이익변동성 등에 따른 상장기업 6분류법(분류별 기업들의 투자매력도와 투자전략, 리스크)
		기업분석 정보체계 (응용) 및 내부자 경영전략, 고급분석 도구 (심화)	기업분석 정보체계 및 의미(주가, 오픈된 정보인 2차 정보, 미공개 현장정보인 1차 정보, 단계별 자료 참조 실습(실제 어디로 접속하여 어떤 자료를 얻는지 구체적 심층설명) » 2차 정보 (사업보고서, 증권사 리포트, 기업 홈페이지, 업종협회, 통계자료 수집 및 분석) » 1차 정보 (장점과 유의점, IR담당, 매장, 기업현장, 경쟁사 및 전후방업체 IR 담당 등) » 내부자 관점 기업분석툴 (외부환경에서 기업의 입지, 제품전략에 이르기까지 사례분석) » 기업분석 능력을 높여주는 3C 분석, 5 Force 분석, 경쟁전략에 따른 SWOT, PPM 기본분석 » 트렌드 분석(변화의 원인), 이익방정식(일목요연한 이익분해)으로 향후 실적 시나리오 전망, » 손익분기점 공식 간단이해 및 업종별(변동비형, 고정비형) 투자전략 이해
		재무, 기업분석 격자구조 확장 및 완성 (투자 대가들의 재무, 기업 중점요소, 해자 및 독점)	고급재무분석 격자구조 확장 » 존 네프, 벤저민 그레이엄, 워렌버핏, 마리오 가벨리 등 각 대가들의 재무분석 툴(공식)과 활용법 » 마법공식 심층 장단점 이해 및 한국주식가치평가원 전문 스크리닝 공식 정리 » 광의적 기업분석 격자구조 확장(기업분석 대가 배우기, 경제적 해자와 독점 분석) » 필립피셔 (사실수집, 투자기업 분류, 주식시장의 힘, 피해야 할 잘못, 성장주 발굴법) » 랄프웬저 (소형주의 실질매력과 리스크, 산업/기술의 수혜, 강소기업의 핵심 지지대) » 경제적 해자(해자의 정의와 원천, 심층분석) / 독점의 기술(자산독점과 상황독점, 독점 방어벽 등)

구분	주차	주제	세부 주제
고급 상대 평가 완성	5주차	가치평가 도구 개괄 및 고급 상대평가 (실적 및 배수조정)	가치평가 핵심개념 및 실전공식 등 의미설명(주주기준, 기업기준, 수익률 기준) 적정주가산정(가치평가) 도구 이해 (하나의 체계적인 프레임으로 쉽게 이해) » 가치평가기간별 3방식, 가치평가방법 3방식, 가치평가주체 3수준 » 가치평가 기준이익 혹 자본의 기준수치(언제 수치를 쓸 것인가) 결정 » 상대가치 이해 및 고급상대가치 » 기본적인 배수법 및 실적 변동 이해 / 복합비교 배수법 조정 및 실적조정법(영업사이클 조정)이해 * 하나의 프레임으로 여러 가지의 밸류에이션(적정주가산정) 도구를 마스터 : PER, PCR, PSR, ROE(듀퐁분해, KISVE 고급분해)와 PBR(기본, 응용 PBR), PEG비율(실전활용), 존 템플턴 5년이익 PER, EV/EBIT(D)A(인수자 기준), 조엘 마법공식, KISVE 절대 스크리닝
		고급 상대평가 (실적, 배수 조정) 사례/실습	본격 상대가치 훈련(현재실적과 현재배수 대신, 조정실적과 복합비교 배수법) 조정실적(기본 : 영외손익 조정, 고급 : 경기변동/비변동 따른 영업사이클 조정) 복합비교 배수법(중급 : 역사적 밸류에이션, 고급 : 필요시 기타 업종내 비교) PER – 심층이해를 통한 실전 상대가치 PER (보조지표 PCR) / PSR – 실전 상대가치 PSR PBR – 청산시 자산항목별 간단계산비율, 한국주식가치평가원 입체 PBR(수익가치 프리미엄) ROE(듀퐁 3분해, 변동성 한계) – 한국주식가치평가원 고급 3분해로 유지가능한 ROE로 조정 전문 PEG비율(공식 심층이해 및 활용 요건) & 전문 템플턴 5년이익 PER EV/EBIT(D)A 의미와 활용(강력한 보조지표) / 조엘 마법공식 & 한국주식가치평가원 절대 Screening
		고급 상대평가 전용 밸류에이션 엑셀파일 실습	고급상대가치평가 과정 전용 엑셀파일(실적조정 및 고급상대평가, KISVE 지재권)로 실제 관심기업의 영업, 영외손익을 조정(외국계 기관 수준), 고급상대평가를 경험하여, 관심종목의 적정주가를 계산

구분	주차	주제	세부 주제
고급 상대평가 완성	6주차	고급 상대평가 전용 밸류에이션 엑셀파일 실습	KISVE 고급재무분석 프레임, 기업분석 심층 프로세스로 관심 기업을 분석, 고급상대평가(실적조정, 적정배수)로 적정주가를 계산하여, 전 수강생 과제제출(각 과제별 평가원 1page 리뷰) 및 일부발표.
		거시환경과 시장평가 및 포트폴리오	증권시장 4국면(구분, 특징, 심리) / 기본 시장평가(절대수익비교 FED모델, 보조지표 GDP 비율), 포트폴리오 기본 운용법 » 바텀업 방식(수익성장기업, 꽁초기업 투자법 구분) 주식비중, 매매절차, 모니터링 » 톱다운 방식(고속성장기업, 경기변동형 기업 투자법 구분) 주식비중, 매매절차, 모니터링
		재무분석 완성, 기업분석 완성, 고급 상대평가 총정리 및 절대 가치평가 이해	6주간에 걸친 실전가치투자 종합완성내용 재정리로 현명한 가치투자자(개인과 기관)로 완성, 재무분석 완성 정리 » 기업가치 상승÷소, 새부손익활농과 수가, 자산부재자본 및 손익, 현금흐름표 구분 » 재무비율 분석(안성, 수익, 활동, 성장성) 및 IFRS 지배지분 밸류에이션(가치평가) » 기업분석 완성 정리 » 기업 비즈니스 시스템, 기업분석 프로세스, 사업보고서와 투자정보체계, 3C 분석 등 » 고급상대가치평가 완성 정리 » 복합수익률 투자, 평가주체별 기업가치 차이(소수주주 기준), 영업/영외손 실적조정 » 고급상대평가 PER, PBR(조정 ROE 기반), PEG 및 EV/EBIT(D)A, 절대 스크리닝 유일한 숙제인 절대가치평가 예습 (조정 현금흐름, 할인율, 성장률 등 절대가치의 기본개념 이해)

■ 주식가치평가사 자격증 과정 - 절대가치평가, 할인율

※ ㈜한국주식가치평가원 홈페이지에 방문하시면 교육 수강후기를 확인하실 수 있습니다.

주차	주제	세부 주제
1주차	밸류에이션 (주식가치평가사) 개괄	가치와 가격 (내재가치, 실적, 기업전체가격, 주식가격, 거래와 투자) 기업가치의 특성 (물건-현금-상품-기업, 경기변동/비변동 기업) 기업가치 상승구조 (법인격, 유기체의 나선형성장 및 비용률 감소로 인한 이익률 상승) 주가와 기업가치의 관계 (자본수익률과 할인율, 이익의 안정성, 지속성, 성장성) » ROE, ROA, ROIC 등 유기적 이해 주가와 기업가치평가의 이해(자본 및 이익기반 가치평가, 현재가치, 할인율, 성장률)
	재무분석 및 기업분석 핵심 (참고사이트 포함)	재무상태표, 포괄손익계산서, 현금흐름표 등 재무제표의 간결한 이해 (기업의 설립/활동 이해를 통해, 3대 재무제표 의미 및 관계 명확히 확립) 재무제표별 항목 이해 (중요 영업관련 항목, 발생주의와 현금주의, 기업성장단계 지표) 각종 재무비율 의미 (안정성/수익성/활동성/성장성의 기본의미와 중요도) IFRS 핵심이해 (연결시기와 종속기업), 밸류에이션 기준 수치(지배지분 자본, 순이익) 기업분석 개괄(분석의 이유 및 분석 기반자료 등) 사업보고서 구조 및 주요 항목 (사업, 주주구성, 관련기업, 임직원 등) 한국주식가치평가원 기업분석 프로세스 핵심 (5~6단계 체계적 프로세스) 기업분석 부가훈련(각종 증자, 하이브리드 사채) 및 정보사이트

주차	주제	세부 주제
2 주차	가치평가도구 개괄 및 절대평가법 안내 (절대할인율)	평가도구 이해(체계적인 프레임) 및 가치평가도구 효용 이해 » 가치평가기간별 3방식, 가치평가방법 3방식, 가치평가주체 3수준 » 접근주체(주주자본접근, 기업접근)별 기업가치의 차이 » 할인율(유사위험도 리스크, 금융공학 WACC과 실질 절대할인율)과 영구성장률 » 가치평가 기준이익 혹 자본의 기준수치 결정 절대가치평가의 선행작업(기업의 사업내용, 재무분석 등 조사) 투자자의 무기고, 절대 평가도구 설명(가치평가방식 3방식 분류, 비상장과 상장가치) » IRR, NPV, 고든법(DDM), 절대 PER, PCR(PER 보조), 절대 PSR, 절대 PBR(수익가치, 고급분해), ROE 분해(듀퐁 3분해 및 KISVE 절대 7분해), DCF(3가지 간단 응용), EV/EBIT(D)A (기업기준), RIM(DCF 진보), EVA와 MVA 이해, 일부 M&A공식, PEG비율, 버핏 오너어닝(3가지 간단 응용), 조엘 그린블라트, 템플턴 5년이익 배수법, 한국주식가치평가원 Valuation 등 20여 가지 주요 툴 (많이 배우되, 체계화하고, 가장 효과적인 3~4개의 밸류에이션을 주로 활용하게끔 훈련)
	배수법과 절대가치평가 이해	배수법은 표면적으로 상대가치, 근본적으로 절대가치(절대할인율 관련 넓고 깊은 이해) 절대할인율 - 할인율 실전/공식 이해, 채권성 우량주 할인율 범위, 전 종목 할인율 범위 절대 PFR - 배수법 이해 및 절대가치하, 할인율과 성장률, 금융공학과 투자대가 의견 PCR - PER의 보조지표(발생주의와 현금주의) 절대 PSR - 심층 이해 및 분해, 경기변동고려 각종 비율 조정법 간단이해 PBR (청산가치) - 재무상태표 항목별 공정가치(청산 위한) 산정 이해 절대 PBR(수익가치-입체분석) - 강력한 툴, 한국주식가치평가원 입체 PBR(자본수익률, 재투자율, 할인율 및 성장률) PBR 프리미엄의 근거, ROE (듀퐁 3분해, 한국주식가치평가원 조정 3분해 혹 7분해), EV/EBIT(D)A 효용 및 취약점, 계산법 등 (CAPEX의 주기성과 워렌버핏, 맥킨지)
	주식가치 평가사 전용 밸류에이션 엑셀파일 실습	주식가치평가사 자격증 과정 전용 엑셀파일(각종 절대평가, 자본수익률 및 할인율)로 기본적인 고든법과 실제 관심기업의 절대 PER, 절대 PSR, KISVE 절대 PBR(수익가치 PBR 테이블, 듀퐁 분해와 심층분해 포함), EV/EBITDA 등 내재가치, 즉 절대평가를 경험하여, 실전투자이론을 더욱 구체적으로 이해

주차	주제	세부 주제	
3 주차	DCF 프레임 1부	정의 및 전체 프로세스 » DCF 방식 정의, 전제, 접근법, 간단프레임 » 영업가치(잉여현금), 비영업가치, 약식사례 » DCF 전체 프로세스(5단계) 과거실적 분석 » 재무제표 재분류, 용어이해 » 이익률 및 재투자율, 감가상각과 CAPEX 자본비용 추정 » 금융적 WACC 이해 및 베타(한계점)개념 » 실질 절대할인율 이해 및 투자대가 기술	DCF 이론의 체계적 이해를 통해 다른 주식가치평가이론의 구조를 철저히 이해함 » 20여 가지 전문 가치평가법을 함께 심도 깊게 이해가능
	DCF 프레임 2부	미래실적 예측 » 거시환경 및 지표, 산업 및 수급, 경쟁 » 시나리오 및 매출, 성장률 추정 및 검토 » 잔존가치 추정, » 영업가치 중 잔존가치 개념, 단일/다기간법 » FCF 및 IC 잔존가치의 타당성 » 결과의 산출 및 해석	
	DCF 평가 실제사례	양수도 건에 대한 DCF 실제 산정 사례(기업명 비공개) 1건 및 인수합병 건에 대한 DCF 실제 산정 사례(기업명 비공개) 1건 소개 및 설명	

주차	주제	세부 주제	
4 주차	신조류 (절대평가) 평가법	RIM (DCF의 진화, RIM 개념 및 효용, RIM과 간단연금법 RIM 공식 및 사례 설명) 올슨모델 (초고급 RIM, 평균회귀, 지속성계수), 주주귀속현금흐름 모델(맥킨지, 버핏과 KISVE) EVA와 MVA (기업기준의 RIM 유사개념, 참조) 행동재무론 (비합리 행동, 반전 및 모멘텀)	한국주식가치평가원의 정통 실전투자이론 교육을 통한 효과 » 그간 핵심적인 내용에 있어서는 베일에 쌓여있던 심도깊은 이론들을 일목요연하고도 쉽게 이해함 » 최종적으로, 강력한 자신만의 몇 가지 무기를 습득하기 위한 자연스러운 사고의 확장과정을 거침
	주요 업계 평가법 (절대평가)	존 템플턴 (숫자, 확률의 투자자, 5년주가이익 배수법, 성장주와 평균회귀), PEG (피터 린치, 과거분석, 핵심이익 모니터), M&A 가치평가 2 사례, SOTP (의미, 유의), KISVE 절대(입체) PBR (ROIC, ROE 심층분해) 조엘 그린블란트 (마법공식 개념 이해, 장단점) 워렌 버핏 평가(흐름, 연금, 효율배수법) 설명 한국주식가치평가원 절대평가 Valuation (사업, 수익, 절대평가 안전마진 및 대주주 매력도)	
	주식가치 평가사 전용 밸류에이션 엑셀파일 실습	주식가치평가사 자격증 과정 전용 엑셀파일(각종 절대평가, 자본수익률 및 할인율)로 RIM, 존 템플턴, 등 내재가치, 즉 절대평가를 경험하여, 실전투자이론을 더욱 구체적으로 이해	

주차	주제	세부 주제
5주차	거시환경과 심층 시장평가 및 고급 포트폴리오	경기(선행,동행,후행). 경제성장률, 민간소비, 금리(무위험수익률)와 주식시장(자료참조법) 간단 증권시장 4국면(구분, 특징, 심리) 심층 시장평가 (기본-절대수익비교 FED모델, 보조-GDP 비율, 고급-KISVE 조정 PBR) 포트폴리오 고급 운용법 (시장평가 기반한 자산배분 및 시장등락 허위 시그널 읽기, 바텀업(꽁초투자, 스노우볼 투자)/톱다운(성장주, 경기변동주) 방식별 주식운용 전략, 종목수, 매매절차 및 모니터링
	행동금융학 이해, 리스크 관리 4단계 및 심층 스노우볼 투자	행동금융학 이해(손실로 이어지는 심리와 행동패턴을 파악, 극복) » 과도한 자신감, 과잉반응과 반응부족 등 11가지 항목 설명(극복), 워렌버핏 사례 리스크 관리 4단계(워렌버핏, 케인즈, 계량관리, 조지 소로스 등 단계별 전략과 선택) 스노우볼 종목 유형 구분(거래형, 현금형, 성장형, 전환형)과 투자전략/기술
	발표 및 조언 (신조류, 업계, 한국주식가치평가원 등)	신조류와 업계, 한국주식가치평가원 방식 등 4주차 강의까지 배운 적정주가 산정법(밸류에이션)을 모두 활용하여 전 수강생 과제제출(각 과제별 평가원 1page 리뷰) 발표자 가산점 및 평가원 대표 조언, 깊은 수준의 실전 가치평가 훈련을 경험
	자격증 시험 (투자체계 최종정리, 복습)	5주간에 걸친 주식가치평가(절대평가) 과정 내용을 단기간에 효과적으로 재정리하여 중급 수준 이상의 한국주식가치평가원 전문투자자로 완성, 시험을 통해 실전투자이론 실력을 복습하고 점검하는 과정을 마침

〈전문가 추천〉

"어느 분야에서 정상에 오른다는 것은 정말 축복받은 것이다. 더욱 축복받는 것은 그 정상에 오른 사람과 함께 한다는 것이다. 여러분들이 류대표의 지식과 경험을 공유한다는 것은 정말 축복받는 것이다."
― 가톨릭대 경영학부 김종일 교수
  (한국기업평가원 수석자문위원, 한국/미국공인회계사, McKinsey Valuation 대표역자, 前 굿모닝신한증권 임원 등)

"지금까지의 주식투자 및 가치평가 교육 중 수준과 내용, 모든 면에서 최고이다."
― 스틱인베스트먼트 엄상률 상무(前 삼성전자)

"KISVE의 투자교육으로 당신의 투자실력은 노도광풍처럼 성장할 것이다."
― 하이투자증권 파생상품운용부문 박형민 이사

"투자실패의 근본적 원인을 알고 싶다면 류대표의 실전투자교육이 반드시 필요할 것이다."
― 저축은행중앙회 최병주 이사

"전문적인 주식(기업)가치평가를 정통으로 배우려면 필히 류대표의 투자교육을 받아라."
— 이스트브릿지 파트너스 김기현 상무

"개인투자자들이 기관투자자 이상의 투자체계를 체계적으로 쉽게 확립할 수 있는 방법은 한국주식가치평가원 류대표의 강의 외에는 없다."
— NH농협생명 투자운용부 펀드매니저 이은원 과장
　(前 유리자산운용, VIP투자자문)

"공인회계사조차 인정하는 가치평가와 IFRS 부문 최고 전문가인 류대표님의 강의에 집중하라."
— 양원모 공인회계사(現 서울기술투자, 前 이상기술투자 투자팀장)

"류종현 대표님의 강연은 기업가치 평가와 IFRS의 깊이 있는 실전이론을 배울 수 있는 시간이 될 것이다."
— 현명한투자자들의모임 구도형 대표(가치투자 재야고수 좋은습관)

"실전과 이론을 정통으로 섭렵한 류대표님의 강의는 주식투자자들에게 정말 강력한 도구를 제공할 것이다."
— SNU VALUE(서울대 투자동아리) 前 회장 황인혁

대한민국에서 가장 체계적이고 효과적인
실전가치투자 교육/저술/출판 기관
㈜한국주식가치평가원

(Korean Institute of Stock Value Evaluation Co., Ltd.)

한국주식가치평가원(이하 'KISVE')은 체계적인 주식투자, 즉 가치투자를 위한 '종합 기업분석(재무, 사업) 및 주식가치평가' 분야에서 국내 최고수준의 전문성을 지닌 투자전문기관으로서 실전투자교육, 투자부문 저술출판업, 투자연구 및 고유계정운용 등을 영위하고 있습니다.

특히 KISVE는, 주식에 갓 입문한 초보자에서부터 베테랑에 이르기까지 수많은 주식투자자들을 대상으로, 지속적으로 자산을 늘리는 대한민국 0.1%(5,000명) 현명한 가치투자자를 양성하기 위해, 명실상부 타의 추종을 불허하는 국내최고의 체계성과 효과를 갖춘 실전 가치투자이론을 이해하기 쉽고 일목요연하게 교육하고 있습니다.

그간 수많은 주식투자자들께서 다른 모든 주식교육, 주식관련 서적 등에 시간과 돈을 투자했음에도 오래도록 별다른 성과와 효용을 느끼지 못하셨음에도 불구하고, KISVE의 가치투자교육을 통해 편안하고 오래도록 지속가능한 누적수익률을 올릴 수 있는 가치투자 체계를 확보하고 주식투자실력이 크게 향상되셨습니다.

그 동안 투자교육을 수료하고 온오프라인을 통해 적극적인 투자활동을 하고 있는 KISVE 수료생들의 범위는,

대개 입문 및 초보 개인투자자(직장인, 자영업자, 주부, 은퇴자 및 전업투자자)들을 중심으로 예비 투자인력(대학생 등), 민간(증권사, 운용/자문사, 회계법인, 은행 등) 및 공공(투자, 통화, 금융 부문 등) 금융투자업계 임직원, 기타 일반기업의 특정(전략기획, IR, 재무투자 등)부서 임직원 및 재야의 주식투자자 등 실로 다양한 바 있습니다.

한편, 평가원의 저술출간 정책은 분야와 저자 측면에서 무분별하게 책을 많이 내기 보다는 주식투자자들에게 진정으로 도움이 되고 또한 중장기적으로 효용이 있는 좋은 책들을 업계 최고수준의 내부 전문가들이나 평가원이 검증한 극히 소수의 외부전문가에 한해 펴내는 것입니다.

주식시장에서 실전적으로 활용, 응용할 수 있으면서도 전문성과 이론체계를 바탕으로 하였기에, 개인투자자 및 기관투자자 모두 효과적으로 배우고 활용할 수 있는 '대한민국 주식투자 성공시리즈'는 오래도록 변치 않는 투자지혜와 효용을 드릴 수 있는 가치투자 스테디셀러들입니다.

우선 가치투자 원칙과 개념, 전략 등 전체적인 기본체계 확립과 각종 정량분석 항목/비율지식을 위해서『대한민국 주식투자 완벽가이드』와『대한민국 주식투자 재무제표·재무비율·

투자공식』을 참조하시고,

 두 번째로 가치투자 스타일별로 투자전략전술, 투자공식 등을 활용하고, 주식자산의 기대수익률은 극대화하고 손실위험은 최소화하며 주가변동성을 역이용하기 위해서
『대한민국 주식투자 글로벌 가치투자거장 분석』과 『대한민국 주식투자 계량가치투자 포트폴리오』를 참조하시고,

 다음으로 저평가 상태의 우량기업 리스트, 내용, 가치 범위를 참고하고, 국내 전체 업종의 개요와 특징, 재무추이를 공부하며, 실제 자신의 가치투자 포트폴리오 수익률 향상을 위해서
『대한민국 주식투자 저평가우량주』와 『대한민국 주식투자 산업·업종분석』, 『대한민국 주식투자 다이어리』를 활용하시기 바랍니다.

 《대한민국 주식투자 성공시리즈》를 읽는 순서는 위의 순서로 읽어나가시는 편이 가장 좋지만, 기타 독자들께서 공부하고자 하는 순서대로 읽어나가시면 됩니다.

 《대한민국 주식투자 성공시리즈》의 활용방법을 다음과 같이 간단히 소개하며, 앞으로도 오직 주식투자자, 가치투자자들이 신뢰할 수 있는 책만을 저술, 출간하겠습니다.

대한민국 주식투자 성공시리즈 활용법

대한민국 주식투자 성공시리즈 - 현명하게 수익내는 가치투자자가 되기 위한 필독서		
실전가치투자 공부편	실전가치투자 활용편	실전가치투자 정보편
» 재무제표·재무비율·투자공식 » 완벽가이드 » 글로벌 가치투자거장 분석 » 계량가치투자 포트폴리오	» 산업·업종분석 » 다이어리	» 저평가우량주

실전가치투자 공부편

『대한민국 주식투자 재무제표 재무비율 투자공식』

- » 대한민국 주식투자 성공시리즈 5('대한민국 주식투자 성공' 생략)
- » 각종 재무제표 및 재무손익비율, 가치평가용어 및 공식, 기타 투자용어, IFRS 핵심정리, 가치투자거장별 주요 재무비율 등 주식투자에 필요한 모든 기업의 언어를 종합적으로 정리

『대한민국 주식투자 완벽가이드』-시리즈 1

- » 성공을 위한 투자철학과 투자태도, 주식시장평가 및 종목분석, 운용전략전술 등 실전가치투자 체계를 A부터 Z까지 소개하는 종합서

『대한민국 주식투자 글로벌 가치투자거장 분석』-시리즈 6

» 상대적으로 더 비중을 두는 요소에 따라 저평가, 수익성, 성장성 중심 가치투자 스타일별로 구분하고, 17인의 가치투자대가들을 나눈 후, 각 투자전략전술, 투자공식 등을 구체적이고 심층적으로 정리

『대한민국 주식투자 계량가치투자 포트폴리오』-시리즈 7

실전가치투자 활용편

『대한민국 주식투자 산업·업종분석』-시리즈 3

» 최초로 전체 업종의 히스토리 및 중장기 특성, 향후 트렌드 등과 주요 업종별로 7~8년의 재무 및 주가추이를 다룬 산업업종분석 종합서

『대한민국 주식투자 다이어리』-시리즈 2

» 주식시장 평가(투자매력도) 및 주식비중 조절, 주식의 정량 정성분석, 가치평가 및 운용을 위한 각종 양식을 실은 다이어리(1년 중 언제든지 시작가능한 양식)

실전가치투자 정보편

『대한민국 주식투자 저평가우량주』-시리즈 4

» 대한민국 전체 상장사 중 워렌 버핏형 스노우볼과 필립 피

셔형 성장주 등 우량기업을 선정하고, 그 중에서도 저평가된 22개 기업(기타 34우량기업)의 향후 4년간(~2017) 적정밸류에이션 범위를 기재

㈜한국주식가치평가원 홈페이지
www.kisve.co.kr
무료회원 대상 주요 콘텐츠 소개

전문칼럼
» 실전투자공식과 증권시장 응용, 활용법을 교육을 통해 배우는 것도 중요하지만, 투자실력을 전진하게 하는 기본마인드 자체를 구축하는 것도 부수적으로 필요합니다.
각종 기본적인 가치투자의 태도와 투자철학을 배양시키기 위한 전문칼럼은 지금 당장은 물론 오랜 기간에 걸쳐 지속적으로 투자태도와 철학에 좋은 영향을 줄 수 있는 내용들을 정리했습니다.

투자의 거장소개
» 필립 피셔, 피터 린치 등 유명한 투자거장에서부터, 골드만삭스 등 투자기관 출신 애널리스트, 경영대학의 증권투자부문 전문 교수 등 알려지지 않은 작은 거장에 이르기까지, 크고 작은 투자전문가의 조언 중 평가원의 내부적 판단에 따라 회원들이 참고하고 배울 만한 내용을 간단히 소개합니다.

증권시장 평가
» 단기적으로 큰 의미가 없을지라도 중기적 이상을 보면 반드시 큰 의미가 있는 국내 증권시장의 대략적인 고평가/저

평가 수준을 한 달이라는 주기를 두고 가장 쉬운 방법에서 가장 합리적인 방법에 이르기까지 세 가지 방법으로 간략하게 정리합니다.

시장 전체가 싼지 비싼지 파악하는 행위는 주식비중을 늘려야 할지 줄여야 할지 등을 결정할 수 있는 근거가 되는 것입니다.

한편, 평가원에서 선정한 수십 개 우량기업의 장기복리수익률을 증권시장의 장기주가상승률과 분기별로 비교하여, 가치가 지속적으로 상승하는 기업들이 빠르고 지속적으로 주가도 상승함을 수치로 확인할 수 있게끔 할 예정입니다.

기업분석 후보

» 평가원에서는 회원들의 투자 유니버스(후보군) 구성을 돕기 위해서 약 2,000개에 달하는 상장사 중에서 중장기 재무손익 추이, 각종 수익률과 성장률 등이 상대적으로 우량하여 분석후보군으로 타당한 기업들을 선정했습니다.
이 중 수십 개의 우량기업을 홈페이지에 공개하고 가치투자 교육 수강생들에게 분석하게 하고 과제리뷰를 통해 분석능력 향상을 위한 코멘트를 해왔습니다.

주식기본용어

» 평가원에서는 홈페이지에서 가장 기본적인 주식용어들의 설명을 통해 입문자들의 주식투자용어 이해를 돕고 있습니다.

3. 실전가치투자 특강수강증 (한국주식가치평가원)

실전가치투자 특강수강증

「대한민국 주식투자 계량가치투자 포트폴리오」의 저자, ㈜한국주식가치평가원 류종현 대표이사가 강연하는 특강에 본 수강증을 지참하시면 무료로 수강하실 수 있습니다. 반드시 본 수강증을 활용하시어 무료로 특강을 수강할 수 있는 혜택을 꼭 누리시기 바랍니다.

자세한 강연내용 및 장소는 ㈜한국주식가치평가원 홈페이지(www.kisve.co.kr)를 참고하시기 바랍니다.

» 신청방법 : 특강신청기간(매년 실시) 동안 customer@kisve.co.kr 로 성함과 휴대폰번호를 보내주시면 신청이 완료되며, 확정안내 SMS를 회신해드립니다.
» 강연당일 본 수강증을 지참하시어 제출해주시기 바랍니다.
» 자세한 특강 일정 및 장소 안내는 www.kisve.co.kr 공지사항을 참조하시기 바랍니다.

성   함 :

휴대폰 번호 :

※ 본 수강증은 반드시 원본만 유효하며, 복제를 금합니다.

㈜한국주식가치평가원